贾康谈
中国经济力量之一
改革力

贾 康◎著

机械工业出版社
CHINA MACHINE PRESS

改革开放40多年来，我国经济社会发展取得长足进步，中国特色社会主义进入新时代，我国社会主要矛盾已经转化为人民日益增长的美好生活需要和不平衡不充分的发展之间的矛盾。接下来的改革开放过程中，我国在制定政策时需要考虑哪些因素？本书从宏观国际环境与中国抉择、将改革进行到底、供给侧结构性改革的核心、财税改革助力国家走向富强和现代化4个方面，分析和阐述当前我国改革开放面临的形势，我国未来在供给侧改革、财税改革等方面面临的问题，以及建议采取的措施，为读者提供有益指导。

图书在版编目（CIP）数据

贾康谈中国经济力量之一：改革力/贾康著. —北京：机械工业出版社，2020.3

ISBN 978-7-111-64700-3

Ⅰ.①贾… Ⅱ.①贾… Ⅲ.①中国经济-经济改革-研究 Ⅳ.①F12

中国版本图书馆CIP数据核字（2020）第021144号

机械工业出版社（北京市西城区百万庄大街22号 邮政编码100037）
策划编辑：王 涛 陈小慧 责任编辑：王 涛 陈小慧
责任校对：金梦媛 责任印制：刘晓宇
封面设计：鹏 博
北京宝昌彩色印刷有限公司印刷
2020年4月第1版·第1次印刷
155mm×230mm·21.5印张·249千字
标准书号：ISBN 978-7-111-64700-3
定价：69.00元

电话服务 网络服务
客服电话：010-88361066 机 工 官 网：www.cmpbook.com
010-88379833 机 工 官 博：weibo.com/cmp1952
010-68326294 金 书 网：www.golden-book.com

机工教育服务网：www.cmpedu.com

自　序

“周虽旧邦，其命维新。”《诗经·大雅》中的这句话，不断被后世所援引。

创新是一个民族进步的灵魂。近些年，中国的改革进入“深水区”，攻坚克难的创新发展，作为实现现代化内含的历史使命，被国家领导层明确表述为“第一动力”。

在长期从事财经理论与政策研究的学术生涯中，我深感以理论密切联系实际的思考和研究，服务于实践中的创新发展，是颇具挑战性的艰难事业，但内心深处的科研情结，总驱使自己全身心努力地投入调研与学习、思考，以求有所发现，有所领悟，有推崇创新思维而后的尽可能高水准的研究成果、政策建议、思想贡献。我曾有少年时期随父母从北京到湖北沙洋农村的生活体验，后来又得到在江西赣东北的军旅经历的锻炼，再后来于北京门头沟矿务局产业工人岗位上的 5 年工作中，更全面地接触和了解社会：我们生于斯、长于斯的祖国，为人们所乐道的“灿烂的古代文明”传演至今，我们既能感受历史中人文积淀的厚重，又可认知现实生活中的种种落后乃至沉闷与愚昧。终于，国家迎来了改革开放的新时代，在解放思想、实事求是方针引导下，贯彻以经济建设为中心的党的基本路线，使全国城乡面貌，于数十年间发生了改天换地般的巨变，中国成长为经济总量全球第二的新兴市场经济体。我个人，也借邓小平1977年夏果断决定恢复高考之历史机遇，圆了自己的大学梦，又在研究路径上努力探索，孜孜以求几十载，形成了财政学、新供给经济学和现实重大财经问题研究的一系列成果。近几年，在60岁后脱开管理岗位，使我有更多时间参加各种调研和学术交流研讨活动，又形成了不少论文、文章、讲稿。自以为，我的这些文字材料，是体现了创新精神和专业领域的创新水准的。

陆续有自己和合作者的多本专著与文集问世之后，要特别感谢机械工业出版社财经媒体中心李鸿主任，王涛、陈小慧、赵晓晨等编辑同志，提出了很好的出版框架设计，把我自2016年以来以讲稿、发言整理稿为主的文字材料进行梳理归纳，并打磨合集，编成“贾康谈中国力量系列图书”3册出版物，分别冠名为“改革力”“成长力”和“创新力”，内在逻辑正是紧扣以改革创新释放中国走向现代化的活力和成长力，并突出地强调创新发展这个“第一动力”。

哲学大家冯友兰先生晚年写了一副对联：“阐旧邦以辅新命，极高明而道中庸。”此两句如用于表明我研究生涯的诉求，以及3本结集文论的内容，也非常贴切。此3本文集中，对中国现实问题的讨论，都是在努力认知历史悠久的“旧邦”中国的实证情况，并在分析考察后，努力做出恰当的表述，引出应有的“创新使命”的具体化；文集中体现的认识、建议，都在力求站到“前沿”位置、看清穷极“高明”义理而又中肯、理性地去探求对规律的正确把握和带出研究者的“建设性”与“知识价值”。我在研究理论、政策时，哪怕置身“庙堂之高”的环境，头脑中往往也会浮现出在社会基层“江湖之远”的场景中，所深刻记忆的那个现实世界；于是会特别地戒惧空泛、飘浮的“书生腔”，提醒自己为实际工作，努力提供有洞见、有权衡、可对接操作的意见和建议；经历过不可计数的种种观点交锋、思路辩论，我早已悟到，一般不同见解各执一端的时候，要特别小心极端化的偏颇，真理往往是在两个“极致”见解中间的某个位置上，需要以理性精神认真细致、戒除偏执地去探索，去寻找最高明的“中庸认识”状态。

“嘤其鸣矣，求其友声。”在3卷本文集问世之际，写此自序，希望得到读者朋友们可能的共鸣和宝贵的批评指正。

贾　康

2019年12月

目　录

第一章

宏观国际环境与中国抉择

宏观政策国际协调中的中国选择

时间：2018 年 7 月 14 日

地点：北京

论坛：2018 国际货币论坛

讨论结构变迁中宏观政策的国际协调，需要考虑中国的战略、策略问题。我主要讲两个方面：一是立足中国面对外部变化，讨论中国战略和策略问题；二是拓展到结构性改革概念之下，探讨宏观政策协调的一些基本要领。这两个方面各用 6 句话、6 个要点提纲挈领、总结概括。

第一，当下全球最重要的双边关系，即中美关系，已出现阶段性变化。经过 40 多年改革开放，中国经济已形成追赶态势，成为发展中国家的领头羊，在为世界经济做出贡献的同时，中美之间的双边关系已发生变化。

第二，在新的阶段，中国面对国际形势的变化时，必须重温邓小平当年“冷静观察，稳住阵脚，沉着应对，善于守拙，决不当头，韬光养晦，有所作为”的战略考虑，尽量低调，绝不当头，进而争取有所作为。

第三，中国要继续寻求和平发展，在新时期，必须重视、强调于外贸关系中“比较优势原理”能够解释的范围之外的、守正出奇的赶超战略。中华民族伟大复兴这一中国梦的内在逻辑碰到“比较优势”的天花板后，只能理性地实行赶超，这也是结构性改革的真谛。

第四，面对国际新形势，应防止最坏，争取最好，力求在国际事务中找到各方的新平衡点，使中国保持可持续发展，留存后劲。策略上应该注重有理、有利、有节。

第五，新阶段的关键任务是要做好自己的事情。在不确定性中把握好确定性，那就是：坚定不移地坚持改革开放，通过创新调动一切潜力和活力，把我们具有世界第一大人口规模的巨大市场潜力充分发挥出来。

第六，坏事可变成好事。义无反顾地做好自己的事，把压力变为动力，使之成为促使我们追求更高水平现代化推进方案的好事。

将宏观政策的国际协调纳入结构性改革来考虑，以 6 句话阐述个人观点。

第一句话，结构性改革是全球大趋势，是我们必须坚持的概念。2016 年召开的 G20 杭州峰会发布的《二十国集团领导人杭州峰会公报》已经反映了 G20 国家对全球结构性改革方面的共识，也就是中国所提出的供给侧结构性改革。通过改革追求人类社会更好的生活状态，可顺应世界大潮流，把握航向。

第二句话，文明提升变迁中，每一个经济体和主权国家都要处理好结构性改革问题。结构性改革要求任何经济体不能再简单延续那些局限性已很明显的需求管理思维，而是必须从制度供给方面来解决结构问题。在使市场充分发挥决定性作用的同时，政府需要更好发挥作用，守正出奇。处理结构性问题，需要在全球共性下找到自己的个性，形成定制化方案。

第三句话，各国在多边关系中，要寻求共赢。中国高度认可全球化，提倡共赢，应继续高举“人类命运共同体”旗帜。所以，对于多边关系，要给予更充分的重视，寻求实现共赢、支持中国和平发展的所有潜力和积极因素。

第四句话，进一步积极探讨宏观政策协调机制。货币政策影响力方面，相对美国而言，中国和其他经济体要更多地考虑财政政策结构优化的作用。

第五句话，在复杂的国际环境之下，各种迹象表明，中国货币政策强调松紧适度、更加务实。这种情况下，不能只关注宏观杠杆率，还要考虑中国以间接金融为主的特点和实际物价。中国的物价综合水平，就现阶段而言，是相当令人满意的，既不通胀也不通缩。因此，扩大内需应释放潜能，把社保和公共服务做好，使大家对中国的政治、经济更加有信心。

第六句话，扩展对外交流，争取朋友越多越好，尽量化解敌意。有诚意地、务实地、多层次地开展国际交流；扩大我国智库和学界对外交流的开放性，适当优化“外援”，积累经验，提高自身水平，更多地进行结合人文特质的政策协调与交流活动。

“中国模式”还是“中国抉择”

时间：2018年12月28日

地点：北京

会议：财经战略年会2018：中国改革开放40年的回顾与展望

尊敬的各位领导、各位专家、各位嘉宾，大家好！

我的发言是谈一下对“中国模式”与“中国抉择”这两个不同概念的理解。这次会议的主题是纪念中国改革开放40周年，我觉得我所谈的这个问题，具有强烈的理论与现实紧密结合的特征及意义。

关于中国模式这个概念，前些年各个方面早有热议，观点不一。我在一次由某基金会组织的论坛上接触过一些具有代表性的观点，我也在一些场合发表过自己的一些看法。现在重温这些观点，我觉得仍然具有现实意义。下面汇报一下我最基本的认识。

中国模式这一概念的落脚点在模式上，其内在含义是“一个在中国已有的、值得肯定的创新模式”。但讲到模式，我认为这个词在具体表述中的内在逻辑至少要包括3个方面：

第一，它是有别于既有模式的。如果说中国模式可以归入某种已经形成的模式，那用原来的概念来描述这种模式即可，而不必再另外提出“中国模式”这一概念。

第二，它要具备基本的稳定性。不要求多成熟，但至少要成形，若还处于变化中就把它称为模式，是不能自圆其说的。当年主张此概念成立的学者又说，中国现在的表现还处于“史前阶段”——既然是“史前阶段”，就说明还没有进入可以放在某种模式或框架里进行肯定描述的、具有稳定性和成熟特征的阶段，那么这个概念只是有可能在未来提炼出来。

第三，它应具备有内涵的、实质性的内容，也就是在某种程度上可以被其他主体在类似条件下仿效或者复制。把历史上一次性出现、其他主体完全无法仿效或者借鉴的东西勉强称为一种模式，对人类社会没有任何意义。当然，如果你得出的结论是经过比较研究后发现这个模式是一种要避免的“坏的模式”，那也可以算得上是有了一种意义，但这绝非中国社会这么多年来反复讨论的中国模式的视角和相关氛围。

如果再进一步看，我想在此重提邓小平当年考虑中国现代化建设问题时的一个基本判断，也就是“党和国家制度建设问题至关重要”，而制度建设要达到一个相对成熟和稳定的状态还需要一段很长的时间。我们现在正处于并将长期处于社会主义初级阶段，这也就代表着我们现在还存在种种不成熟，这种不成熟既表现在发展模式上，也表现在体制模式上。

在这个背景下继续讨论模式问题，对于某种经济社会的模式，我赞成有的学者强调的：要按照政治经济学的框架来把握。政治经济学的鼻祖是亚当·斯密，其在《国富论》中对经济学的称谓是“political economy”，所以人们后来一直沿用“政治经济学”的说法，只是再后来又出现了较为学术化的另外一个词“经济学”——economics。由此可见，如果从原理上向前追溯，经济学是从政治经济学发展而来。实际上，经济学是将国家政权的作用和经济资源的配置作为相互联系的一个系统来把握的。《国富论》中对国家的职能及国家发挥作用所必须运用的税收和国债等工具进行了专门研究，所以也被称为财政学的开山之作。我们不妨从这两个角度——政治的、经济的角度，对中国的模式做简要考察。

改革开放后，国家领导人反复强调政治体制改革问题，党的十七届五中全会提出经济、政治、文化、社会全面改革；到党的十八大又加上“生态”，与经济、政治、文化、社会一起称为“五位一体”的现代化建设；党的十九大提出的多项制度建设里，也包含了政治建设，这些都与这个思路一脉相承——必须摒除传统体制模式里的弊病。直观来看，现在与我们政治生活相关的基本特征，已有巨大进步，但作为研究者，我认为这个过程还在继续展开。我们不能说中国已经在政治模式方面创新了一个稳定的新模式——如果现在做这个肯定性的描述，我认为是不符合我们现实生活中“五位一体”导向之下政治体制改革的任务还远远没有完成这个基本事实的。

再从经济的视角观察。中国的经济模式，我认为其实还是在邓小平“南方谈话”确立的“我们也要搞市场经济”这个目标方向上演进。怎样在已经相对清楚的“市场经济”这个基础机制上，形成中国特色的社会主义市场经济？我们还需要做大量的借鉴、开拓和深化改革工作。我们最终能为市场经济模式贡献怎样的力量，使其发生可肯定的质变而形成一种新的模式，目前还远远说不清楚。“地方竞争”和从价格到其他方面在不同阶段、不同领域里的“双轨制”等，很多东西我们都还在尝试，且不得不尝试。邓小平当年说“大胆地试，大胆地闯”，但我们在实践过程中还有很多困惑和纠结。大量一线工作人员乃至地方领导、企业领导，现在谁还说“闯”？大家对“试”都只是表态“要把创新发展作为第一动力”。

实际上，对于如何创新，都是你看我，我看你。对于这些纠结和困惑，如何化解？与此同时，我们在“试”的过程中还必须处理好“混合”问题。在所有制形式上，中央早已经明确，要将股份制作为公有制的主要实现形式，将股份制框架之下的混合所有制作为基本经济制度的重要实现形式，把国有的股和非国有的股，公有的股和非公有的股，法人的股和自然人的股，员工的股和社会公众的股，充分混合起来。但怎么混合才能成功，我们还必须继续做大量的探索、改革和创新。中国在过去 40 多年里经历了快速发展，现在，我们依然有持续发展的潜力、韧性和回旋余地，但在成长性仍存的同时，各种矛盾也越来越凸显。这种矛盾凸显之下各种可预见和不可预见的风险和挑战，是我们要更加关注的问题。

所以，把政治和经济两个方面做了一个简要的勾画后，我的认识是：我们把中国的政治模式和经济模式这两者结合在一起，作为一个系统进行讨论，能否形成一个可称为“中国模式”的总和模式？这个火候显然是远远没有达到的。正如吴敬琏很早就提到的：我们将建立的市场经济，是一个好的市场经济还是一个坏的市场经济？当然，这有点非黑即白地“二选一”，但把这个极具挑战的问题放在认识框架里来看，他提出这一问题的意义是非常值得肯定的。

刚才我听到有专家讲环保，在此我也谈一下对这个问题的看法。《环保法》修订后，有一种说法是：新的《环保法》“要长牙”这个目的达到了，而《环保法》最终要成为“铁嘴钢牙”，因为有的同志强调若做到“一分立法，九分监管”，中国的环保问题就能够解决了。我并不这么认为。《环保法》怎么执行？必须由人去执行，因此必须对这个人授权，因为只有公权在手他才能执行这一法律。另外，由人执法，就必须在全国各地设环保局、环保所，这些环保局、环保所的工作人员的管理半径能完全覆盖中国国土吗？如果完全覆盖，需要付出多大的行政成本？如果不能完全覆盖，那就变为能够覆盖的范围里你是“铁嘴钢牙”，覆盖不了的地方，对不起，照样是原来的状态。这是第一个问题。如果不惜行政成本，做到完全覆盖国土，第二个问题则紧接着出现：“铁嘴钢牙”的直观形式——真正执法，这一过程中，执法人员要与管理对象打交道，这时，“处关系”便发生了，关系处得好的，该执行的不执行；关系处得不好的，管理对象可能受憋，生产经营主体被逼入绝境，这些都是可能发生的问题。因此，怎么能说有了一部法律，这部法律加上了“铁嘴钢牙”，中国的环保问题就解决了呢？

实际上，真正解决环保问题，需要一套完整制度来安排。我们做经济研究特别需要探讨的是：有没有可能于统一市场内打造一种主要由经济参数形成的、以利益为导向的内生机制，促使千千万万个市场主体一方面有法律的约束；另外一方面有内生的积极性，使他们自己愿意千方百计地节能降耗、减排治污，以此促进环境的保护，这是中国面临的真正的问题。这些都与制度有关，与我们现在还很不成熟的、称不上模式的“混沌状态”如何向相对稳定的、可持续的现代“善治”模式接近的问题有关。

如果把政治、经济融合的问题提得再聚焦一些，可以提炼出一个称得上关系到民族复兴命运的哈姆雷特式“生存或死亡”层面的问题——改革到了“深水区”。我们现在讨论的很多基本问题从20世纪80年代就在说，到现在还可以继续研究讨论，但实际的客观制约是，留给我们必须做出不可回避的决定性选择的时间和空间已经越收越紧，也就是说，“改革和社会问题在赛跑”。那么，有没有继续深化改革的切入点？我认为理论上可以做出 3 种可能的情景假设。

第一种假设，是寻求正面解决政治改革方案设计问题。但这个假设的理想主义色彩可能有些重。

第二种假设，先易后难。前些年我就注意到，有学者指出："改革的时机应由政治家把握，但拖延不是出路。"这句话所指的就是配套改革。大家在不同场景下讲改革，表述似乎一致，但实质内容往往是不一致的。最根本的、真正的问题能不能抓到？对此众说纷纭。这种情况之下我们能啃下什么"硬骨头"？我们能在攻坚克难方面推动什么？也都是大有可讨论之处的。

第三种假设，依宪治国。和我一样做财政研究的人员，多年前就注意到一个值得进一步发掘的改革潜力空间——民主、法治。1998 年，我国首次明确提出建立公共财政制度框架，随之而来的一个重要认识是如何借鉴国际经验。换言之，就是在推进公共财政（也是民生财政、服务于现代国家治理的现代财政）制度体系的建设过程中，能否以各方都难以拒绝的加强和优化管理来切入——现在中央反复强调预算管理要推进到绩效的全面考评，这是方方面面都难以拒绝的。那么，从加强管理的角度切入，改良式地在公共资源的配置上考虑：在承认公民权利平等和政治权力制衡的前提下，首先对公共资源配置的预算、税收等实行越来越规范、透明度不断提高的理财民主化、法治化，进而促进经济社会的民主化、法治化，最终实现依宪治国。这条道路所带来的社会震动和需要付出的代价可能较小，可操作性较高，我认为是我们作为研究者最值得重视也最有可能推进的路径。以一系列管理优化命题之下操作环节的进展，以整个社会较小的代价实现比较平稳的转轨和过渡，从而最终完成政治体制改革所要解决的攻坚克难任务，应该是中国实现现代化的一条非常值得看重的推进道路。

所以，我的发言可归结为一句话：现阶段，我们更多的注意力应该集中于完成中国经济增长模式和管理体制模式的转变、全面配套等大方向上的“中国抉择”，而不是陷于喋喋不休地争论谁也说服不了谁的“中国模式”。谢谢大家！

如何看待中国的现代化战略

时间：2018 年 4 月 1 日

地点：北京

会议：中国新供给经济学 50 人论坛一季度峰会暨货币金融圆桌会议

今天很高兴有机会和各位做交流。

关于宏观运行的大势，我已经在 2017 年年初以来的很多场合说过自己的基本观点，和刘主任的思路高度一致。我也认为，在经济运行期间要努力确定经济发展阶段的“L 型”转换，凝聚新常态由“新”入“常”的共识，巩固其态势，追求尽量长时间的中高速增长平台上“升级版”的高质量发展。而这其中的关键，是要结合中国配套改革的攻坚克难，来理性处理以结构优化为侧重点的升级发展和中央强调的系统性风险防范。

这些观点我已经说过多次，今天就不再重复。而对于最近的一个热点问题，我想借今天这个机会和各位交流，并表达我的一些探讨性看法：关于中国的现代化战略。

中国的发展，必须清醒地把握总体思路：党的十九大明确了中国仍然是世界上最大的发展中经济体，这是我们实事求是看待自己国际地位的一个来自中央最高决策层的判断，那么，我们的一系列行动，都要与之相匹配。

一、 坚持大方向

从大方向上来讲，逐步更加放开，应该是因势利导。同时，在开放的过程中，要继续做好知识产权的保护（这一点中国已有明显进步）。

人类文明的发展毕竟是一个台阶一个台阶上升的，不同的阶段、更高的台阶上，可能有新的机遇，需要新的思维。人类文明的进一步发展过程中，有一个“时间上的朋友”，现在看来，这对中国非常重要。中国的发展是“蓄之既久，其发必速”，改革开放以来，我国超常规速度发展已将近 40 年，并且发展后劲还非常大。我观察到，全球投资者无不关注中国市场的巨大潜力。中国工业化和城镇化进程目前只进行了一半，后续的纵深相当可观。

新供给经济学研究学者经过研究形成的认识与新结构经济学的一个重要不同之处，就在于对现代化路径概括的区别。新结构经济学所说的依靠基于要素禀赋的比较优势，就可以形成中国现代化的基本战略框架，并以此实现中国梦，我们认为这是不够的。比较优势碰到天花板时，一定要理性地把握和运用赶超战略。赶超就是从追赶开始。这种不平衡中的追赶，在人类历史上屡见不鲜：荷兰在 17 世纪追赶而超越了葡萄牙、西班牙，英国在 18 世纪追赶而超越了荷兰，美国经过长期努力在 19 世纪末赶超了英国。

现实中，中国从 1949 年到现在，经建国初期和改革开放这两大阶段的努力，我们大致上走过了党的十九大所说的“站起来”和“富起来”的时代，现在面临着要“强起来”、完成现代化历史飞跃的新时代，我们已经“比历史上任何时期都更接近中华民族伟大复兴的目标”。但“行百里者半九十”，往前看，我们还要过 4 道坎。

第一道坎是目前看来悬念已不大的全面小康。

第二道坎是非常值得我们看重的如何保持必要的后劲跨越所谓

的“中等收入陷阱”。

第三道坎是要在 2025 年这一个与跨越所谓的“中等收入陷阱”密切相关的时点上，把“中国制造”向“中国智造”和“中国创造”提升，到 2035 年基本实现社会主义现代化。

第四道坎是再经过 15 年左右，在 2049—2050 年，建成社会主义现代化强国。

这一道道坎摆在我们面前，我们应该明白，全景图上绝对不能简单地只看总量，这段进程中看总量已经没有多大意义。我们现在经济总量全球第二了，表现了、构成了改革开放以来我国超常规发展形成的新的历史起点，但是背后支撑这个起点的科技实力、综合国力，以及综合国力中无法回避的软实力——实际上是中国在国际舞台上的感召力、影响力，何止简单的一个贸易问题？

党的十九大报告已经明确指出：中国是世界上最大发展中经济体的国际地位没有变。工信部随后也引用一系列指标说明：中国制造业水平和与制造业密切相关的中国科技创新水平，不仅没有进入世界第一阵营，连第二阵营也还没进去。我在网络上看到一份让我印象深刻的多页清单，说日本的经济总量虽然被我国甩在后面，但从电子技术到互联网及相关创新领域的多种技术，方方面面，很多制高点都已先于中国占领。因此，我们现在要有一个理性的实事求是的态度，要特别看重党的十九大说到的两个没有变。

一是“我国仍处于并将长期处于社会主义初级阶段”这一基本国情没有变。即在远景的理想社会——共产主义这个目标视野之内，社会主义是它的初级阶段，而中国目前所处的发展阶段，是这个初级阶段的前半段。这是当年已经说清楚的“社会主义初级阶段”的概括，也是我国的“基本国情”和“最大实际”。

二是我国是世界最大发展中国家的国际地位没有变。我国仍然是世界上最大的发展中经济体，何谈超越美国。

牢牢地把握由此确立的党的基本路线不动摇，其重要性如同党的十九大报告所说，这是“党和国家的生命线、人民的幸福线”。

我们要清醒地看到，中国现代化成果的必备要素——人民币国际化，虽然有一系列积极进展，但要完成比较彻底的国际化至少还要 20~30 年。因为在有了周边化特点和硬通货化等积极进展（比如进入特别提款权货币篮子）后，人民币在一般结算货币上越来越被接受，关于成为石油等战略资源的结算货币，中国现在刚刚开始试验，今后发展如何，还有待努力。另外，储备货币概念上，全球只有少数经济体愿意考虑把人民币作为储备货币里的一个选项。一有风吹草动，特别是有发生较大危机的可能时，它们避险资产、避险的储备货币中有没有人民币的份，特别是首选的避险资产是什么？这些都是很现实的问题。这个过程我们仅心急是行不通的。

二、 把握“人类命运共同体” 基调

接下来，我想强调新思维应关联的一个重要的哲理指导层面：中央已经非常明确地提出要构建“人类命运共同体”，这是有深刻内涵的。从制造业来说，到 2025 年，我们要力争踏入“制造业强国”概念的门槛；到 2035 年，在制造业强国阵营里，我们争取达到中等水平。那时，我国的经济总量可能会超过美国，但人均指标肯定还达不到美国及一些高收入经济体的水平；软实力方面，不确定性更大。

做一个结语：前面探讨性的认识，表述不一定准确，但是应坚持的原则，就是牢记党的十九大指出的“两个没有变”：我国仍处于并将长期处于社会主义初级阶段的基本国情没有变，我国是世界

最大发展中国家的国际地位没有变。我认为，党的十九大的这一重要论断是我们最好的清醒剂，经常使用这个清醒剂，对我们保持连通中国现代化中国梦这个目标的耐心和前进定力，完成“行百里者半九十”的新长征，只有好处没有坏处。多擦一点清醒剂不会让我们损失什么，却可以让我们更务实、做得更好。我们所讨论的现代化思维，如果要力求高水平发展，那么就不在于它的锋芒，而在于它的厚重；不在于表达得多么绚丽夺目和暂时的鼓舞带来一片叫好声，而在于实事求是，高瞻远瞩；不受阻于一时的“小风波”，而要看清和正确把握“顺之则昌，逆之则亡”的人类文明主潮流。

以上看法请各位批评指正。谢谢大家！

我的全球化观点之“奋进 2019”系列

原发表媒体：《南方日报》 南方网 2019 年 3 月 20 日

采访者[㊀]： 黎华联

原文编者按：2019 年，新《个人所得税法》如期全面实施，为纳税人派发“新年减税礼包”。前不久召开的中央经济工作会议和全国财政工作会议则明确释放 2019 年我国将实施更大规模减税降费的信号。那么，新一年的深化税制改革和减税降费措施有哪些值得期待的地方？南方日报记者采访了华夏新供给经济学研究院院长、中国财政科学研究院原院长贾康，他认为，全面“营改增”后，增值税的改革方向是进一步降低税负和优化实施细则，这将使得企业和消费者受益。粤港澳大湾区把改革和开放紧密结合在一起，是非常值得肯定的，有望给全国很好的引领。

一、 货币政策松紧适度的侧重点是怎么“松”

南方日报：2019 年的货币政策，是否会有新的变化？

贾康：为应对经济增速放缓的预期与下行压力，今年政府财政政策需要更加积极，货币政策要松紧适度，保持流动性合理充裕。今年货币政策掌握松紧适度的最主要侧重点就是怎么“松”的问题，这里面含有扩大内需、增加有效投资和支持消费潜力的政策意

㊀ 本书收录的媒体已发表文章及尚未公开发表作品，除已注明作者及采访者的，未署具体作者姓名的，其作者皆为本书作者贾康。

图。有舆论认为今年会出现通缩，但这言之过早。从物价来看，目前尚没有通缩的明确表现，处理得好，应能防止此种倾向。

二、 经济发展具备潜力、 韧性和回旋空间

南方日报：应该如何研判2019年经济情况？

贾康：我国经济的潜力、韧性、回旋余地是比较明显的。从主要指标来看，工业化、城镇化还有相当可观的发展纵深空间，可选择的有效投资具有巨大的潜能空间，基于经济社会成长而调动、扩大消费潜力，也还有很大的可作为空间。实施好“稳就业、稳金融、稳外贸、稳外资、稳投资、稳预期”，客观的依托是我国增长的空间仍然可观，主观方面必须做出的努力则是要坚定不移地推进改革，攻坚克难。只要不犯低级错误，预测今年我国GDP的增长率仍可在6%以上。

三、 消费者将受益于增值税改革

南方日报：2019年的税制改革方面，会在哪些方面先突破？

贾康：在2018年减税降费的基础上，中央的配套税制改革的重点任务包括增值税等。还应积极考虑加快房地产税立法。

全面“营改增”后，增值税的改革方向是进一步降低税负和优化实施细则。增值税优化实施细则将使企业受益，同时由于增值税会通过复杂的传导过程使大部分税负最终落到消费者身上，所以改革实际上也将使消费者受益。

房地产税目前只有上海、重庆两地有柔性切入的试点，其改革方向是经过法定程序完成立法，从无到有建立制度框架。

四、 养老金全社会统筹是动态调剂

南方日报：你曾提出的养老金全国统筹，可否简要介绍一下？

贾康：我国应尽快实行基本养老金全社会统筹，这是提升其“共济”“互济”功能的必然选择，还具有促进统一的人力资本市场培育与发展等积极意义，也会使社保机制规范化程度进一步提高。

统筹层级提高，有利于降低个人缴费标准。人们缴费共同形成的“蓄水池”，如果统筹到全国，“共济”功能最高。国家规定每个人缴费的标准将因此有望调低，可以为企业与员工实实在在减负。

这种调剂方式的使用，不是“借”与“还”的关系，是以共同基金的形式，在动态中保证所有参与者（缴费人）达到需使用年龄（退休时），能满足其领取标准。

五、粤港澳大湾区的打造，是天时、地利、人和的结合

南方日报：你对粤港澳大湾区方面有些什么样的看法？

贾康：粤港澳大湾区可说是越来越被看重、有全局意义的区域战略，是广东已经成为非常明显的经济增长区域后进一步的发展战略。曾经提出的泛珠三角战略，因为范围太广，使其增长极效应尚不符预期。但是粤港澳大湾区集中在广东沿海区域和港澳地区，是借鉴国际经验更可行、有望更快见效的一个增长极，按照湾区概念打造，有天时、地利、人和相结合的种种有利因素。

粤港澳大湾区把改革和开放紧密结合在一起，是非常值得肯定的。在中国改革开放到了“深水区”的情况下，广东的改革发展结合打造粤港澳大湾区，有望对全国形成很好的引领作用。

六、支持民企融资需要雪中送炭机制

南方日报：对民企的高质量发展你怎么看？

贾康：民企要高质量发展，大环境上，应该按照税收中性、竞争中性等原则，落实中央一系列支持民企发展的大政方针，给企业实实在在的配套支持措施等，这些方面都是大有可为的。但目前还缺少支持民企融资的针对性配套措施。

目前在实践操作中，银行业金融机构业绩考核时，具体执行层面对一线信贷工作人员的约束，如贷款责任终身追溯、风控签字承担终身责任等，这些风控措施显然是有必要坚持的，但关键是要匹配上可持续的政策性融资机制，优化大量中小微民企的融资可得性。因此，小微企业融资要破除困境，还要大力推进机制创新。

需要改革和完善金融机构监管考核和内部激励机制，把银行业绩考核同支持民营经济发展挂钩，解决不敢贷款、不愿贷款问题的同时，要有一套匹配政策性金融的雪中送炭机制，保障金融安全性并破解锦上添花运行机理的局限性，“守正出奇”地形成健康、可持续的政策倾斜机制，在承担一定风险且风险可控的情况下，持续地支持小微、绿色、创新、“三农”等民营企业。

在百年大变局中牢牢把握打造“人类命运共同体”的主线

原发表媒体:《参考消息》2019 年 4 月 5 日

如何认识当前世界所面临的“百年未有之变局”？本文试结合对于人类文明发展主潮流的认知，概括考察其相关的“变与不变”。

一、永恒之变中有不变

人类社会及其所在的世界（宇宙），处于不断的变化之中。自然界的历史，可以追溯到138亿年前诞生宇宙的大爆炸；人类的历史，至少可以追溯至考古已确认的300多万年前的非洲女士“露西”；自有文字以来的人类文明史，则可追溯至约6000年前的两河文明。这些都是不断发展演变的过程。变化的各个阶段、各个局部，具有无数的特殊性，即个性，但永无止息的演变过程中，却又有恒常不变的共性，即人们在不断探讨以求加深认识的“规律性”——中西方的思想成果，均对此“变与不变”的关系很早便有了清楚的认识：对于人类，“人不能两次踏进同一条河流”“苟日新，日日新，又日新”，讲的是变与个性，以及变中进取的态度；“太阳底下无新事”“天地有常，不为尧存、不为桀亡”，讲的是变化中不变的共性，以及变化中对规律之道应有的敬畏与肯定。

二、从几千年的坐标到几百年的坐标看轨迹

上下五千年的人类文明史，认知其发展变化中的主潮流，所反

映的即是于变化中就共性而言的社会发展规律。我基本认同著名学者周有光先生的简洁勾画：人类社会各个民族在数千年文明史演变中的共性主线，是社会发展的三大规律（经济上从农业化到工业化再到信息化，政治上从神权到君权再到民权，文化上从神学到玄学再到科学）。我认为，于数千年视野中可总结的这一发展轨迹，近到地理大发现和工业革命以来的数百年间，坐标系上的人类文明发展轨迹则可进一步展开为综合性的六大潮流：工业化、城镇化、市场化、国际化（全球化）、信息化（高科技化）和法治化。这六大潮流的汇合是主线，当属孙中山先生当年海宁观潮后所题写“世界潮流浩浩荡荡，顺之则昌，逆之则亡”这种只能顺应、不能违拗的人类文明发展的主潮流。

三、 中国在近现代世界格局中的变化主线： 从“大踏步跟上时代” 到锁定中国梦

中国作为唯一一个古老文明没有中断的国家，曾有过在世界民族之林中引以为豪的汉唐盛世，但却于告别康乾盛世后严重落伍，鸦片战争后更是颓态毕现，一路积贫积弱、被动挨打、内忧外患、民不聊生，下滑在被欺凌、被瓜分的危局中，经甲午战争惨败、戊戌维新速夭、八国联军洗劫之后，在 20 世纪的百年间，终于有 3 件大事先后发生。辛亥革命推翻千年帝制；继救亡图存的抗战胜利而于 1949 年中华人民共和国成立；20 世纪 70 年代末实行改革开放展开现代化建设新时期——正是在改革开放进程中，中国终于得到了一个可以谨慎乐观的前瞻：近两百年来无数志士仁人追求、期盼和为之献身的中华民族伟大复兴的愿景，已经“从未如此接近”，以改革为现代化的“关键一招”，中国的总体发展在“大踏步地跟上时代”，经济总量已从原来全球的第十几位上升为全球第二，人

均国民收入则从原来的极低水平上升为世界银行可比口径的“中等收入经济体”的上半区。全球化推进过程中，中国的综合国力、国际影响的上升与超常规发展中的成就令全世界瞩目，并且在沿着工业革命以来人类文明主潮流继续发展的主线上，已清晰地由邓小平当年勾画的“三步走”战略构想，进一步具体地锁定到 2035 年要基本实现社会主义现代化和 2049—2050 年要建成社会义现代化强国的新“两步走”目标，即在未来 30 年，要使中华民族伟大复兴的中国梦梦想成真。

四、“百年未有之变局”的历史考验：变从何来？

“行百里者半九十”，就在中国现代化进入冲关期的当下，某种“百年未有之变局”的历史考验似乎不期而至，不能不引发我们的高度重视与深入思考。

变从何来？至少有如下两大维度。

第一，国际政治经济格局的“逆转”式变化。百余年来国际政治经济格局变化过程虽然复杂，但大脉络总体上是伴随工业化、城镇化、信息化等推进的全球化（国际化）。但就在最近几年，国际格局却有了一些令人几乎目不暇接的“黑天鹅事件”。中国和平发展的国际环境发生变化，原可依仗的一些“推力”因素，不期然转为“阻力”。

第二，国内矛盾累积与外部冲击交织而成的“挑战压力”强化。中国在令世人印象深刻的经济起飞“黄金发展期”特征并未完全消退之时，近些年的“矛盾积累期”特征却已日益明显，至少有 4 个方面的纠结与特征。

一是“发展阶段转变”和“矛盾凸显”相交织。中国成为中等收入经济体后，正合乎一般规律地转向“新常态”和中高速增长，但同时也面临来自资源环境和国际关系两方面的矛盾制约和隐患叠加。

二是经济运行中“下行因素”和“上行因素”在对冲。新常态的“新”早已明确，但“常”还有待达到，本来 2015 年下半年至 2018 年上半年，已出现长达 12 个季度的 6.7%～6.9%经济增速平台，但新的不确定性和不良预期使经济下行压力再现，而支持经济上行的新型城镇化、科技创新、社会善治等方面的红利因素，也由于与之配套的改革在“深水区”步履维艰，尚难显出其强劲力量。

三是深化改革的努力和既得利益的阻力相博弈。改革作为中国现代化的“关键一招”，一向被反复强调，但在渐进改革路径上“利益固化的藩篱”面前，如履薄冰，如临深渊，博弈中趋于胶着状态，要取得“决定性胜利”的局面迟迟难以豁然开朗。

四是力求国内改革取得决定性成果和掌握国际贸易与投资规则调整重构主动权成为双重挑战。如何使全面配合改革取得决定性成果，是“办好自己的事”、保持中国可持续发展和实现高质量升级发展的关键与历史性的挑战。同时，在近年一系列全球贸易、投资多边体系和原有规则的调整与重构中，必须坚持以开放促进改革、变压力为动力、变被动为主力。

以上的纠结与压力，业已使“百年变局”的重大挑战与考验性质施加到中国现代化的冲关期上，不确定性因素增加。

五、变中有未变

和平发展的时代主题没有变，在打造“人类命运共同体”中实现中国现代化，仍是应牢牢把握且可以大有作为的战略主线。

在以上变局和考验面前，我们应当认清，以人类文明发展主流为“基本面”，遏制逆流、砥砺前行，有“不确定性”中我们可把握的“确定性”，其客观上的支持因素来自于“变中未变”、不可逆转的全球供给侧创新发展大势。

回顾一百多年来全球视野内的历史演变，我们已有充分的理论与实践结合的依据充分肯定时代的主题：和平与发展。这一判断成为我们实事求是、以经济建设为中心，贯彻党的基本路线的客观依据。这一主题，完全可以由关于供给侧创新的研究给出严谨的学理论证。在人类社会供给侧创新推到“共享经济”这个前沿概念的时代进程中，全球各经济体的产业链日趋融合，越来越有可能摒弃你输我赢的旧思维，在国内、国际实务中推进共赢的“人类命运共同体”式的包容性发展与和平发展。

时代主题的战略判断和两个角度的学理论证，构成认知中国以经济建设为中心、一百年不动摇的党的基本路线的原点，并将继续由实践证明，这可成为中国与其他经济体一起寻求人类命运共同体式发展的最为客观的支撑条件、共识催化剂和强有力制约因素。当下我们感受到的“百年未有之变局”，并没有改变这样一种人类文明发展主潮流上的基本趋势和必将走向的主流认同。逆流可以掀起一些浪花甚至是惊涛骇浪，但终究将被主流所压倒。中国在以人为本推进现代化的进程中，求同存异，在继续大踏步跟上时代、追赶发达经济体现代化水平的进程中，避免所谓的修昔底德陷阱，并且要以坚定不移、攻坚克难的深化改革，形成发展后劲，化解各种矛盾与风险，使中国成功跨越“中等收入陷阱”，实现与世界民族之林的共存共荣，迈向中国和整个人类社会更值得期待的美好明天。

以思想再解放促改革再深入
——纪念改革开放 40 周年

原发表媒体:《辽宁日报》 2018 年 07 月 24 日

2018 年，我们将迎来以党的十一届三中全会召开为标志的改革开放 40 周年纪念日。抚今追昔的万千感慨，需要对接到砥砺奋进的继往开来。面对完成“强起来”新时代中实现现代化中国梦历史飞跃的机遇与挑战，我们亟须新的一轮思想解放。

2018 年 1 月 23 日，习近平总书记主持召开中央全面深化改革领导小组第二次会议，主题就是强调“思想再解放，改革再深入，工作再抓实，推动全面深化改革在新起点上实现新突破”。会议所强调的“思想再解放”，意味深长。

改革的同义语是实事求是、解放思想前提下的制度创新，中国波澜壮阔的改革，是共产党领导下“生产关系的自我革命”。在行进到“攻坚克难”“啃硬骨头”和“涉险滩”的关键阶段之后，迫切需要以新的一轮思想解放为大前提，冲决落后于时代、阻碍着创新发展的陈旧思维，以开启和推动新时代作为现代化“关键一招”，带来“最大红利”的改革实践。

在改革进入“深水区”、攻坚克难艰巨任务横亘于前的新的历史起点上，再次强调思想解放，就必须进一步地强调和贯彻落实党的实事求是思想路线，牢牢把握我国正处于并将长期处于社会主义初级阶段这个“基本国情”与“最大实际”。只有在解放思想中真正摆脱屡屡兴风作浪的教条主义的影响与干扰，才能在思想认识和实际行动中确有把握防止“跑步进入共产主义”这种为害甚烈的错误损伤和破坏我们的现代化事业。如果超越阶段直接搬用“消灭私有制”的共产主义远景目标来指导现实，听起来冠冕堂皇，却定将损毁多种经济成分并存、公有制与非公有制经济都构成中国特色社会主义市场经济重要组成部分的基本格局，必然无法确有公信力地保护产权和鼓励民营经济蓬勃发展，导致我们丧失在实现中国梦道路上应有的前进定力，毁坏在社会主义初级阶段以数十年改革开放带来的生产力解放的大好局面。正如党的十九大报告所说，这是“党和国家的生命线、人民的幸福线”。

再次强调解放思想，就要坚持和发展充满生机活力的马克思主义，这正是合格的马克思主义者的应有作为。决不能停留于生硬地背诵马克思主义经典作品的某句原话。比如《共产党宣言》中的确有“消灭私有制”的表述，但紧跟着还说明：“共产主义并不剥夺任何人占有社会产品的权利，它只剥夺利用这种占有去奴役他人劳动的权利”；在《资本论》第一卷中，马克思还明确地表述了应在资本主义时代成就的基础上，在协作和生产资料共同占有的基础上“重新建立个人所有制”的思想。虽然学术研究中对此还没有形成一个十分一致的解读意见，但我们已可以结合《资本论》中马克思已指出的股份制对生产资料私有制的“扬弃”，再结合当代实际生活中股份制的发展使其成为“公有制的主要实现形式”，以及“混合所有制”的股份制形式成为“社会主义基本经济制度的重要实现形式”，来认识其“积极扬弃”的现实功能。马克思主义本质上是在与时俱进的科学探索中动态发展的思想体系，党中央所重视和强调的“马克思主义的中国化”，也就是要在中国的实践中坚持和发展马克思主义，而且今后还要不断发展。如果不能与时俱进地坚持和发展科学真理，我们是不配称作马克思主义者的。

再次强调思想解放，就需要正视已经形成的利益固化藩篱而求其破解。中国改革中只有人受益而无人受损的“帕累托改进”空间越来越小，业已十分坚固的部门利益、局部利益和短期利益的局限性，相当广泛地表现在一系列具体的改革与发展事项上，正日益凸显其惰性和阻碍作用。但是，“触及利益比触及灵魂还要难”，因为“天下熙熙皆为利来，天下攘攘皆为利往”。改革开放以来的动力机制，初始就是“明确物质利益原则”而抓住发展硬道理，调动一切积极因素，“使人民群众认识自己的利益，并团结起来为之而奋斗”。但发展起来后，问题并会不比不发展时少。比如，如何针对收入差距扩大情况下部门、地方、小团体利益和短期利益的固化，升级改造相关体制机制、优化再分配，已成为十分得罪人、十分棘手但非解决不可的难题。新一轮思想解放，势必要求在继续贯彻物质利益原则的同时，反思并直言不讳指出利益格局从原来的“平均主义”向新阶段的“过度分化”的演化，及其相关的新的不公正性弊端。借鉴收入再分配调节的基础性制度建设与政策运用的国际经验，并密切结合中国实际，设计实施攻坚克难的提高直接税比重，推行基本社保的全社会统筹，大部制、扁平化，落实省以下分税制，以及从官员开始实行财产申报制度等改革方案。对方方面面刻意回避的“得罪人”的难题，需要捅破其窗户纸，这就是新的思想解放的重要任务之一。而鼓起捅破这层窗户纸的勇气，却正是在要求改革者牺牲自身利益的同时，中国社会必须进一步强调给改革者“有所作为”空间的极端重要性。

再次强调思想解放，更需要正视已出现的极端化思维和观点交锋中的暴戾氛围并加以矫治。信息时代的“自媒体”功能加上网络上“碎片化”特征的爆炸式传播效应，正面说是使当下观点的多元化表达十分便利，反面说是使非黑即白的极端化思维最易吸引眼球和形成羊群效应，形成思想和舆论宣传中的挑战性问题。于是，在改革“步履维艰，综合疲劳”的“深水区”，新一轮的思想解放中，一方面仍应在某些贴标签式问题上继续把握务实明智的“少争论，不争论”来引领舆论倾向；另一方面又需在无法回避争论且有必要深化认识的思想领域，培育和倡导理性讨论的国民素质，充分尊重“百花齐放、百家争鸣”的学术发展规律。思想讨论中“我不同意你的观点，但誓死捍卫你发言的权利”应成为中国现代化过程中国家治理锁定“包容性发展”、国民“走向共和”的思维根基，也应构成思想解放在新阶段上文化宣传管理部门（官方）与受众（社会公众）的底线共识。习惯于官本位、行政化框架的舆论管理而实行不讲道理的硬性压制，逆党心、失民心，有百害而无一利。新的思想解放，应从“坚持真理、修正错误”“批评与自我批评”等党的优良传统和宪法、党章、改革开放基本路线中用好用足观点交流、理性讨论的坚实政治基础和巨大思想空间，鼓励创新发展，容忍试错失误，抑制恶俗，开阔国民心态，从混沌中走出澄明激越、凝聚正气、催人奋进的中国“软实力”提升之路。

再次强调思想解放，一定要正视中国官场和社会仍然流行的一些落后于时代发展的思维定式而力求摒弃。明哲保身、因循守旧、褊狭嫉妒、故步自封、热衷于拉关系搞小圈子、只知看领导眼色一味投领导所好而漠视群众冷暖和社会诉求、只知讲排场重形式而忽视内涵……凡此种种，都是改革创新的大敌，尤其是诸如此类的陋习积弊，一旦与公共权力结合，更是祸害连连，误事误人，祸国殃民，亟应排除。新的思想解放，正需有针对性地引出官民思维特性的良化发展和社会风气的现代化改造，并发掘中华民族传统文化中的精华以弘扬光大，吸收人类文明的一切积极成果来支持改革、振兴中华！

再次强调解放思想，十分需要把中央决策层已明确表述的供给侧结构性改革战略方针与主线，正确地把握为改革开放在新的发展阶段和“攻坚克难”中的承前启后、继往开来，澄清思想迷雾，力求决战决胜。改革是解决有效制度供给问题的“生产关系自我革命”，进入“深水区”后冲破利益固化藩篱的实质性推进，首先便是调整制度结构、优化利益格局的问题，所以，供给侧结构性改革的表述是完全符合基本学理并具有鲜明指向性的。实际生活里面，在改革如履薄冰的艰难推进中，既有以供给侧结构性改革为名实行非理性、违背市场经济规律的“加强供给管理”的扭曲、变味，也有把“供给侧结构性改革”与“深化体制改革”对立起来而横加指责的紊乱认识。我们亟应以合乎供给侧结构性改革本意的理性供给管理与此改革概念相配合，澄清相关的思想迷雾，防止以供给侧结构性改革为名滑入“搞新计划经济”误区，把改革取得决定性成果作为决战决胜的核心任务。

既然中国的现代化是一场长跑，我们就必须有充分的毅力、定力、战略耐心和百折不挠的韧性坚持，去逐步实现她；既然中央已清晰地判断中国为实现现代化的改革已处于取得“决定性成果”的关键阶段，并做出自觉的十八大以来的顶层规划和党的十九大供给侧结构性改革的主线的认定，那么攻坚克难、以全面改革冲过“历史三峡”而对接中国梦，就应该成为纪念改革开放 40 周年的主线与主题；既然改革是要“把不合理的去除，把合理的树立起来使之合法化”的除旧布新过程，那么继续鼓励地方、基层、微观主体的创新试验、“摸石头过河”中的试错式首创与“自下而上”及时的经验总结，就仍然具有莫大的意义。

以“思想再解放”促进“改革再深化”，是目标导向与问题导向的结合，“顶层规划”与“摸着石头过河”的结合，思想解放前提下守正（掌握共性规律）和出奇（以特色创新出奇制胜）的结合。改革尚未成功，同志仍须努力，将中国改革开放的现代化伟业进行到底——但在纪念改革 40 年而前望改革如何完成决定性冲关夺隘之际，展望中华民族伟大复兴的前景：改革开放所指向的中国梦，已是站在海岸遥望海中看得见桅杆尖头的一只航船，是立于高山之巅远看东方已见光芒四射喷薄欲出的一轮朝日，是躁动于母腹中的快要成熟的一个婴儿。

让我们以万众一心的奋斗来迎接她！

克服经济工作方针执行过程中的形式主义

原发表媒体:《经济导刊》2019 年 5 月号

为抓好经济工作，各地方、各行业、各企业集团、各单位在贯彻执行中央方针意图的过程中，需要深刻领会中央指导下构建现代化经济体系的主线，是供给侧结构性改革，必须牢牢抓住作为矛盾主要方面的结构问题，其实质要求，是对自己所处的特定辖区、特定行业、特定市场领域，形成尽可能高水平的定制化解决方案。需要认清与本地区、本行业、本企业、本单位相关的结构性失衡与偏差，有针对性地加以校正，促进高质量升级发展和供给体系质量与效率的提高。这必定要求实事求是地形成定制化可操作的创新发展方案，避免形式主义的、贴标签式的简单思维产生的种种偏差。

党的十八大以来，全党上下纠正“四风”取得重大成效，享乐主义、奢靡之风等显性问题明显减少，但仍然面临反弹回潮压力。特别是形式主义问题，顽固不化，出现了新的变种。一个时期以来，党中央、国务院多次发文，启动整治工作，其中针对的一个重点问题，就是要克服经济工作方针执行层面的形式主义。特别是 2019 年 3 月，中共中央办公厅印发了《关于解决形式主义突出问题为基层减负的通知》，强调要贯彻习近平总书记重要指示批示精神，更好为基层干部松绑减负，鼓励广大干部担当作为。

形式主义可称得上实际生活中的痼疾顽症，种种不务实、不干事、“口号喊得震天响、行动起来轻飘飘”的现象，人们已多有诟病。

在经济工作中，形式主义不单单是以往的文山会海，念稿子照抄照搬，拉足架势讲套话、空话、“没有错也没有用的话”，而且更突出地表现在讲创新却不讲如何创新，不讲试错，不讲如何真正落实中央“允许改革犯错误，但不允许不改革”的指导精神。这种形式主义，是“为官不为”的代名词，很值得我们深刻分析，并在具体经济工作中，防范其带来的不良后果。“没有差别就没有政策”，在政策执行过程中，因地制宜区别对待是实事求是的真谛，而形式主义则往往表现为只是基于“政治正确”考虑和速求政绩的功利目的，极端化和“一刀切”地执行政策，以形式主义的“合规严管”，束缚基层创新的手脚；以严防风险为名，取代中央“创新发展与防范系统性风险”相结合的精神实质，一人干事多人监管，改革创新动辄得咎。数不清的检查、督查、考核、审检，层层叠叠，过多过频地挑毛病、找瑕疵，造成一线工作者的沉重心理负担，严重打击了他们干事创业的积极性。

特别是从当下面对复杂的国内外大环境，亟须扩大内需，而形式主义工作作风对激发和释放经济潜力、活力，缓解就业压力、扩大有效投资等，明显是极其不利的。党和国家方针与决策执行中必然有弹性，有“相机抉择”的空间和必要性，还应有人文关怀的匹配，如果只知望文生义，看领导眼色“雷厉风行”地以“火线立功”粗暴方式来追求速报政绩，缺乏对“以人民为中心”和“为人民服务”宗旨的深刻理解认识，不做因地制宜的独立思考，既非常容易形式主义地走过场，更容易违背党的实事求是“思想精髓”，以及“关心群众生活、注意工作方法”的优良传统，把正确方向、好的原则，在执行中毁于一旦。

反对经济工作方针执行中的形式主义，除了从一般思想作风来考虑，还特别需要从深化改革、优化制度安排的角度来考虑：在制度层面深化改革，才能破解和消除形式主义的根源。从只看领导眼色对领导负责、转为在执行领导层决策方针中自觉考虑全局的需要、人民的需要，建设性地加以贯彻落实，这一定要通过制度改革让人人起而负责，人人在负责的过程中独立思考，并配之以有效的奖惩问责机制把中央精神落实为可操作的高水平解决方案，才能从根源上避免出现形式主义的严重偏差、消除其痼疾。

对于来自基层、民众、网络的信息与多种诉求，一线工作人员在具体执行过程中，必然有所接触和体会。底层的和“自下而上”的有些信息，不排除情绪化、片面性特征，甚至有人会故意制造一些混乱，但总体而言，还是可以看出人心向背和需要沟通及加以引导的重点。一线政府工作者要特别注意倾听民间的声音，充分注意吸收其中的有益成分，并及时做好必要的“下情上传”，以促进科学决策。只知高唱“主旋律”，不注重缺点、缺憾、缺失之处而加以克服与补救，不有担当地做好上下沟通，是一种“尸位素餐”的形式主义，只会贻误现实工作，万万要不得。

第二章
将改革进行到底

改革红利依然是最大的驱动力

原发表媒体：《南风窗》 2018 年第 24 期

采访者： 曹柠

原文编者按：2008 年以来，中国经济的结构性问题日益凸显，随着后发优势的减弱，中国经济增速由峰值水平转折性地回落，进入“新常态”。同时，国际金融危机之后，欧美各国以量化宽松为核心的宏观调控效果并不明朗，中国以欧、美、日的需求带动出口的增长模式将不可持续，西方主流经济学派近几十年从需求侧入手调控经济的思路遭遇瓶颈期。

2011 年年初，贾康与 6 位学者发起成立了“新供给经济学研究小组”。2013 年 9 月，贾康等 12 位学者发起成立了华夏新供给经济学研究院，通过中国新供给经济学 50 人论坛整合了经济学家、实业家、金融界、媒体界精英。2015 年 11 月召开的中央财经领导小组第 11 次会议上首次提出“加强供给侧结构性改革”。至此，供给侧结构性改革家喻户晓，被外界普遍认为是中国经济转型升级的重量级战略部署。

3 年过去了，怎样理解供给侧结构性改革和当前宏观经济的关系？中国经济未来的增长空间在何处？国有企业、民营企业路在何方？如何看待当前改革过程中的挑战和困顿？带着这些问题，《南风窗》专访了财政部财政科学研究所原所长、华夏新供给经济学研究院首席经济学家贾康。

一、 改革始于制度供给

《南风窗》：改革开放 40 年了，这时的供给侧结构性改革和改革开放初期邓小平所说的改革的关注点有哪些不同？两者是什么关系？你曾将新供给经济学的基本主张总结为“八双五并重”，到现阶段，哪些是接下来要推进的重点和难点？

贾康：其实供给侧结构性改革就是邓小平当年所说的改革开放大政方针的承前启后和继往开来，但是到了改革的“深水区”，中央现在的决策意图上，很明显的取向是科学决策和政策优化必须得到中国特色社会主义政治经济学学理的支撑。以这样的意图，现在供给侧结构性改革这个表述是在改革前面加了两个前置词。邓小平说改革是生产关系的“自我革命”，这里的“自我革命”发生在制度供给这个供给侧，必须解决制度供给的有效性问题，所以，直接强调出来了。另外，制度供给首先涉及的就是制度结构、利益格局，在这个利益格局里怎么实现习近平总书记说了多次的“冲破利益固化的藩篱”这种攻坚克难、把“硬骨头”啃下来的问题，于是突出地表述了“结构性”。

党的十九大报告明确地指出供给侧结构性改革是我们构建现代化经济体的主线。在这个主线上，首先是制度创新要能够把“硬骨头”啃下来，攻坚克难，使创新发展中制度创新打开技术创新、管理创新的空间，找到新的动力源对冲原来动力体系里的下行因素，两者结合在一起引领“新常态”，由“新”到“常”，打造质量升级版上的中高速增长平台。

这样的追求，我认为就是要在社会主义市场经济轨道上继续超常规发展，而超常规的发展必然要追求“守正出奇”。供给侧结构性改革其实就是在这方面有思维创新特点之后，要能够进一步地把有效市场的作用充分发挥起来，又能够更好发挥政府的作用。党的十八届三中全会已指出资源配置中市场发挥决定性作用。我们已经在市场作用方面实现了从邓小平“南方谈话”后认识的进一步提升：当年确立社会主义市场经济目标模式时，由于种种主客观条件的限制，还只能说市场在资源配置中发挥基础性作用，现在已经认识到它起到的是决定性作用。认识到这个有效市场作用要充分发挥后，并不意味着把其他市场经济的经验和我们以前发展市场经济探索中的经验往下继续运用就能一路实现现代化了。可没有这么简单的事情。“守正”之后还必须“出奇”，要承担风险，关键是“出奇”的过程中要能经受住考验而“制胜”——有效市场后面要紧跟着解决好政府怎么更好发挥作用的问题。解决好有效市场，还要结合有限、有为的政府。政府的有为容易理解，政府的有限，需要供给侧这个所谓供给管理的理性程度的切实提高。这样的挑战性任务要怎么才能处理好？我们在新时代确实要经历一系列理论密切联系实际的创新探索。

二、 民企加入混改的新考虑

《南风窗》：国企改革事关公平市场环境的提出到确立，进而影响到全社会资源市场化配置的调整到实现。虽然相比 20 年前国企效率和经营思路已经有了巨大进步，但传统的监管和经营模式已经越来越无法适应中国经济的发展速度。你怎样看待国企改革的方向？

贾康：国有企业改革的大方向需要抓住混改，混合所有制是基本经济制度的重要实现形式，怎么理解这个思路？现实生活中是有很多争议的，党的十八届三中全会以后，经过很长时间的努力，国有企业改革的文件当时说“1+N”：1 个总体加 N 个行业。我的印象里，“总体”有了，但是各个行业中还没有按原有改革意图清晰地落到实处。

国有企业有中央的也有地方的，有不同行业的，按照国际经验，它的分类还要进一步合理化，采取不同的标准，定制化方案是非常重要的。少数国有企业可能必须国有独资，而更多的国有企业要走混合所有制之路，这是主流。按这个逻辑，国有企业和非国有企业的界限其实就是在股份制框架之下更强调融合，而不是井水不犯河水。

国企混改的形式有控股也有参股，控股里还有绝对控股和相对控股。现实中，采取什么形式是最不容易达成共识的。目前更多的情况是控股可接受，参股的情况比较复杂和麻烦。民营企业加入混合所有制的很多，他们越来越不希望只是成为国有企业的配角，而是也希望在某些舞台上能够是主角。

《南风窗》：接下来，国企改革怎么推进？

贾康：重要的是要靠现实中的一些创新机制，例如现在已耳熟能详的 PPP（政府和社会资本合作）模式。实行 PPP 模式的目的是使政府的作用和市场的作用达到一个新的结合。在原来已经认识到的政府和市场划清边界，各行其道，既不越位又不缺位的认识基础上，还要螺旋式上升到在重要的园区建设和投融资领域，政府可以与市场主体成为伙伴关系，实现合作，一起做事情。很多争论不休的事情到了 PPP 模式，尤其是 SPV（特殊项目公司）里，天然就是一个混合所有制，就是很清晰的股权混合的微观市场主体的产权结构，而且政府根本就不想一股独大，不会出现民营企业特别顾虑的加入后只是做配角的问题。

PPP 模式的流程，在不同环节上，政府的“裁判员”或“运动员”身份仍然是可以清晰地区分的。项目前期的国土规划、公共政策都要交代清楚，这时政府有“裁判员”的身份和作用。一旦程序走完，地方政府和企业自愿签字做 PPP 建设项目后，政府就是“运动员”，它跟企业是一样的平等民事主体身份，自愿签字之后在法治的约束之下共同推进项目的建设。这时“裁判员”去哪儿了呢？显然是到我们法治化国家的“法”那里去了，是由一系列的法规约束着签约各方，要一起履约、守约。政府如果毁约、违约，和企业一样，要接受法律的约束和问责。这些实际上可做的事情，会教育社会，让大家认识到我们真正的出路是共赢，是混改。

三、 从不究原罪到保护产权

《南风窗》：近年来，中央为了提振民营企业信心采取了一系列政策措施，但许多民营企业依然面临诸多困难，政策性歧视、国有企业挤占生存空间等饱受诟病的现象依然没能很好地解决。在你看来，中国民营企业真正的危机感来自何处？“定心丸”怎么才能发挥“药效”？

贾康：民营企业投资的下降在 2016 年非常明显。2016 年 7—8 月，民营企业投资在同比指标上只增长了 2.1%，改革开放以来从未出现过如此低迷的状态。同时，民营企业却“不惜工本”在做海外投资布局，带有慌不择路的特征。这说明什么？我不认为只做一些技术性分析有多大意义，要看到这和方向感、安全感有关。后来中央一系列的解决问题的方略，正是抓住怎么在大方向上、在基本产权保护的安全感上、在我们走向现代化的引领方面解决实际问题。最近习近平总书记已经强调继续坚定不移地支持民营企业发展，之前中共中央办公厅、国务院办公厅就联合发文，强调民营企业对于整个经济发展的重要贡献，民营企业家在实际生活中的企业家精神要得到弘扬，要坚定不移地保护私有产权，并对加快编纂民法典提出明确的要求。中国现实情况下有很多阻力和复杂的问题，但中央在这方面有指引，有关部门要落实中央的指示精神，这个大方向是非常明确的。

中国现在的情况确实错综复杂，但是在不确定性中要我们看到确定性，要见微知著，防止经济问题和其他社会问题混合在一起，冲击我们的现代化进程。中国社会已经多元化，但社会应该形成的和改革开放大政方针内在逻辑契合的主心骨式的导向是应该由方方面面一起努力让它发挥最大的正面效应。在这种情况下，我们的舆论管理要组织大家能够更好地按照《宪法》，按照国家相关的规则，做有意义的讨论。

四、 为什么要加快编纂民法典

《南风窗》： 拯救民企信心，除了打气，从优化制度环境视角还需要什么？

贾康： 从优化制度环境视角我有 4 条提倡。第一，推进“加快编纂民法典”的法制建设工作，为“全面依法治国”夯实微观产权保护的法律基础。这一工作的历史和现实意义十分重大，至少堪与从马克思到社会科学界一致推崇的历史上夯实市场经济和商业文明发展微观产权基础的“拿破仑法典”相提并论。

第二，克服困难与阻碍因素，回应社会关切，给民营企业吃下定心丸。

第三，加强部门协调，加快推出 PPP 条例，在法制化轨道上鼓励和规范 PPP 的大发展。特别是在国际形势发生重要变化的新局面下，更需要以 PPP 机制创新适应“扩大内需”的紧迫需求，更充分地打开我国可用、可观、可贵的有效投资空间，更好地发挥政府、企业、专业机构“1+1+1>3”的扩大投资同时显著提升投资绩效水平的积极作用。

第四，各地具体地落实企业的创业创新环境。从上海自贸区的几轮“复制”继续下去，地方应以地方的法规与红头文件，把这一制度因素在辖区内真正落实。

五、 减税无法单兵突进

《南风窗》： 社会普遍期待减税能释放出更多增长空间，中央减税减负的政策也推了很长时间，但减税政策层层传导后，企业感受却不明显，而且行政性收费还是根深蒂固。减税为什么这么难？

贾康： 我们必须在看清楚全景图以后，抓住减税减负最关键的配套改革来形成全面认识。首先，减轻企业和社会成员负担，正税的减降还有多大空间？我国现在有正税 18 种，哪些税种还能降低？先说最主要的增值税，可以降低标准税率或者总体税负水平，但是空间确实有限。在政府职能履行过程中，有一个“财政三元悖论”，也就是说受到减税、政府赤字与控制政府举债、政府增加公共服务这三者权衡的客观制约。这 3 个目标百姓都非常赞成，但 3 个目标放在一起，不可能同时实现，充其量只能同时实现其中的两项。在这个制约之下，正税的减降，必须考虑整个政府职能如何履行和整个税制如何优化。再看所得税，实际上税负再下调的空间也是有限的：小微企业提高简易征收办法的起征点，不是不行，但对每一家企业真正的帮助微乎其微。

其次，需讨论“五险一金”社保缴费。社会保障（以下简称“社保”）40%多的缴费率，其中最大的缴费是基本养老，怎么往下降？一定要结合全面深化改革，攻坚克难，把全国因行政区划而隔离的众多的“蓄水池”变成全国全社会统筹的一个蓄水池，使它的互济、共济功能真正发挥出来，40%多的缴费率才有可能往下调。从理论分析看，全社会一个蓄水池是最合理的。市场经济下，劳动力应该自由流动、无壁垒流动，原来说跨统筹区域的社保待遇问题一直是棘手的难题，如实现社保全社会统筹，这个问题自然就迎刃而解了。这是一个靠改革才能解决的问题。社保制度实现全社会统筹，是早在“十二五”时期就明确树立的改革目标，“十三五”又提出来了，如果不深化机构改革，如果不冲破利益固化的藩篱，这个目标仍然很难实现。好在新的机构改革方案，已让人看到了希望。

再次，减少行政性收费。全国经过这么多年努力，中央政府层面设立的涉企收费项目已削减60%以上，但有企业家反映说，还有500多项，发改委、财政部门把能归并的归并，剩下的也还有300多项，这也是长长一个清单。这是中国很特殊的一个地方。我们认为，税收项目中合理的要保留，但是可减降的空间也是很大的。但是，要进一步缩减行政性收费，必须在体制上“啃硬骨头”，那就是机构改革要“拆香火”。好在这次党和国家机构改革开始比较大的动作了，这种“大部制”改革还应该配合着扁平化，虽然离比较理想的状态还有一定的距离，然而毕竟能看到有进步了。

罚款方面也是老大难，这哪里是减税能解决的问题？公路超载罚款已形成恶性循环：载重汽车不超载就赚不到钱，但是超载又成了某些部门设卡罚款的理由。这是必须把整个吏治真正全盘改造后才能解决的一个恶性循环。还有金融成本居高不下的问题，只有把普惠金融、小微金融等，以及其他金融多样化的机制在深化改革中发展好，才能把实际的融资成本降下来。李克强总理说，要大幅降低企业非税负担，进一步清理和规范行政事业性收费，不合理的坚决取消，过高的坚决降下来，调低部分政府性基金征收标准。降低电网环节收费和输配电价格，一般工商业电价平均降低10%。加大中介服务收费清理整顿力度。总之，中国的事情要做好，变压力为动力，就应把减税减负与深化机构改革、部门行业改革、干部作风建设等联系起来，攻坚克难，经受历史性考验。

六、 避免低级错误， 释放改革红利

《南风窗》：供给侧在制度与管理领域的改革更为艰难曲折，甚至出现一些目标成为手段、结果与初衷背道而驰的现象，导致“制度红利”释放不出来，反而挫伤了公众对改革的信心，改革既不能保守又不能激进，我们要避免哪些低级错误？

贾康：实际生活中，经济问题往往涉及利益的调节，涉及结构化，怎么保护相关的有效投资和有效消费，其实有很多值得我们研究的案例。必须充分注重居安思危，防患于未然，在进一步应对复杂局面中，贯彻党的基本路线的导向之下，防止出现不应有的低级错误。

《南风窗》：供给侧结构改革已经成了共识，大部署都有了，关键在于落实，顶层设计与基层试验的互动极为重要，怎么给地方、基层、企业释放更多的试错空间？

贾康：法治建设得跟上，我们都期望依法治国，白纸黑字的法律条款大家依法照办就可以，但实际上很多的事情，一开始形成不了很清晰的法，那就需要试错，有一个弹性试错空间。这种领域里的法律建设，是要首先给出一个在发展中求规范的基本前提，允许试错，然后总结过程中的风险防控经验，将能够确立的规则尽快总结出来。这就要求要动态地认识和总结基本规律，形成一个良法的框架，并逐渐细化。

有法可依，而且是有良法可依。法是不是良法，这是关键，必须在实践中进行动态的考察和验证，先有法可依，并追求有良法可依，后面才是执法必严，违法必究。要把发展中创新、发展中规范放在前面，看清风险以后，才是强调在规范中发展，对风险不能任其弥漫，形成系统性风险。这样的权衡，我们现在还在探索，一定要把它掌握好，这也是势在必行的。

《南风窗》：你怎么看待外资撤离的风险？

贾康：人民币在资本项目下可兑换、自拆“防火墙”的改革势在必行。对于人民币，资本项目下不可兑换，这抵御的是游资、热钱，使之不能随意通过资本项目的兑换进入中国市场“兴风作浪”。这是迫不得已，但这绝不是中国走向现代化国家要维持的常态。在具备条件的情况下，要自拆“防火墙”。我们要逐步创造条件，经受住考验，在未来几十年的现代化进程中，这一关是早晚要过的。

《南风窗》：多项改革同时推进，旧的增长点受到抑制，新的增长点还未壮大，改革效果期限错配的问题明显，同时外部环境的变化加剧了内部的困难，使得系统性风险进一步上升，改革可能“内外交困”，这种情况下应该坚持哪些原则？

贾康：非常严峻的考验已经越来越多地感受到了。应该讲，党的十八届三中全会的“60 条”（《中共中央关于全面深化改革若干重大问题的决定》）一经推出好评如潮，但这个重要指导文件怎么落实？我觉得还是要结合着纪念改革开放 40 周年，做一些深刻的总结和反思。

我反复强调，一定要坚定不移地抓住“改革”这一中国现代化关键一招，要攻坚克难。现在大家对于改革看到了很多步履维艰的困惑、阻力，但也要肯定有一些还是确实在实质性推进。比如在今年两会上确定的大部制改革，迈出了多少年没敢动而终于动了的步伐。在个人所得税改革以后，养老金的全社会统筹应该乘势实现，养老金全社会统筹的蓄水池一旦形成，“五险一金”从基础养老缴费标准开始，就可以往下降，正好适应社会需要。这是改革将会带来的红利。

改革创新的昨与今
——对“莫干山会议”的回首与展望

原发表媒体:《纵横》 2017 年第 3 期,《新华文摘》 2017 年第 10 期转载

采访者: 潘飞

原文编者按:改革开放 30 多年的前行之路,是一条思想解放和制度创新之路。创新有风险、会犯错,但不创新则没有出路。老一辈改革者曾说:“允许改革犯错误,但不允许不改革。”时至今日,改革已经进入攻坚期和深水区,正如习近平主席所说:“都是难啃的硬骨头。”这种时候,我们更加需要呼唤敢为人先的创新精神和时代气魄,执着担当与集体智慧,一鼓作气攻坚克难。30 多年里,从“莫干山会议”走来的贾康教授,亲历和见证了中国改革开放之路上许多重大思想解放和制度创新的历程。希望他的讲述,为我们开启一扇鉴往知来的改革创新之窗。

一、 莫干山 1984: 思想解放大时代, 英雄何须论出处

20 世纪 80 年代初,改革开放渐入佳境。伴随“真理标准问题大讨论”,思想界迎来了思想解放的春天,经济理论界也掀起了一场场讨论热潮。当时,决策层亟须关于改革思路和方案设计方面的研究,正是在这个“关于改革的现实重大问题研究”的特定领域内,中青年力量崭露头角。到 1984 年,农村改革已经大有起色,城市改革号角吹响,但尚感举步维艰,决策层也有意为此广开言路。那次全国性的中青年经济科学工作者理论讨论会(以下简称

“莫干山会议”），正是在这样的背景下召开的。

1984 年秋，党的十二届三中全会召开前约 1 个月，中国经济研究界一群“位卑未敢忘忧国”的“热血青年”发起并联络了全国方方面面的人士，在浙江省省级研究机构和中央级相关部门、单位的支持下，采取面向全国征文选取参会者为主的形式汇聚浙江杭州附近的莫干山，共商城市改革和国家经济大计。

当年，我是财政部科研所研究生部的一名硕士研究生，30 岁，和那个时代的一大批年轻人一样有过社会生活中的“底层经历”，我去过农村，参过军，当过工人，后来终于碰上恢复高考的机遇上了大学。会前，我因一篇《论广义狭义价值规律》的论文发表在权威刊物《经济研究》上而在经济理论界“崭露头角”，因此获邀先是参加“莫干山会议”的征文初评等工作，而后又“上山”赴会。

原本，“莫干山会议”是由一群年轻人自发谋划组织的，可是会议能形成如此规模并得到地方乃至中央的重视，令人始料未及。开幕式上，时任浙江省省长、省委副书记薛驹，经济日报社社长安岗等“老革命”都亲自到场。

“莫干山会议”与会者来自天南地北、各行各业，有职务或没职务，有头衔或没头衔，但在整个会期，热烈、自由、平等的氛围贯穿始终，大家相互“论剑”，各种思想火花频现。这次会议的一大特点是在各个分组讨论之外还有“挂牌讨论”，也就是专题讨论：题目“公开张榜”，同时注明时间、地点，与会者自愿参加。我印象较深的一次挂牌讨论的主题是关于价格改革的，当时中央也在迫切考虑怎么下决心，推什么思路的方案。在现场，田源、华生、张维迎作重点发言后，大家开始自由提问或发表个人见解，会场挤得满满当当，气氛十分热烈。记得当时的基本观点有“调放派”“放开派”和“双轨派”，前者强调先调后放、调放结合来理顺价格体系和价格形成机制，中者主张“完全放开”，后者则强调可以先一步形成价格的计划控制轨和市场定价轨“双轨运行”的局面，再逐步扩大市场调节的作用，最后并为市场一轨。会后，关于“价格双轨制”的思路建议形成内部报告后被报送至中央领导，对后来价格改革的实际推进产生了重大影响，“价格双轨制”也成为“莫干山会议”上绚烂的思想火花之一。

当然，与会者关心和讨论的问题不限于此，而是包括经济体制改革、发展战略、国企改革、农村改革、金融改革、扩大开放、如何发挥城市多种功能等十分广泛的范围，几乎覆盖了当时改革所涉及的各个领域。不仅如此，所提出的一些问题在当时甚至相当“前卫”。比如，在关于改革发展区域战略的讨论中，有人提出了“梯度推移”和“反梯度推移”的不同思路；又如，在关于“综合平衡”理论是否应被突破的问题上，有人强烈主张应突破，主要论据是货币金融可以实现“跨空分配”，等等。各种想法见仁见智、水平不一、未必成熟，但是那段怀揣“天下兴亡，匹夫有责”情怀的年轻人“指点江山”的“激情燃烧的岁月”，却令我至今记忆犹新。

“自古英雄归社稷，从来年少不惜身”，可以说，20 世纪 80 年代，以“莫干山会议”为代表的一大批中青年力量活跃于改革前沿的各种活动，是中国特色改革开放在特定阶段上因特定需要应运而生的特定现象。早在 1978 年，王岐山等 4 位年轻人上书中央，提出关于改革的阶段性要领建议，得到中央领导的肯定和接见，史称“老青对话”。此类佳话，奏响了新生力量参与改革的序曲，既体现出思想解放、百花齐放的时代大潮，也反映出中央“破釜沉舟”、改革图存的战略决心。正是在新的伟大时代背景下，产生了“莫干山会议”式的一大批热血青年和有识之士为天下谋兴亡、为改革建功业的群体行为。可以说，“莫干山会议”是20世纪80年代“解放思想、实事求是”这一改革开放、创新发展动力源的时代产物和文化象征。

30多年来，“莫干山会议”的影响一直延续至今。一方面，会议为20世纪80年代的中国改革提供了重要思路和积极的建设性意见；另一方面，会后有一大批中青年蓬勃而出走向历史舞台，他们不仅活跃于20世纪80年代中后期的改革研究和实践活动，并且在此后的中国改革开放大业中发挥了举足轻重的作用。他们中有的担任国家领导人，有的成为重要部门的领导者，如王岐山、马凯、周小川、陈元、楼继伟、郭树清、肖捷、吴晓灵、刘克崮、陈锡文、杜鹰、许善达、鲁昕等；有的在国内外学术界和思想界产生很大的影响，如周其仁、张维迎、宋国青等；还有的则在经济、证券、金融界继续活跃，叱咤风云，如华生、曹远征等。

我作为“莫干山会议”的一员，会后一直留在研究岗位上。那个改革开放、解放思想大时代中所获得的启发教益，至今仍影响着我。

二、改革遇挫，邓小平说：错了就改，继续改革

“莫干山会议”之后，在20世纪80年代的改革推进中，不仅有农村改革“蓄之既久，其发必速”的高歌猛进，也有城市改革的坎坷试错和“价格闯关”的时机误配。

1985年，“六五”计划最后一年。当时，单一制中央银行体制刚建立不久、经验不足，在支持经济增长和保持货币币值稳定之间协调不到位，因1984年“突击放贷”而引起经济快速过热，货币

投放过度，造成了明显的通胀压力。到 1986、1987 年，有关各方一直在探讨如何给经济降温，实现软着陆，国务院为此出台了“三保三压”方针，即保计划内建设、压计划外建设，保生产性建设、压非生产性建设，保重点建设、压非重点建设，目的是将有限的资金用到国民经济发展急需的建设上去。

1988 年初，改革开放步入第十个年头，已进入了深层、敏感区域——高层传来消息，要考虑价格体制改革“闯关”，以期“一鼓作气”实现由市场调节价格的制度建设、机制转换目的。

尽管放开价格的大方向是正确的，但由于时机不对而没有取得成功。尽管当时操作上强调首先放开的是“名烟名酒”等高端商品价格，但由于对价格体系已经无法做到有效、严密控制，各种商品随之轮番涨价，一时间“抢购风”席卷而至，在各地迅速蔓延，结果形成了明显的“社会不稳定”压力和不良连锁反应，乃至经济问题社会化、政治化。当时，农民在家庭联产承包责任制头几年欢欣鼓舞的局面之后也开始遇到增产带来的一些新的难处，比如粮食多了以后怎么进行深加工取得附加值？由于相关方面的改革进展不那么顺利，农民收入在 1986 年以后出现下滑趋势。企业改革还在经历“多种形式的承包经营责任制”的试错，国有企业几年间的“利润滑坡”，又对接了承包中产生的大量短期行为。“知识分子政策”虽已明朗化，但落实中还有多种不如人意之处。干部队伍新老交替加快，军队则处于“要忍耐”的特殊调整期。种种矛盾，很容易与前几年已积累的通胀因素互动，综合而成很高的压力，对价格改革形成了“难以承受之重”的脆弱社会心理环境。

改革遇挫，形势逼人。如何积极而又稳妥地做出调整再寻求继续推进改革，成为迫切需要解决的问题。邓小平事后指出了这次价格“闯关”的经验教训，他说：“速度快本来是好事，但太快了也带来麻烦……我们缺乏经验……走一步，总结一下经验，有错误就改，不要使小错误变成大错误，这是我们遵循的原则。”他同时强调：“要创造良好的环境，使改革能够顺利进行。”“治理通货膨胀、价格上涨，无论如何不能损害我们的改革开放政策，不能使经济萎缩，要保持适当的发展速度。”

1988 年 9 月，党的十三届三中全会召开。在分析我国政治经济形势的基础上，批准了中央政治局提出的治理经济环境、整顿经济秩序、全面深化改革的指导方针和政策、措施，各方面工作进入“治理整顿”时期。

三、“解放思想” 破题之举：“天鹅之舞” 与社会主义市场经济目标模式的确立

接下来，1989 年中国进一步面临“经济问题社会化、政治化”的严峻社会考验。随后的全面治理整顿，是各个地方的党政一把手“以乌纱帽做担保”，砍基建规模，砍贷款额度，压经济、调结构……1990 年，全国 GDP 增速从超过 10%一下回落到 4%左右，“断崖式”下跌至改革开放以来的“谷底”。

来之不易的改革开放和中国的现代化进程面临岌岌可危的局面，这引起了邓小平的高度关注，于是有了 1992 年春天的那次中国改革史上里程碑式的事件——“南方谈话”。在武汉，邓小平对湖北省委主要领导说：“十一届三中全会以来的实践证明只有改革开放才能救中国。以经济建设为中心的党的基本路线中，改革开放是主题、是主线……”“……国家需要改革开放，人民需要改革开放，谁不改革谁下台 ……”在深圳，邓小平再次指出：“不坚持社会主义、不发展经济、不改善人民生活，只能是死路一条……只有

坚持这条路线，人民才会相信你、拥护你。”

1992 年 2 月 28 日，中共中央将邓小平在武昌、深圳、珠海、上海等地视察期间的谈话要点下发，要求尽快逐级传达到全体党员干部。文中指出：“社会主义也有市场，计划和市场都是经济手段。社会主义的本质，是解放生产力，发展生产力，消灭剥削，消除两极分化，最终达到共同富裕。”至此，改革中争议多年的市场经济姓“资”姓“社”的问题终于由邓小平给出了正面判断：市场经济不姓“资”，中国也要搞市场经济。实际上，早在 1979 年邓小平在会见外国客人时就已谈过这个看法，只是当时对内未作传达。

“南方谈话”被当年陪同的老同志称为邓小平有生之年的“天鹅之舞”。当年这位耄耋老人以“超常规”手段奋力将改革开放推上了宽广大道，锁定中国走社会主义市场经济之路，使中国的现代化进程得以稳定接续，奠定了其后 20 余年“中国奇迹”之基。“南方谈话”也因之成为中国改革开放史上“解放思想，解放生产力”的里程碑。

1992 年 10 月，江泽民在中共中央第十四次全国代表大会上明确提出：我国经济体制改革的目标是建立社会主义市场经济体制。1993 年 11 月，党的十四届三中全会通过了《中共中央关于建立社会主义市场经济体制若干问题的决定》，标志着中国社会主义市场经济体制作为改革目标模式的正式确立。

四、制度创新“打头阵”：朱镕基力推“分税制”改革

财税改革是中国整体经济改革和全面改革最重要的组成部分。2014 年，作为党的十八届三中全会给出全面改革顶层规划后的“改革元年”，财税改革由中央政治局首先审批通过“打头阵”。实

际上，在中国改革开放之初，宏观层面就是以财政“分灶吃饭”作为改革突破口。30多年来的一些重要历史节点上，财税改革都曾是新一轮总体部署改革的“急先锋”。其中，1994年的“分税制”财政体制改革，承接“南方谈话”后的新局面要求，是中国改革开放之后财政体制一次具有里程碑意义的重大制度创新，其背景有以下两大方面：

首先，“分税制”财政体制改革体现了按照市场经济要求实行从“行政性分权”转为“经济性分权”的根本性变革。邓小平1992年“南方谈话”使我国确立社会主义市场经济目标模式后，构建间接调控体系就顺理成章地要求在宏观调控体系中主要依靠经济手段，其落实必须依赖货币政策、财政政策等规范化的经济杠杆。显然，要运用好这样一套间接调控的政策工具，必须通过制度创新在财政体制框架方面实现新的突破，即由原来的行政性分权上升到经济性分权。

其次，当时下决心进行改革有一个很现实的压力，就是中央财政已经到了难以为继的状态。自1980年中央以和地方之间“分灶吃饭”的包干方式开启财政分权改革后，中央通过分配权力的下放调动了地方和企业的积极性。与此同时，也造成中央财政实力过弱、财政体制关系紊乱、中央财政调控能力严重不足等问题。到20世纪90年代初，中央已先后几次向地方借款，日子实在“过不下去”了，迫切需要由“分灶吃饭”推进到“分税制”，通过构建分税分级财政体制来正确处理政府与企业、中央与地方两大基本关系，以适应市场经济对财政职能转轨的客观要求，为正确处理政府与市场关系的全局性深化改革奠定基础。

1993年，中央政府财政能力降至历史最低点。时任国务院副总理的朱镕基由邓小平“点将”主持国务院经济工作，采纳经济学家的提议，决定加紧准备实行“分税制”改革。当年9—11月的两个多月时间里，朱镕基带领一支60多人的“大部队”，纵横17个省、市、自治区，苦口婆心解释中央要推行的“分税制”方案，“讨价还价”并最终相互“妥协”。当年12月15日，国务院发布《关于实行分税制财政管理体制的决定》，1994年1月1日，“分税制”改革正式推出，建立了以“分税制”为基础的分级财政体制框架。此后，我国的财税体制一直以“分税制财税体制”冠名。

1994年的“分税制”改革在处理中央与地方、政府和企业的基本关系上是一个里程碑式的突破。就中央和地方而言，“分税制”改革主要梳理了3个重要方面的关系：一是划分了中央财政与地方财政的税收，不再按行政隶属关系组织财政收入，而是根据事权和财权相结合的原则，将维护国家利益、实施宏观调控所必需的税种划分为中央税，把同经济发展直接相关的税种划分为中央与地方共享税，将适合地方征管的税种划分为地方税，并充实地方税种，增加地方收入；二是根据财权与事权相统一的原则，在支出范围上对中央财政与地方财政支出作了划分；三是根据具体情况，确定了中央财政对地方税收返还额。

更重要的是，“分税制”改革实现了政府和企业之间最基本的经济性分权关系。实行“分税制”后，企业不分大小、不论行政级别，不讲经济性质，不问隶属关系，在法律面前一律平等，该交国税交国税，该交地税交地税，税后可分配的部分按照产权规范和政策环境由企业自主分配，从而真正为各类企业划出了“一条公平竞争的起跑线”。

“分税制”改革推出后，原来的40多种税减并到20多种，改革的力度、难度、决策层的决心之大世所罕见。1994 年以前的财政收入，中央拿三成，地方拿七成，财政支出则是倒过来，中央出七成，地方出三成；1994 年以后，中央政府在总收入上可以得到五成出头。到 2003 年朱镕基卸任时，分税制实施已近 10 年，财政的“盘子”从 4349 亿元增长到 21715 亿元，增长了将近 4 倍。实践证明，“分税制”顺应社会主义市场经济发展需要，正确处理政府和企业、中央和地方及至公权体系和公民这三大基本经济关系，建立起同市场经济接轨的间接调控框架，这么大的改革动作，风险比预计的小，成绩比预想的更大、更好。当然，由于种种历史原因，1994 年的分税制改革方案还带有较浓厚的过渡色彩，其后又经历了渐进的动态优化，其深化改革的任务仍然艰巨。

五、“老中青”三代改革者的共识：同舟共进，改革创新

回望改革开放 30 多年的思想解放和制度创新之路，既有闪光之处，也有“闪失”之处。但如果算一笔“总账”，总的来说还是比较顺的。其原因之一，在于“老中青”三代改革者上下呼应、凝聚共识，在探索中积累经验教训，在风雨波涛之中同舟共进，将改革创新的“进行时”曲折推向前行。

中央层面，朱镕基在总理任期内首创了邀请经济学者参加由他主持的经济工作座谈会的做法。就个人经历而言，2002 年 6 月，我和其他专家学者受朱镕基总理之邀，前往中南海谈经济工作，会议开了一整天；此后，从 2003 年 6 月起，在温家宝总理的任期间，我几乎每年都要受邀参加两次以上由他主持的关于经济工作的座谈会；2006、2007 年，胡锦涛同志连续两年召开内部研讨会，讨论对整个经济大势的分析和调控要领的掌握，每次请五六位专家参加，我也都在场；2010 年 1 月，中央政治局举行第十八次集体学习，我

是“财税体制改革”专题的讲解人之一；此外，我还作为专家委员会成员参加了“十一五”“十二五”和“十三五”规划制定工作，建言献策。毫无疑问，每位领导人都有自己的风格，但共同之处在于他们都曾为中国的改革创新殚精竭虑，都努力广开言路，汇聚众智，寻求改革创新的最大公约数。

当年“莫干山会议”后不久，中青年经济学者的研讨活动展开高潮，先后成立了以中国经济体制改革研究所起中坚作用的北京青年经济学会，以及由陈元、马凯等走上北京市领导岗位的中青年同志领导的北京市青年经济研究会，这两个青年研究团体的活动我也都参加了。

当时，北京青年经济学会每月开一次“研讨沙龙”，最初地点设在陶然亭公园内，大家自愿参加，每次有至少一个主讲人，讲后与会者提问、讨论。周小川、刘克崮等当时都以中青年研究者的身份当过主讲人。北京市青年经济研究会的活动中，1986 年起陈元同志主持了“中国经济紧运行”大型专题研究，我也参与其中。这个课题研究的背景，是 1985 年我国城市改革“出师不利”之后，出现了“改革综合疲劳症”之说，有些改革方案的设计研究也随之表现出急功近利的色彩，一句“改革方案万万千，各领风骚三五天”俏皮话，形象地说明了当时这一现象。“紧运行”的课题研究特点，是大家静下心来，力求系统、深入地对社会主义经济运行“是怎样”和“为什么这样”的基础性问题进行实证考察分析，然后再去求解改革何去何从这一“应该怎样”的问题。“紧运行”研究形成了一批有价值的阶段性成果和研究资料，我个人也从中受到启发，获益匪浅。

在中青年研讨活动蓬勃展开的情况下，我和财政科学研究所的一批中青年同事也坐不住了。在财科所和吉林省财政厅的鼎力支持下，我们仿照“莫干山会议”“以文会友”的模式，于 1985 年冬在长春举办了第一次全国中青年财政理论研讨会。“长春会议”上，来自全国各地近 200 位同行各抒己见，常常“挂牌讨论”到深夜乃至凌晨，甚至在散会后回北京的列车上还有人在车厢内“挂牌讨论”，积聚在年轻人心中许多不吐不快的想法和建议，得到了充分表达和交流的机会。

六、继往开来“莫干山”，我为创新鼓与呼

30 多年过去，我们这些当年从“莫干山”走来的“中青年”，也已“渐行渐老”。现在，仍不时有人向我问起对改革开放一路走来的看法。我感觉，与 30 多年前相比，今天的改革环境和任务已有极大不同。然而相同的是，改革仍在“进行时”，以改革创新作为解放生产力、贯彻现代化战略“关键一招”的基本逻辑，仍是一以贯之的。当下，改革已经进入“深水区”，剩下的都是“硬骨头”，更加需要继往开来，把 30 多年来中国改革“敢为人先”的创新壮举和创新精神发扬光大。有几点可作比照和总结之处：

首先，改革开放的经验和教训告诉我们，“唯改革创新者胜”。从“压力即动力”来看，30 多年前开始的那场大刀阔斧的开拓性改革，既有来自传统体制弊病生成的“不改革开放，死路一条”的形势倒逼，也借了“拨乱反正，解放思想”的时代东风，具体表现为老一辈改革者“不改革就下台”的决心和行动。而在当下阶段的改革深化与攻坚克难中，我们同样别无选择，需要在“冲破思想观念障碍，突破利益固化藩篱”的问题导向下敢于啃“硬骨头”，以“壮士断腕”的勇气，力求在新的历史起点上继续大踏步跟上时代。不坚持改革创新即成“空谈误国”，反之则可“实干兴邦”，这是

当前需要达成的最实质性的共识之一。

其次，改革开放的历史告诉我们，所有的改革都是在供给侧解决制度供给的有效性问题，制度创新则是供给侧结构性改革的“龙头”和“总纲”。2015 年年末中央明确提出供给侧结构性改革以来，引起社会各界广泛关注。实际上，供给侧结构性改革并非横空出世的全新事物，其核心内涵，恰恰是改革开放之初就确立的在“三步走”战略全局框架内，以解决有效制度供给为关键，以解放生产力为主旨的一项长期战略，但到了改革的攻坚克难阶段，不能不更加注重如何“冲破利益固化的藩篱”。回望改革开放 30 多年的历程，不难发现，无论是 20 世纪 70 年代末的农村土地承包制改革、80 年代的城市体制改革，还是“南方谈话”后市场经济目标模式的确立，以及 1994 年的“分税制”改革，乃至党的十八届三中全会确立的“全面改革 60 条”、四中全会确立的全面依法治国的司法改革、五中全会提出的“十三五”规划建议和“五大发展理念”、六中全会的“从严治党”，从建立现代市场体系、现代财税制度，再到培育国家治理文明、现代发展理念，走的都是从“制度供给”这一侧发力这样一条清晰明确的“以制度创新解放生产力”之路。可见，供给侧结构性改革的提法，实际上是以中国特色社会主义政治经济学学理为支撑，涵盖性地阐释了 30 多年来的一系列重大改革历程，其新意也主要在于正确、鲜明地指导了深化改革的着力点和基本路径。

党的十八届五中全会上，中央提出“创新是引领发展的第一动力”，其中包含了以制度创新作为引领的必然要求。因为，只有破除制度、机制的压抑和约束，才能最大化地激发出人们的潜力，打开科技创新和管理创新的空间。因此，今后改革一定要以新生的制度力量为“龙头”，“纲举目张”地带动整个供给体系质量效益的提高，从而进一步解放生产力。

再次，创新需要进一步解放思想，就需要凝聚共识，营造一种包容的人文环境和氛围。改革的同义语是创新，而创新就意味着巨大的不确定性。历史地看，在30多年的改革创新历程中，既有巨大成就，也有坎坷试错，甚至严峻考验，但“老中青”三代改革者上下互动、凝聚共识，在探索中积累经验教训，在风雨波涛之中“不改初心”，曲折推进改革向前，取得一个又一个的进步综合而成“中国奇迹”。现在，中国正以“大众创业、万众创新”引领新的改革发展大时代，不仅需要有冲破利益固化藩篱的坚强意志，还需要营造一种包容的人文环境和氛围，以争取广大人民群众的认同、支持和积极参与；实践层面也要更多地强调实事求是与宽容态度，继续鼓励基层、地方发扬首创精神，在市场取向改革中的先行先试，正如老一辈改革者所说：“允许改革者犯错误，但不允许不改革。”

人不能选择所处的时代，但时代在选择人。改革决定中国的命运，当然也在总体上决定着我们的人生，并要求我们做出积极的回应。欣逢大时代，意气论兴亡，改革开放使中国人看到了百多年来梦寐以求的伟大民族复兴的曙光，也使每个人获得了实现人生价值的难得机遇。

历史演进轨迹不可能笔直，攻坚克难的曲折与代价，是改革的题中应有之义。党的十八大以来，“四个全面”战略布局已一步步清晰明朗。因此，在新的改革时期，我们要认真总结30多年来的成败得失，并在此基础上跨越式和建设性地处理好多种新问题，应对新挑战。在全面建成小康社会决胜期，我们更应牢牢把握住改革创新的基本信念和大方向；把握好人心向背、形成改革合力；有胆有识、同舟共进把改革开放进行到底，从而迈向伟大复兴的中国梦。“计利当计天下利”，正是抱着这样的情怀，我愿为改革创新鼓与呼！

将中国改革开放的现代化伟业进行到底
——纪念改革开放 40 周年

原发表媒体:《全球化》 2017 年第 10 期

依中国共产党 1978 年的十一届三中全会计，改革开放将迎来 40 周年纪念。全面深刻地认识和继续实质性地推进改革开放，事关国家的前途，民族的命运，人民的福祉。秉持“天下兴亡，匹夫有责”的社会责任意识，我就此作简要的考察与讨论。

一、 改革开放的伟大历史意义

自工业革命发生，中国在世界上便迅速落伍，只是当时的中国人还浑然不觉。到 1840 年鸦片战争爆发，中国这个世界上唯一的“古老文明没有中断”的国度，颓态毕现，自此一路积贫积弱，下滑在被欺凌、被瓜分的危局中，经甲午海战惨败、戊戌维新速夭、八国联军洗劫之后，在 20 世纪的百年间，终于有 3 件大事依次发生：辛亥革命推翻千年帝制；继救亡图存的抗战胜利而于 1949 年中华人民共和国成立；20 世纪 70 年代末实行改革开放展开现代化建设新时期。正是在改革开放之中，中国人终于得到了一个可以谨慎乐观的前瞻：近两百年来无数志士仁人追求、期盼和为之献身的中华民族伟大复兴的愿景，已经“从未如此接近”。中国改革开放正在为古老中华民族注入新生的活力，同时，也将强有力地影响作为“人类命运共同体”的整个世界。

正如科斯生前所评，中国的奋斗也是世界的奋斗。在最主要的相关经济体“你追我赶式”的世界发展历程中，中国的现代化，可望成为最典型的和平崛起发展、与各方共赢的文明升级案例。

中国目前所处的可联通现代化“中华民族伟大复兴”的这一历史新起点，是在充满曲折坎坷、血泪歌哭、牺牲磨难、前赴后继而不懈奋斗的一百余年之后，决定性地因改革开放之功而得以达到的——前人的努力中，从不缺少悲壮、激越、舍身成仁、慷慨取义和惊天动地的英勇行为，但在使人民富裕、国家强盛的成效方面，却从未像改革开放的40年这般，使复兴之路越走越宽、令全球瞩目。作为世界第一人口大国，中国的经济总量从改革开放初期的全球第十位之后，已一升再升而达到第二位，人均国民收入则已从原来的仅数百美元，不断增长至8000美元以上，成为世界银行可比口径的“上中等收入”经济体，并有希望在未来10年内跨越“中等收入陷阱”而成长为高收入经济体。在改革开放之初高瞻远瞩规划的中国实现现代化的“三步走”宏伟战略目标，在前两步已提前实现，未来很有希望先以“全面小康”为阶段性节点，后以综合国力，软、硬实力的可持续提升为现实支撑，最终落实于“中华民族伟大复兴”的梦想成真。

时光流逝中，我们可日益清晰地看到，中国改革开放的伟大历史意义在于：回归在人本主义立场上，牢牢把握现代化之路的正确大方向，紧紧抓牢再不可错失的战略机遇，使我们得以把经济社会发展的激励机制搞对，将各种潜藏的积极因素释放，使中国社会大踏步地跟上时代，令这艘巨轮迅速驶上人类社会文明发展的主航道，并以超常规的发展来造福于中国和世界人民。

事实胜于雄辩，实践检验真理。在浩浩荡荡的世界发展潮流中，中国以改革开放的壮举，极其明显地缩小了与现代化前沿的距离，在追赶文明发展潮头的过程之中，顺应“大道之行”的客观规律，于创新中实现“天下大同”取向的包容性增长。正如中央所说，改革开放成为中国实现现代化的“关键一招”。

二、已有的巨大进步，前行的任重道远

改革开放为中国经济社会带来的巨大进步，鲜明地表现在、但又决不仅限于经济总量、人均收入等方面，这种进步是与物质、精神、政治、文化、生态等多维度文明的推陈出新、再造提升息息相关和紧密结合的。改革开放的贡献与进步至少包括：

（1）领导层呼吁解放思想，以极大的魄力为开启民智打开了“魔瓶”。解放思想、实事求这一基本方针，体现了马克思主义的精髓，指导着中国人打破条条框框，真正向现代化发展。尽管对于如何进一步解放思想，仍然将“七嘴八舌，见仁见智”，思想解放中当然不可避免地还会表现为“鱼龙混杂，泥沙俱下”，但这是历史进步中应有之义和关键性前提。

（2）以市场化为取向推进经济体制改革，直至“南方谈话”和党的十四大确立社会主义市场经济目标模式，通过鼓励多种经济成分共同发展、实施多种放权简政措施，打开无数微观主体发挥聪明才智的潜力空间，极大地解放生产力，显著地提高供给体系质量和效率，从而使神州大地迅速旧貌换新颜，实力得到大幅提升。

（3）明确贫穷不是社会主义，国家要以经济建设为中心。强调这一基本路线一百年不动摇，使社会“聚精会神搞建设，一心一意谋发展”，务实以实干兴邦，创新而新意迭出，摒弃平均主义大锅饭，允许一部分人、一部分地区先富起来，进而追求共同富裕，使物质利益原则和致富努力与承认私有产权保护等社会的投资、创业

环境相得益彰，“加快致富步伐”成为积极和正面的词汇，并落实到人民群众对美好生活的向往和全社会广泛的实干行为中。

（4）认定闭关锁国死路一条，实行开放走向世界。在国际合作与竞争中抓住“和平与发展”的时代主题和战略机遇期。相应地在外交思想上实现重大调整，将国家利益放在第一位，使中国逐步地和卓有成效地走向世界政治的中心。

（5）在坚持基本政治原则的前提下，推法治、讲稳定、限特权、优治理，允许文学艺术领域的多样化、社会成员偏好的多元化、基层社会管理的自治化，使社会组织和运行走向现代化轨道。

（6）党内生活转向家长制管理，废止领导干部终身制，在政治生活的基本领域开启现代化进程。

（7）平反历史上的冤、假、错案，废止血统论，为现代文明概念与规则奠定基础和提供前提。

（8）强调尊重知识，尊重人才。恢复高考，发展教育，振兴科技，走创新型国家道路，使科技“第一生产力”和“创新发展”成为推动现代化的有力引擎。

正是以上简要提及的改革新时期从思想到经济、政治、社会、文化等方面诸如此类的巨大进步，引出了40年建设发展有目共睹的巨大成就，并与之结合在一起，构成了中国改革开放以数千年文明史、全球200余个经济体为参照系的全方位进步与贡献。我们有充分的理由为此而感到欢欣鼓舞！

同时，亟须指出，在中国业已进入的改革“深水区”，深化改革的难度已空前提高，“矛盾累积隐患叠加”的问题所在多有发生，如何在“好吃的肉都吃光了，剩下的都是硬骨头”的情况下，把难啃的硬骨头啃下来，其挑战性有目共睹。继续消除僵化观念的束缚和“冲破利益固化的藩篱”，需要“革自己的命”的极大的胆识、魄力、责任担当和高超智慧。

中国的改革是“行百里者半九十”的长跑，我们尚在半途，前瞻前行之路，可谓任重道远。简而言之：中国经济的总量已全球第二，但如何加快转变发展方式，打造升级版，尚未解决；改革启动了使许多人受益的创富运动，但如何很好地普惠于全体社会成员，尚未解决；全面法治化取向下，如何真正形成公平正义的法治社会，还存在很多难题尚未解决；改革必须坚持市场取向和物质利益原则，形成充分的激励，但如何有效地矫正“市场失灵”和成功地限制“为富不仁”，仍有一系列问题尚未解决；允许一部分人、一部分地区先富起来，符合事物发展的客观规律，但“先富”势头形成之后如何很好地调节个人、区域间的收入分配差异，有效推进“共富”进程，尚未解决；政府积极运用产业政策、技术经济政策以更好、更有作为地发挥其职能作用，确有必要，但以什么样的机制施行好这种政策措施而防止权力的任性与扭曲，尚未解决；领导干部“职务终身制”的废止十分值得肯定，但领导干部的“待遇终身制”如何改变，尚未解决……

中国当下需要清醒意识到：我们现在仍然是一个发展中国家，虽然是新兴经济体的领头雁，但是在总体综合评判上，总量并不说明关键问题。所以必须强调：中国今后的现代化，主要是面对质的挑战。具有关键性的、决定性意义的是质量——发展方式转变、经济社会转轨中的增长质量。而认识和评价这个“质量”，要进一步上升到整个国家所认同的、带有幸福感和人文评判特征的，以及其他相关文明因素相融合的综合考虑。

在“长跑”中不失时机地解决与这些相关的一系列挑战性问

题，正是我们在纪念改革开放40年时所面对的历史性考验，而且如逆水行舟，不进则退，时不我待。

三、 改革发展现阶段的四个基本特征

观察近年来中国的改革发展，可总结如下4个方面的矛盾与特征。

第一，“发展阶段转变”和“矛盾凸显”交织。在中国各地稍作调研就可以感受到，我国仍处于“可以大有作为的战略机遇期”，但在30余年高速增长、成为中等收入经济体后正合乎一般规律地转向“新常态”的新起点，经济增长速度在基数今非昔比的“大规模”特征下不可能延续两位数高速增长，正在转为“中高速”。然而，中国继续发展的底气和市场成长的巨大潜力，在各大经济体中仍首屈一指，不论是大城市，还是中小城镇和许多农村区域，建设场景触目可及，让人印象深刻。

与此同时，来自资源、环境的矛盾制约和来自人际关系的矛盾制约日趋明显且咄咄逼人：雾霾已动辄“打击”大半个中国；进入“中等收入阶段”后，收入分配问题更为凸显，不可忽视。

第二，经济运行中的“下行因素”和“上行因素”在对冲。中国经济潜在增长率已在“下台阶”，从10%左右下行到6.5%~7%区间，新常态中的“新”已明确，而“常”还有待达到，即还未像模像样地完成触底企稳，相关的下行因素包括、劳动力成本上升、人口红利即将迅速消失、老龄化社会压力正迅速到来、较高基数上投资“报酬递减”，以及实体经济升级换代的难度加大，等等。

但可以对冲下行因素的若干上行因素，是最值得我们重视与争取的，这些上行因素包括新型城镇化红利、科技创新红利、社会管理红利等。而使这些红利能如愿释放出来的关键，是实质性“攻坚

克难”的改革能否不停留于口号而变为现实，进而综合性地凝聚成提升和保持全要素生产率、化解种种矛盾制约的“改革红利”。

已经受一系列改革洗礼但仍面临艰巨改革任务的国有企业，业已壮大的民间资本、社会资金，以及可随之调动的民间智慧和潜能、活力，必须依托改革摆脱羁绊而更多贡献其“正能量”。新一轮价税财联动改革、投融资改革、国企国资体系改革和行政、司法改革等，实在无可回避。上述下行因素和上行因素对冲后，我们应力争的，是在今后尽可能长时间内实现 6.5%~7%的年均中高速增长，打造出结构优化的增长质量“升级版”。

第三，深化改革的努力和既得利益的阻力相博弈。自党的十一届三中全会开始，到 1994 年实施宏观层面以财税为重点的配套改革，再到千年之交以“入世”锁定全面开放格局，一系列改革创新开启了生产力解放和国家现代化的新时代。但渐进改革中既得利益也渐成局面，尾大不掉，虽然深化改革、加快转型自 20 世纪 90 年代后一路强调至今，但在“利益固化的藩篱”前步履维艰。

党的十八大后，高层关于“壮士断腕”的改革决心已有明确表述，但社会上、企业界、市场中对于在体制内“自动手术”“自我革命”的怀疑仍未消除，且与意识形态因素的阴晴变化叠加。在深化改革努力与既得利益阻力的博弈背后，是“改革与社会矛盾累积问题的赛跑”，且被人形象比喻为“两只老虎的赛跑”。这两只“老虎”各自要素齐全，似乎也看不大清楚对方，但都在向前跑，谁跑得更快一些，将决定国家的前途、民族的命运、中国梦的实现。化解既得利益阻碍，是改革的最难之处，又是我们必须面对和交出答卷的历史性考验。

第四，使改革于 2020 年取得决定性成果，是挑战机遇并存局面下接受历史考验的改革新起点和争取“继续大踏步跟上时代”来引领的“新常态”的关键时间安排。

既然追求可持续增长和中华民族伟大复兴的关键在于进一步解放生产力，实现现代国家治理之下的包容性发展，那么以创新驱动带来“动力转型”，以供给侧结构优化供给和制度供给更有效地支持升级增质，将是决定我们能否合格地应对挑战掌握机遇的关键。为实现中央明确给出的2020年，即“十三五”收官时，党的十八届三中全会以来部署的改革任务要取得决定性成果的时间表，我们必须以更大的决心、勇气、魄力和更高的智慧与操作水准，推进“五位一体”的全面改革，在总体“路线图”下还要配之以多轮“最小一揽子”的配套改革设计。即将召开的党的十九大，将注定成为指导改革深化中披荆斩棘过大关的又一次历史性会议。

四、 全面改革中攻坚克难的压力、 动力与可用经验

一言以蔽之，当前，中国改革已进入了“深水区”，阻力前所未有，所有“帕累托改进”式的“只有人受益而不会有人受损”的改革阻力越来越大，现在任何一项深化改革的任务都会面临既得利益的“固化藩篱”形成的强有力的障碍，而且各项改革大都已经深度关联和交织，“牵一发动全身”，过去在局部发力寻求突破就可以改观全局的空间已明显收窄，更多、更大的考验正集中于“全面改革”这个基本概念之上。

“全面深化改革决定可持续增长”，这是在关乎中华民族伟大复兴命运的经济社会转轨“未完成”，而攻坚克难的改革势不可免情况下，必须确立的重要认识和关键要领。

抚今追昔，与20世纪80年代和90年代相比，我们今天的改

革环境和任务已有极大不同，而中国经济社会的转轨仍在进行中。进入“深水区”，有些“石头”可能摸不到了，显然需要更高水平的顶层规划，而党的十八大以来的历届全会，正是提供了为社会高度关注、迫切需要的顶层规划性质的方针指导。以此把握改革推进的方向和路径、哲理与要领，正需要继往开来，把服务于党的基本路线的思想解放精神发扬光大。

第一，从压力看，20 世纪 80 年代以后大刀阔斧的开拓性改革，固然是由于“不改革开放死路一条”的倒逼，加之思想解放大潮的有力助推，表现为改革者破釜沉舟的一鼓作气、义无反顾、奋发昂扬地开创新局。而当下阶段的改革深化与攻坚克难，同样有进展之中“矛盾累积隐患叠加”的风险威胁，问题导向和形势逼迫之下，只能奋力向前涉险滩、啃硬骨头，壮士断腕般攻坚克难，力求在新的历史起点上继续大踏步地跟上时代，这如同“逆水行舟不进则退”，照样是别无选择的，照样要反复强调“狭路相逢勇者胜”“唯改革创新者胜”。

第二，从动力看，党的十一届三中全会开启的中国认清与把握世界大势和文明发展主流，紧紧抓住以经济建设为中心的基本路线“一百年不动摇”，追求和平发展的中华民族伟大复兴，已推进到使“从未如此接近”的中国梦“梦想成真”的关键性历史阶段。同时，改革的复杂程度和推进难度，正应得上“行百里者半九十”这句老话。在认识、适应经济新常态的同时，至关重要的是必须能动地引领它。供给侧结构性改革正是沿着 20 世纪 80 年代从制度供给入手推动全局的基本逻辑和创新发展规律，继往开来并升级式地寻求可持续发展，这必须也必将得到 20 世纪 80 年代以来“实事求是、解放思想”所构建的创新发展的动力源、动力体系的升级式的支持。

第三，从经验看，20 世纪 80 年代后的改革推进中，不仅有“蓄之既久，其发必速”的高歌猛进，也有各种发展问题的严峻考验，但毕竟在探索中积累着改革经验，铺垫和引出社会主义市场经济目标模式的确立及其后的巨大成就——改革中的上下互动、凝聚共识，是在风雨波涛之中按“进行时”曲折推进的。党的十八大之后，我们显然也需要经历新时期、新阶段进一步凝聚共识、减弱分歧的考验，实质性的改革不仅需要有冲破利益固化藩篱的更大决心、勇气和魄力，还需要借鉴国内外经验形成更高水平的优化方案、运行智慧和协调艺术，争取广大人民群众的认同、支持和积极参与。把握好人心向背，形成改革合力，既要借鉴自 20 世纪 80 年代以来的经验教训，又要建设性地处理好多种新的问题，应对新的挑战。在这个过程中，精神层面我们理应得到老一辈改革家的改革信念与榜样力量的支持；实践层面我们要更多地强调实事求是与宽容态度，需要继续鼓励基层、地方在市场取向改革中的先行先试，应“允许改革者犯错误，但不允许不改革”。

五、进一步解放思想，以全面配套改革冲过“历史三峡”，迎接现代化伟大复兴

弹指一挥间，神州大地在经历了“南方谈话”带来的整整 20 年日新月异、年均增幅超过 10%的高速增长之后，中国经济已在近年间步入达到中等收入阶段之后合乎一般规律的新常态。在先后受到亚洲金融危机和国际金融危机两次大冲击的洗礼后，2016 年以来的国际局面更是“黑天鹅”频出，各个方面似乎都充满不确定性。当下在“矛盾凸显，隐患叠加”的环境中，在“唯改革创新者胜”的新时代召唤中，中国尤其需要重拾邓小平“南方谈话”时锐意改

革的闯劲、思想解放的激情。

“南方谈话”所解决的问题，以理论语言表述“思想解放”方面，是终于说清楚，“计划”多一些或“市场”多一些，都是经济运行层面的机制与手段组合问题，而不是多少年争议不休的根本制度问题。资本主义也要有计划，社会主义也要搞市场，中国把国情与人类文明发展的大潮流一并考虑，必须确立社会主义市场经济目标模式，以求进而实现和平发展中的中华民族伟大复兴。这一实事求是的思想认识，“去意识形态”地打开了贯彻以经济建设为中心的党的基本路线而激发中国客观存在的发展潜力的巨大空间，带来了以解放思想而后解放生产力的“中国奇迹”。“南方谈话”被称为邓小平有生之年的“天鹅之舞”，并注定将成为中国现代化历史征途上的一座里程碑。

“南方谈话”的内容十分丰富，而“南方谈话”精神的时代内核，却可以一言以蔽之：创新发展。创新是一个民族的灵魂，是人类文明一路发展提升的沧桑正道，是中国在工业革命落伍后完成奋起直追再造辉煌的生命线，也正是邓小平“南方谈话”点睛之笔、思想精髓构成了其浓缩与示范。要发展，只有创新，要创新，就一定要思想解放，敢于大胆地试、大胆地闯，勇于在正确把握世界潮流和现代化大方向的前提下，实现关键问题上决定全局的突破。党的十八大以来，最高决策层反复强调改革是中国实现现代化的“关键一招”，是我们的“最大红利”之所在，在改革“深水区”，“再深的水也要蹚”，要把壮士断腕的改革勇气、对国家前途民族命运的“历史责任”担当与高超的改革智慧相结合，涉激流、过险滩、啃硬骨头，让市场在资源配置中发挥决定性作用和政府更好发挥作用，“冲破利益固化的藩篱”而攻坚克难。这些与“南方谈话”的精神内核正是一脉相承的，而且集中体现在中央凝练的现代发展理念的第一条：作为“第一动力”的是创新发展。以此来引出协调发展、绿色发展、开放发展和作为发展归宿的共享发展——以人民为中心走向共同富裕的中华民族和平崛起中的可持续发展。

第三章
供给侧结构性改革的核心

中国供给侧结构性改革及相关基本学理的认识框架——迎接改革开放40周年

原发表媒体:《经济管理与研究》 2018 年第 1 期

供给侧结构性改革是落实当代中国“四个全面战略布局（全面建成小康社会、全面深化改革、全面依法治国、全面从严治党）”的指导性战略方针和推进现代化经济体系建设的主线。我和一些有共识的研究者，在世界金融危机发生之后的反思中，意识到学术研究的创新方向一定要抓住供给侧。在做出相关研究努力的过程中，于基础理论层面提出了新供给经济学框架。近年看到决策层明确提出关于供给侧结构性改革的表述之后，更加受到鼓舞和鞭策，需要更进一步深入领会党中央精神和努力深化相关研究。本文试图对供给侧结构性改革及相关基本学理做出框架性勾画认识。

一、 供给侧结构性改革的背景、 基本思路与要领

决策层提出供给侧改革的背景，总体来说可由两条线索来认识：一是在中国共产党第十次全国代表大会以后，大政方针逐步清晰化；二是中国的经济运行出现了阶段转换，必须认识、适应和引领新常态。

中央大政方针的一步步清晰化，可把握为三中、四中、五中全

会[⊖]推进“四个全面”过程中最关键的几个基本概念、关键词的链接：从三中全会所要求的现代国家治理、现代市场体系、现代财政制度，对接关于市场在资源配置中发挥决定性作用的认识突破，实际上解决的是以这种明显有别于“管理”的“治理”新思维新概念，来推动实现制度安排的“全面改革”创新：总体来说，政府在资源配置中是起辅助性作用，但是要更好发挥作用。这种认识再对接到四中全会的“全面依法治国”即现代政治文明，以及五中全会所强调的创新发展作为第一动力引领协调发展、绿色发展、开放发展而最后落到归宿的共享发展的“现代发展理念”，再匹配六中全会的“全面从严治党”——这些实际上都可以再浓缩和融汇到“四个全面战略布局”里。

在这样的大政方针之下，要认识、适应和引领新常态，完成中国于2010年进入中等收入阶段以后合乎逻辑必然要处理的增长速度下台阶而增长质量必须上台阶这样一个带有挑战性的、历史性转换意义的任务。

在上述两条线索的背景之下，进而可以领会五中全会之后，中央财经领导小组第十一次会议上习近平总书记特别强调的“供给侧结构性改革”战略方针。在此之前，大家已经意识到中央越来越强调供给侧，以后也有很多展开的论述，但是中央财经领导小组第十一次会议上习近平总书记有一句话分5个层次比较完整、精炼地表明了决策层关于这个战略方针的基本认识和里面内含的逻辑关系：“要在适度扩大总需求的同时，着力加强供给侧结构性改革，着力提高供给体系质量和效率，增强经济持续增长动力，推动中国社会

⊖ 文中提到的“三中”“四中”“五中”“六中”全会均指中国共产党第十八届中央委员会第三次全体会议、第四次全体会议、第五次全体会议、第六次全体会议。

生产力水平实现整体跃升。”

第一层，“要在适度扩大总需求的同时”，实际上是指供给侧的被重视、被强调并不否定需求侧的意义和作用，还要继续做好需求管理。但是第二层、第三层是鲜明体现习近平总书记所说的认定矛盾的主要方面是和需求对应的另外一侧，就是供给侧——在供给侧的着力，首先落在改革上，“着力加强供给侧结构性改革”所说的这个改革指什么？就是邓小平当年确立的改革开放大政方针所说的那个“生产关系的自我革命”，就是要解决供给侧的“有效制度供给”的问题，即通过这样的改革，以有效制度供给来进一步解放生产力。

为什么现在把 3 个词合在一起表述？显然这体现着最高决策层特别强调的科学决策、政策优化一定要有中国特色社会主义政治经济学的学理支撑。讲改革，说全了便是“供给侧结构性改革”，此表述的新意首先表现在“供给侧”，就是认定要在改革“深水区”攻坚克难来解决有效制度供给的问题——讲改革必然要讲到的是制度供给，这完全是顺理成章的表述；同时，又带出另外一个特征，即结构性，因为从制度供给来看，首先涉及的就是制度结构、利益格局，隐含着习近平总书记说了多次的要“冲破利益固化的藩篱”这个啃硬骨头的改革任务。“供给侧”和“结构性”合在一起，落到改革上，3 个要素组合而成的表述，学理上是非常严谨的，而且也意味着决策层现在充分注重政治经济学学理基础与科学决策、政策优化的密切结合，推进现代化过程。这个供给侧结构性改革概念，被简称为“供给侧改革”，习近平总书记指明供给侧改革讲的就是供给侧结构性改革，前者为表达的简化，但不要忘了结构性的含义是内在的。

有的学者，表达观点认为供给侧改革“淡化”“排斥”了体制改革和深化改革，又说承认有供给侧改革的必要，但是供给侧改革要“从属”于体制改革。我不同意这种不当的、混乱的看法。从学理上分析改革是作为解放生产力的“生产关系的自我革命”，这个改革发生在供给侧，解决的正是有效制度供给问题，也就是一定要解决制度结构优化的问题、冲破利益固化藩篱的问题。供给侧结构性改革是浑然一体、与体制改革完全一致的一个强化了学理色彩的概念。

接着要说，“供给侧改革”这个概念只是讲了供给侧的一个制度要素，还要把供给侧其他要素合在一起成为一个体系，就是第三句话，要“着力提高供给体系的质量和效率”。关于这个供给体系，可有一个理论模型——千差万别的供给侧各种要素、实际生活中指标不可通约的这些要素，可以抽象为五大要素，就是劳动力、土地（和由其代表的自然资源）、资本、技术创新，以及制度与管理。寻求供给侧整个体系质量和效率的提高，需要强调，在不同发展阶段上，五大要素各有贡献，但是在发展阶段进入中等收入经济体和新常态出现之后，它们之间的组合必须推陈出新，实现动力体系的转型和升级。这里所说“着力加强”的改革和整个供给体系的问题，显然是个系统工程，并不是有人简单所说的中国搬用了里根经济学和供给学派减税为主的主张——对以往有益的东西当然要借鉴吸收，但是美国的供给学派还只是有一个较窄的视界，过去学术界的评价就是供给学派的体系性不足，它强调了减税的思想，但与中国现在的供给侧改革处理的是全局和长远的一个系统工程“不是一回事儿”。说“不是一回事儿”并非整个否定供给学派而完全不借鉴了，但是我们并不简单认同美国供给学派隐含的新自由主义的学理逻辑，而是要把政府的作用和市场的作用采取一个合理的结合（以有效市场加上有为、有限的政府）形成一个庞大的系统工程，这些显然与美国供给学派的哲理有明显区别。

第四层“增强经济持续增长动力”表达的含义，首先是供给侧改革所要形成的效益和结果，是要解决经济社会发展可持续性的问题，这不是横空出世全新的命题，在胡锦涛任总书记期间，已经把邓小平简洁表述的“发展是硬道理”升华为“全面、协调、可持续的科学发展是硬道理”的科学发展观，现在是在可持续的科学发展这个思路下，把可持续性问题的解决直接结合到动力体系的转型和升级上。所以，新意是直接把动力问题标示上去了，这个动力体系是要改造原来已很有局限性的需求侧“三驾马车”的动力认知，把“三驾马车”的结构化逻辑进一步推展到供给侧，形成对整个动力体系的完整认知和把握。把动力体系的转型升级这个问题处理好，内在体现了现在所抓的解决可持续性问题，是把聚焦点更清晰地放在对冲下行因素必须找 到新的动力源，实现动力体系新旧转换这个基本认识上。

最后一层，“社会生产力水平实现整体跃升”总结了供给侧改革追求的是什么。所谓整体跃升，就是发展曲线并不是一个简单的上扬曲线，而是一个“阶跃式”上升的曲线，波动中一个台阶一个台阶往上走，整体跃升式的发展，实际上就是追求一种超常规发展。整体跃升式发展的内含其实也是这些年中国政府体系中各级都认同的地方发展战略设计中的“超常规发展”“跨越式发展”“弯道超车式”的发展。关于这种发展诉求体现为超常规发展战略，也有不同的认识，比如有学者所强调的新结构经济学里面蕴含的基本原理，是要把握好资源禀赋，然后用比较优势原理来解释整个发展及新结构经济学的战略和思路。其局限性在于：资源禀赋基础上的比较优势并不解决超常规发展的问题。中国以常规发展不会连通中国梦，因为中国是在工业革命之后落伍了，必须通过追赶完成赶超，后来者居上，才能完成伟大的民族复兴工程。这样一种愿景并不是凭空而来的，世界各个经济体的发展在这方面早有丰富的实证案例，表明不会是齐头并进的发展，必然是你追我赶的发展——过去英国在发展中赶超了荷兰，后来美国在发展中赶超了英国。这不是凭空想象，学理上的分析可援引西方学者的一些成果，比如蛙跳模型等。当然，这也有危险：处理不好会落入“大跃进”式的背离经济规律的误区。

这就涉及由赶超战略等问题而对产业政策的认识。前段时间的讨论中，有学者完全否定产业政策，这种认识在实际生活中得不到任何国家案例上的回应，属于极端的说法。当然，说法虽极端，对于政府可能走偏的分析认识确实是很有启发的。新结构经济学强调了产业政策的必要性，讲了怎样设计产业政策，但我认为最关键的是产业政策怎么贯彻执行，单讲“有为政府”不够，还得讲“有限政府”，还得把政策倾斜机制通盘合理化，避免在供给侧结构管理方面出现失误。这些也都还需要展开分析和做深入的研讨。

回到跃升发展命题上。中国要追求超常规发展，这是必须坚定不移的。“三步走”的前两步已经提前实现，是超常规的，最后这一步横跨 50 年，中央又规划了一个中间节点目标，是 2020 年达到全面小康。实现全面小康，只要在“十三五”保持 6.5%以上的年均增长速度，再加上社会政策托底，比如 7000 万人脱贫等，就能够基本完成，但最大的考验是2020年是否能取得中央要求的配套改革决定性成果。现在提出供给侧结构性改革，就是要在改革的关键时期攻坚克难，以求能够继续解放生产力，实现整体跃升式的超常规发展。这样一个超常规现代化发展战略，我认为是中国必须把握好的、在学理层面必须继续深化认识的一个非常重要的思维线索。应特别强调不能只停留于比较优势战略的认识——比较优势战略的天花板，就是走在前面的经济体必然由于利益考量，使你花多少钱也买不来你认为他应该给你的那个他手上以比较优势表现的高科技产品核心技术。在比较优势战略旁边，还必须匹配上我们要尽可能控制风险而力求出奇制胜的赶超战略。

很显然，以上5个层次包含了非常丰富的内容。接下来可从学理上简要勾画一下往下应做的基础性认识层面的相关基本概念和关于动力体系的分析。

二、 经济发展动力体系的完整认知

在基本概念上，应当承认，供给和需求是经济生活中一对相反相成的概念。需求是原生动力，供给对需求的响应构成经济循环与经济生活，而政府需要介入时，过去首先认识到要从总量上去促进总供需的动态平衡。技术路线上其实也有一对概念，就是需求管理和供给管理。但过去比较成体系、经验较丰富、认知较成熟的是需求管理，即反周期的总量型宏观调控。但是2008年国际金融危机发生之后，发现它的局限性非常明显，成熟度是不高的。于是，从经济学的成果评价来说，就必须承认过去主流经济学总体成果的不对称性，必须得到校正，必须将供给管理的认识加以深化。在这方面进行探讨，就是在承认需求是经济生活中的原生动力之后，还要特别强调供给侧对于需求侧的响应机制和它的特征，这是划分经济发展不同阶段和不同时代最关键的因素。这一理论上的分析认识可用一个阶跃曲线来表示，如图 3-1 所示。

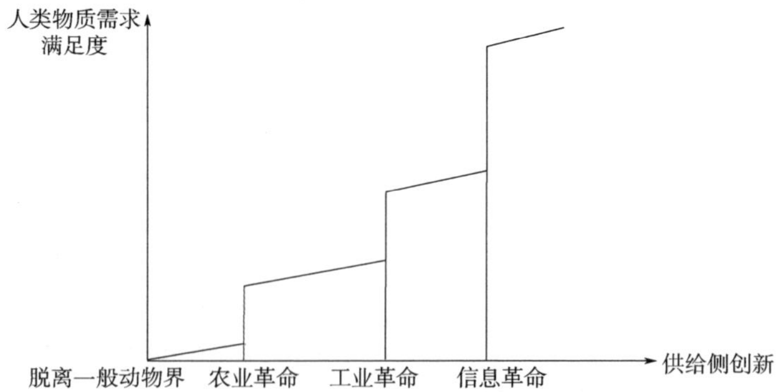

图 3-1 供给侧创新作用原理的量化表达（阶跃量化曲线）

为进一步展开说明，可把人类发展过程简单列一个表，见表 3-1。

表 3-1 供给侧视角的人类社会发展概况

时代特征	供给侧特征与突破（人与物，生产力）	制度特征与进展（人与人，生产关系）
旧石器时代	以使用打制石器为标志	在洞或巢中混居、群居（生成分工合作的采集、狩猎的组织）
新石器时代	以使用磨制石器为标志（发明了陶器，出现了原始农业、畜牧业和手工业，酝酿产生农业革命）	氏族公社（组织功能扩展至农耕等）
青铜器时代	以青铜采冶业为标志（犁铧，兵器）	国家出现与奴隶制
铁器时代	以铁制工具和武器的应用为标志	奴隶制社会加速瓦解，封建社会在成为主流

（续）

蒸汽时代（机器时代）	以机器的广泛应用（机械化）为标志（机器代替了手工劳动，工厂代替了手工工厂）	进入资本主义社会（资本主义战胜封建主义；工业化和城市化进程明显加快；资本主义国家社会关系发生重大变化，工业资产阶级和无产阶级成为两大对立阶级；自由经营、自由竞争、自由贸易为主要内涵的自由主义经济思潮兴起；资本主义国家加快殖民扩张和掠夺；世界市场初步形成；2000 年帝制在中国被推翻）
电气时代	以电力的广泛应用（电气化）为标志（电力、钢铁、化工、汽车、飞机等工业迅速发展，石油开始成为最重要的能源之一）	社会主义实验，资本主义调整
信息时代	以计算机技术的广泛应用为标志，计算机技术的发展经历了数字处理阶段、微机阶段、网络化阶段、大数据阶段，并正在走向人工智能阶段（半导体、互联网、移动互联、万物互联、智能化、共享经济……）	1. 社会主义实验中的改革转轨，资本主义调整（“和平与发展”特点） 2. 全球化+新技术革命（信息时代下，对内：制度和治理结构不断发生变化；对外：全球化程度和世界格局不断发生变化） 3. “人类命运共同体”的共赢发展

注：该表由作者创建。表中资料源自《全球通史：从史前史到 21 世纪》。

第一列是关于各个时代可以认定的质的变化，勾画出一个台阶一个台阶往上发展的特征，从旧石器时代开始一直到现在的信息时代。第二列是供给侧的生产力（人和物关系），特征是一个台阶一个台阶往上的发展。第三列是生产关系（人和人的关系），表明社会形态、制度特征方面一个一个台阶向上的发展。这三者之间有其对应性。最粗线条地说，人类社会最开始脱离动物界，是以社会成员从事分工与合作中的采集和狩猎这种供给机制，来满足社会成员最基本的“活下来”的生存需求，这便是当时对于原生动力需求的供给侧响应机制。生产力发展到后来，出现农耕文明、农业革命，这就上了一个大台阶。农业革命带来的是社会成员可以相对稳定地在预期中和结果上，经过季节的更迭，取得不仅满足他们生存需求的有效供给，而且其中一部分人还可以得到满足他们发展需求和享受需求层面的有效供给。按照历史唯物论来解释，到了这个阶段，剩余产品的形成具有可能性，也就是供给侧有了上台阶的新支撑力，人类社会就必然摆脱和告别原始共产主义的氏族部落、公社的社会形态，而转入阶级国家的社会形态。再往后，生产力的变化推进到又一重大事件，即工业革命，而且是在地理大发现之后伴随全球化展开的。工业革命时代，又具体可以分为蒸汽时代、电气时代和当今的信息时代。一个台阶一个台阶向上发展，到现在，生产力可以支撑的经济生活中最前沿新概念是什么呢？从 20 世纪五六十年代有半导体以后，延伸到现在的信息技术革命，这个信息技术突破性的标志是互联网，又迅速发展到现在的移动互联网，移动互联又匹配上大数据、云计算等科技的创新，进而推进到现在的智能化概念。在匹配上所有这些技术创新条件的情况下，现在最前沿的概念就是“共享经济”。原来认为是排他性的经济资源配置，现在可以共享了。比如前些年的分时度假酒店，是信息充分沟通的情况下已能够实现的。到了现在，观察网约车、顺风车已可以便捷处理和解决它的衔接与支付问题。再推进是什么？已为人们日趋了解的电动汽车，往前看，若干年内就可能出现这样一种最前沿的新状态：电动车晚上停在停车位，接上充电桩，这时候给它充的电是电网里最便宜的电，因为夜间整个社会用电量降下来了，此时电最便宜。到了白天，你不用车的时候，随身携带的智能手机上会跳出一个提示，告诉你可以卖出多少电，而且卖一个好价钱。这样一来，过去纯粹是一个消费单位、利益排他的私用车，现在变成了一个生产单位，整个社会可以共享这些生产的能力。整个模式中各方全是赢家，没有输家——这种共享的能力是依靠信息网络、移动互联、大数据、云计算、分布式能源、智能电网等供给侧创新形成的，最便捷地使整个资源配置效率得到空前提高。

这种共享经济在生产力支撑之下，对应而提供出的社会形态方面最前沿的概念是什么？是“包容性发展”，也就是现在说的“治理”概念之下政府和非政府的多元主体充分互动而调动一切潜力和活力的发展，就是现在习近平总书记说了多次的中国的发展是在和平发展中和其他经济体共赢的“人类命运共同体”式的发展，要“摒弃你输我赢的旧思维”的发展。这绝对不是空话，这个“人类命运共同体”显然是在全世界范围之内支撑中国和平发展的一个极其重要的基本哲理概念。其逻辑源头在哪里？20 世纪 80 年代，邓小平在宦乡等学者研究基础之上，明确提出时代的主题是和平与发展。当时这个话说出来似乎并没有太大的冲击力，但是笔者作为研究者几十年间反复回想，邓小平这个判断的意义非同小可，是最基础的战略判断。

把和平与发展作为时代基本特征与主题，自然就引出邓小平所说的“再也不可错失战略机遇”的战略思维，就一定要强调以经济建设为中心，抓住这个基本路线一百年不动摇，通过“三步走”实现中华民族伟大复兴——这个战略目标是在前面的战略判断基点上自然地一步一步推出来的，它也是充分地逻辑内洽的。到了供给侧的供给能力所推进到的“核威慑”时代，简而言之，第三次世界大战发生的可能性成为极小概率事件（这就是邓小平说的历史机遇），虽然世界上局部的摩擦和局部战争还不能完全避免，但是每年发生的战争的综合烈度总体而言在逐渐降低。当然，还有很多不确定因素，不敢说“黑天鹅”事件就不再出现，但是人类社会希望之所在，就是依靠现在供给侧的“核威慑”，倒逼各国一起寻求“命运共同体”式发展。宏大的命题回到学理上的分析，其实就是一句话：生产力的特征和根本上由生产力决定的生产关系社会时代的特征，都是发生在供给侧。这是应特别强调的基本原理。

需求侧也在变化，但是需求侧的变化可称为“永新而无新”——人的需求如果从广义来说，它永远不会得到满足，贬义的说法叫“贪得无厌”，例如大家都知道的渔夫与金鱼的寓言。可设想一下，把一个乞丐一路抬高到国王的高位，他还想再多活 500 年呢。这种漫无边际的需求，经济学无法讨论——经济学讨论的需求必须有一个定义，也就是有货币支付能力的有效需求。随着经济社会发展，人们收入不断提高，钱包鼓起来的他们拥有消费者主权来决定这个钱怎么用，因此，有效需求的实现必须得到供给侧的回应与引领。消费者的变化特点，是要不断提升自己的用户体验，使满意度不断上升，但消费者自己说不清楚什么东西能使这个满意度真正得到提升。我认为一定是供给侧成功的创新让处于需求侧的消费者眼前一亮，欣然把自己钱包里的钱拿出来参与交易，这就是供需互动中有效供给引领形成的经济循环。这个循环做得顺畅，就是经济生活发展的强劲动力，具有繁荣的特征，而且使社会能享受可持续的繁荣；如果没有这样一个很好的供给侧动力即有效供给不断创新的支撑，发展动力就不足，会使我们感觉到经济低迷，升级换代遇阻，甚至是落入危机境况。这也是经济动力体系的简要原理。

所以，从苹果公司的案例来看，要承认乔布斯作为创新者，实现了智能手机时代具有代表性的供给侧成功创新，从而引领全球消费潮流。这样一个成功的供给创新——苹果智能手机，当然不能说它以后就长盛不衰，但至少从乔布斯时代的iPhone4开始，在引领全球发展的过程中风靡天下，实现了不是一呼百应而是一呼万应的效果，很清晰地体现了以成功的创新引领和创造需求，释放市场潜力，提升景气水平，促进经济繁荣和人民福祉的贡献。

另外一个案例，我们则可以分析其在供给侧创新方面的问题之所在。“用户体验”的升级换代中，中国百姓进入了家庭卫生洁具的升级发展阶段，其代表性需求是对坐便器需求的升级。这种社会生活中需求的升级，理应得到供给的回应，但在中国本土市场上没有形成一个良性循环。中国本土有坐便器卖，但却没有看到大家一起出手去热购它。然而，中日关系有所缓和后，大量中国游客在日本不约而同地购买“马桶盖”回国。这种热购现象怎么解释？一开始，很多人认为是因为中国本土的技术水平和制造工艺不过关，存在供给能力的落差。后来发现不对，我们在日本买回来的马桶盖是中国杭州及附近的本土厂家按照日本企业的订单生产的，这说明我们的供给侧在本土上并不缺少这种技术和工艺的供给能力。那么缺的是什么呢？缺的是我们国内市场制度环境的有效供给。国内的家电市场鱼龙混杂，董明珠说“大家都在处关系”，处关系的结果就是应该被淘汰的迟迟不出局，优胜劣汰机制无法形成，可以形成稳定预期的、有公信力的购买目标也就无法形成，在对假冒伪劣心有余悸的情况下，对国内市场的马桶盖，公众不敢出手购买。而到了日本，情况一下变了。日本市场有全套的质量保证和政府监管，产品具有公信力，消费者买了放心，回来使用不会有任何烦恼。这个区别告诉我们，现在我们要解决的供给侧动力体系问题，应首先看到，要以中国转轨过程中制度供给为龙头才能解决的问题。供给侧的要素里，西方在比较成熟的市场经济情况下往往不强调制度，但还是合乎逻辑地形成了制度经济学这样一个新兴学科框架，中国人则更要看重这个视角。

原来所讲的动力体系，是在需求管理视野之下的“三驾马车”，即投资、消费和出口——这个认识有其进步意义，是对过去作为一个总量的需求概念而做出的结构性处理。但是这个结构化的逻辑并没有走完，应把这个逻辑传导、转移到供给侧，进一步展开其结构状况，才能形成对整个动力体系的完整认知与把握。到了供给侧，一个重要的认识提升是要把原来的完全竞争假设替代为不完全竞争假设。学者们以前不是不知道还有供给侧分析，而是供给侧分析面对的结构问题太复杂，难以建模和量化，很难发表论文，令人望而生畏，加上又有可以一句话“打发掉”的认识，即到了供给侧，复杂的结构问题可以通过各个厂商在竞争中间实现要素自主流动的配置，达到市场出清状态，那时的结构就是个合理结构。所以，学者一方面意识到供给侧太复杂，建模建不起来；另一方面似乎无须建模，可以自然地以“完全竞争中达到市场出清”这句话就解决结构问题。现在，这种方式行不通了。我们所说的经济学创新突破，必须在看到很有启发意义的完全竞争假设这个前提之下又认识到这个假设的不足，必须把这个假设提升到 2.0 版的非完全竞争——无论在中国还是美国，这都是现实世界中的真实图景。非完全竞争假设下，政府的调控就不应仅仅是需求管理的反周期，一定还要有政府作为主体促进优化结构的政策供给，比如产业政策（当然它是“双刃剑”，政府处理不好也会形成新的失误）。另外，政府必须做好制度供给，即致力于使市场形成有效的制度环境来优胜劣汰。这就是关于动力体系要说清楚的：需把“三驾马车”认识框架内的结构特征传递、转移到供给侧，把所有供给侧要素的结构问题及其机制放在不完全竞争假设条件之下，形成一个关于经济发展动力体系的完整认识和把握。

三、 供给侧五大要素组合的优化， 要聚焦全要素生产率

千差万别的各种要素，可提炼为劳动力、土地及其代表的自然资源、资本、科技成果应用，以及制度和管理 5 项。前文所述供给侧，首先强调制度供给是龙头，是中国转轨过程中要抓的一个纲举目张的关键，但是后面跟着的所有相关要素也都有必要讨论。如果按照供给侧五大要素这个理论模型来看，可以首先引出一个基本认识，就是各个经济体在发展到中等收入阶段之前的阶段，前面 3 个要素对于增长的贡献比较容易认知，也会比较清晰地体现出来。这时后两个要素也在发挥作用，但是相比之下，前面 3 个更直观。

比如，中国改革开放之后，大家都注意到，劳动力一旦可以流动，所带来的中国农村区域几乎无限供给的低廉劳动力这个比较优势，就形成中国在国际合作与竞争环境里超常规发展的支撑力，低廉劳动成本的比较优势支持着我们一路走到“世界工厂”，GDP 达到全球第二。

土地和自然资源方面，改革开放之后，从深圳开始要靠竞争取得土地使用权、资源开发权，然后是市场经济物质利益驱动之下多元主体竞争中一波一波生龙活虎的超常规发展。

资本方面，一开始本土资本匮乏，但开放以后，外商非常清晰地认识中国有利可图，所以外资迅速流入，不仅带来了资金，而且带来了技术和管理，实际上催生、培育和倒逼了中国本土资本的原始积累过程。现在，中国本土社会资金可以说已经相当雄厚。但这3样于这些年恰恰是在支撑力上滑坡，2010年以后我国整个经济增速的下滑与此直接相关。劳动力方面，首先从珠三角开始，现在演变成全国性的招工难、用工贵、民工荒。“招工难”对应的是“就业易”，所以，这些年我国的就业情况相当不错，而且低收入劳动力如粗工、壮工、农民工，包括家政服务人员，他们的工资增长超过平均增长水平，使中国0.49高位的基尼系数（官方数据），现在已经逐年缓慢回升到0.46。一方面是到了一定发展阶段，到了这个火候，劳动者共享改革发展成果，特别是低收入劳动者受益，薪酬要价能力上升；另一方面，廉价劳动力作为原来的一个很有支撑力的比较优势，现在正在迅速撤空，于是从珠三角开始必须“腾笼换鸟”，原来的传统产业要外迁到越南、柬埔寨、老挝、孟加拉、缅甸等地，跟当年这些产能向我国流动是一个道理。到了这个阶段，腾了“笼”换不来“鸟”怎么办？怎么才能换来？这是要解决的问题，也就是要升级换代。不能成功地实现“换鸟”，就将像温州一样痛失好局，表面上是“跑路事件”暴露严重的资金链问题，实质上是产业空心化的直接表现。那么多的民间资本，可以去炒楼、炒大蒜、炒绿豆，就是不去支持实体经济升级换代，这就把进一步的发展“憋”住了。如果温州这样的不良案例又发生在东莞，或更多地发生在两个“三角”（这里只是假设），那么中国的前途一定是落入“中等收入陷阱”。这是从劳动力方面可看到的新挑战。合乎一般发展规律的是，原来具有比较优势的低廉劳动成本的支撑力滑坡，靠劳动力本身解决不了这个问题，要找到其他能对冲这一下行因素的新发展动力源。

土地和自然资源方面的潜力仍然存在。国家统计局公布的中国2016年的真实城镇化水平（户籍人口的城镇化率）才41%，达到70%左右的高位才会转入低速率发展阶段——这是国际经验可佐证的。从41%上升到70%过程中的这约30个点的发展空间，1年上升1个点也需要30年。这是经济的引擎和动力源，在弥合二元经济过程中会不断释放出巨量需求，伴随一轮轮基础设施升级换代和建成区扩大的一轮轮产业互动、一轮轮人力资本培育——吸引各种要素投入时，是可以得到全球有效供给的支持的，这就是和平发展、和平崛起，与全球做生意就解决了问题。但是现在如果不在机制上另辟蹊径，经济发展就会受困。要像重庆地票制度、土地收储制度那样，通过有效市场+有为、有限政府找到新的机制。

关于资本问题，现在一边是大量手上有钱的主体找不到合适的投资对象；另一边是“三农”、小微企业得不到应有的融资支持。大家都在大声疾呼普惠金融、草根金融、绿色金融，说了这么多为何总是两头对接不上？这表明现在常规投资的边际收益递减在中国市场上已经普遍发生，破解之道就是要创新，另辟蹊径，守正出奇，这就延伸到已讨论多年的认识框架：政策性金融支持体系必须与商业性金融在中国较长期地双轨运行，其中面临的风险是非常明显的，处理不好就会导致设租、寻租，处理得好就是出奇制胜，超常规发展。这是中国现在面临的考验。

总体来说，在前3项要素支撑力下滑的同时，后两项要素必须更多地加以关注。一个是科技，称为“第一生产力”，一个是制度和管理，即“最大红利”——领导层所说的改革是现代化关键一招也正是此意。“第一”和“关键”，两者的关系怎么理解？吴敬琏的一句话很重要：在中国转轨过程中，一定意义上讲，“制度高于技术”。“科技是第一生产力”，邓小平已说得非常简洁、非常正确，这个“第一生产力”不是在生产力传统要素的劳动力、劳动对象、劳动工具上做加法，而是做乘法，不是多出个第四要素，而是在前面3个要素上来个乘数和放大，所以，它是“第一”。马克思、恩格斯的认识，是科技在人类历史上表现为一种革命性的力量，即形成了“颠覆性创新”的推动力，但这个第一生产力要真正形成，必须遵循科研规律，必须对不确定性极大的科技创新给出所需的相关制度环境，特别是其内含的人文关怀，要有法治与制度保证。大量的科研创新活动里，产学研结合的一线人员所面临的是巨大的不确定性风险，怎么让他们专心致志地去做这些事情，没有人文关怀的制度环境是不可能在这方面一路前进和创新的。

制度环境在中国是一个引人注目的问题。中国的高校、科研机构出了什么问题？创新环境严重扭曲。习近平总书记讲话强调要给知识分子创新人才获得感和幸福感，李克强总理多次批评繁文缛节，随后，国务院办公厅专门发出优化学术环境的文件，中央办公厅、国务院办公厅联合发文，直接指向“增加知识价值为导向的分配政策”和改善科研经费管理制度。现在国家社科基金等和地方层面开始有改动了，也还有待有关部门把全套实施细则提出和落实。

所以，应特别强调现在中央所说的全要素生产率，聚焦的就是后面两项，而且首先要讲的是有效制度供给。由制度和科技形成的全要素生产率，是在西方学者提出的“索洛余值”基础上须作更清晰的升级版：索洛强调的是科技，我们则要把制度和科技放在一起，而且实际上在中国经济社会转轨过程中，要把制度变革摆在全要素生产率的关键位置。聚焦于此，我们才有出路，才能对冲下行压力，打造升级版。对策思路上，主题就是完善供给侧环境和机制，激发微观主体潜力和活力，在引领新常态过程中打造新的动力体系去追求长远发展，跨越“中等收入陷阱”而联通现代化中国梦。

新供给经济学关于经济社会发展动力体系的基础理论认知

时间：2018 年

地点：北京

课题：华夏新供给经济学研究院基础理论课题阶段性研究成果

理论的特点是源于生活，又高于生活。正确的理论认识可以服务生活、烛照生活和引领生活。新供给经济学研究群体对于理论创新的努力，来源于我们作为研究者对社会责任的认识与担当。在此，概要讨论相关基础理论研究中新供给经济学视角形成的关于经济社会发展动力体系的认识框架。

认识经济社会发展的动力体系，可在关于需求是原生动力的认识基础上，强调人类经济发展中看得见、摸得着、实实在在的创新成果。这些成果都发生在供给侧，并决定着人类社会发展不同阶段、不同时代的基本特征，表现为“农业革命—工业革命—信息革命”阶跃式的文明进步。代表原主流经济学动力认知成果的“三驾马车”认识框架并未完成对经济增长动力体系的认知任务，必须把“三分”框架的认知逻辑延伸、传导到供给侧，并在“非完全竞争”假设下，聚焦于“有效市场+有为、有限政府”的复杂性，系统认知和把握复杂的结构问题及其优化机制问题。在供给侧可形成基于五大要素（劳动力、土地与自然资源、资本、科技创新、制度与管理）的创新动力机制理论模型，并应特别注重后两项要素在“全要素生产率”中的重大意义与作用，以及前 4 种竞争性、流动性要素在制度保障下充分流动的条件与潜力、活力释放。在中国现代化追赶过程中，新旧动能转换需要有对“守正出奇”超常规发展战略的正确把握，必然涉及一系列带有“双轨制”特征的特定制度与机制安排，极为关键的是在通道比较狭窄的“历史三峡”冲关期，解决一系列冲破既得利益阻碍、攻坚克难的问题，使“有效市场+有为、有限政府”的有机结合，能够支持“守正”前提下承受风险考验的“出奇制胜”。

一、 需求侧原生动力及实质性创新成果在供给侧的形成

人类社会的经济运行，是以供给不断满足需求的循环所形成的资源配置。需求是原生动力，并且需求有不断升级的内在取向，永远不会完全满足。供给侧对于需求侧的响应机制，是提供产品与服务的生产经营活动，只有这种供给活动中的创新极其成功，才能适应需求（用户体验）的不断升级。

在具体形态上考察，需求侧是“永新而无新”的。有需求并欲得到供给之满足的社会成员，即为“用户”。社会上的众多用户，其本身并不知以怎样的创新才能使合乎意愿的可消费成果提供出来。人类经济发展中看得见摸得着、实实在在的创新成果，都是发生在供给侧，即发生在以生产经营活动提供产品与服务的领域。

二、 对“三驾马车” 认识框架的突破势在必行

传统主流经济学成果的一大特点，是侧重需求（总量）分析与需求（总量）管理的认识，对接到经济发展动力体系的认知上，有“三驾马车”之说，以国内消费需求、投资需求和国外的需求（净出口为代表）形成的有支付能力的购买力总量，解释 GDP 形成和经济增长的动力机制。这一理论有其生动形象的优点，并且实际上已把需求侧的总量框架演变为结构化的“三分”框架，但其显然并

未完成对经济增长动力体系的认知，很有必要将此结构化逻辑延伸、传导到供给侧，形成对于动力机制体系的完整认识与把握。新供给经济学的基础理论研究中，已积极地做了这方面的理论创新工作。

如果我们把响应国内消费、投资和国外需求的供给侧引入视野，马上会遇到更多、更复杂的结构问题。整个供给体系中，微观的生产经营活动与宏观的调控行为所涉及的显然有生产力布局结构、各类产业结构、区域结构、收入分配结构、企业组织结构，以及制度（体制机制）结构等。以往的经济学研究对此视角的展开考察、深入剖析和认识提炼还远远不够。虽然在生产力视角和生产关系视角上，已有一些研究者在努力并取得成果（如产业经济学、区域经济学、制度经济学、转轨经济学方面），但主导的思路仍是总量型“反周期”政府调控之下，由竞争性市场的要素流动，自发地解决极为复杂的结构优化问题。这一认识所包括的“完全竞争假设”和“华盛顿共识”中的可取之处应当得到肯定，但必须指出其明显的局限性：现实生活已反复证明，非完全竞争是世界上经济运行的真实图景，市场在资源配置中的决定性作用须得到应有的尊重、顺应和充分的发挥，但不能认为市场在一切领域、一切事项、一切阶段、一切情况下都发挥决定性作用。研究者为使理论能够发挥其烛照、服务、引领实践的作用，必须迎难而上，把经济学的理论假设升级为“非完全竞争的 2.0 版”，在供给侧深入展开虽然任务艰巨但势在必行的系统化研究。在经济发展动力体系的认知路径上，关于如何优化结构的机理分析，聚焦于“有效市场+有为、有限政府”的复杂性，把“市场决定论”与“政府更好发挥作用论”有机结合，可以成为一个重要的切入点。

三、 经济发展创新动力机制在供给侧可形成的要素组合理论模型与动力机理解说

我们的基本认识是，需求在供给侧得到的响应机制的“动力”特性，可以解释为生产经营主体（供给主体）在物质利益取向下“内生的”要素流动与组合。不同时代、不同阶段上“人”与“物”的组合及其相关要素，可以抽象为供给侧五大要素的组合关系，理论模型的函数表达式为

$$G=f(L, R, C, T, I)$$

式中，G 为经济增长；L 为劳动力；R 为土地与自然资源；C 为资本；T 为科技创新；I 为制度与管理。经济学意义上的要素，是指所有经济主体在从事生产经营活动时，都会涉及的主要投入因素与影响因素。但在不同发展阶段和不同时期，各要素的作用力度和影响效应则各有不同。一般而言，在经济增长的早期，劳动力、土地、资本是最明显、最主要的影响要素；在经济体进入中等收入阶段后，科技创新、制度这两大要素一般会表现出巨大的潜力及对冲前 3 项因素支撑力滑坡的重要价值，乃至成为全要素生产率（TFP）的主要贡献因素。中国在进入中等收入阶段之后，已经明显感受到，追求现代化民族复兴目标过程中潜力的发挥，一定要紧扣全要素生产率这个核心命题。其中应特别强调的是，在中国走向现代化经济社会的转轨过程中，必须充分依仗“科技是第一生产力”的放大、乘数效应，以及与此紧密相关的、在特定意义上讲的“制度高于技术”，即只有紧紧抓住、抓好制度创新，才能充分打开科技创新的潜力、活力空间。落到实际生活中，也就是强调要以配套改革为核心，作为实现中国现代化的“关键一招”。

对以上五大要素还可以做两个层次的划分：一是流动性、竞争

性较强的快变量要素，主要包括劳动力、土地与自然资源使用权、开发权、资本、科技创新成果；二是非流动、慢变量要素，主要是指制度。制度安排及由此生成的制度环境虽然也始终处于变迁之中，但总体而言属于由生产力发展所决定的生产关系范畴，要经由诱致、压力等综合作用而不断发生演变、进化，是最后才形成特定历史条件下正式或非正式的制度供给体系的较慢变量。简言之，制度供给是对经济社会生活中已经存在的制度需求所做出的相对滞后、相对稳定但又具有显著能动作用的响应，其提供的有利于或不利于竞争性要素充分流动、顺畅重组的环境与条件，也就总和地成为有利于或不利于解放生产力的生产关系、社会形态。

要素流动及其组合始终处于循环往复、互动和继起的运动过程之中。

从“经济人假设”出发，人类的经济活动过程就是为满足人的利益而发生的供给与需求互动的无限循环过程，即社会再生产过程。在供给侧，劳动力、土地及自然资源开发、使用权、资本、科技创新成果等诸多竞争性的要素，始终处于不停息的运动过程之中，其运动的方向是以效率最大化为目标，使产权主体和投资主体在一系列竞争中最终落实于凭借“用户体验”最大化所形成的市场占有率与回报水平。简言之，效率与收益是引导要素流动的直接驱动力，而用户体验的提升，是收益驱动带来的社会检验机制与运行的客观结果，也是最根本的支持力量。进一步说，促成要素流动的基本机制是竞争中社会平均利润率的形成过程，即凡是回报低于社会平均利润率的行业或部门，要素将会流出，且回报率越低，要素流出的驱动力越大；凡是回报等于社会平均利润率的行业或部门，要素会处于相对稳定状态；而凡是回报大于社会平均利润率的行业或部门，要素将会流入，且流入的数量与速度与该行业的实际利润率高出平均利润率的程度成正比。就一个行业而言，随着要素的流出或流入，其收益率将逐渐向社会平均利润率收敛，直到等于社会平均利润率，此时要素运动便在此行业归于相对稳定。表示公式为

$$K_i = \Delta P\, V_i^{\Delta P} t_i^{\frac{1}{\Delta P}}$$

式中，K_i 为第 i 行业资源流入量；$\Delta P = P_i - P_a$；P_i 为第 i 行业的利润率；Pa 为社会平均利润率；V_i 为第 i 行业单位时间资源流入量；t_i 为第 i 行业资源流入时间（i 在数学上指代任何一期，无须特别说明）。

从动态的角度看，当 $\Delta P_1 > \Delta P_2$ 时，$V_i^{\Delta P_1} t_i^{\frac{1}{\Delta P_1}} > V_i^{\Delta P_2} t_i^{\frac{1}{\Delta P_2}}$，要素加快流入；当 $\Delta P_1 < \Delta P_2$ 时，$V_i^{\Delta P_1} t_i^{\frac{1}{\Delta P_1}} > V_i^{\Delta P_2} t_i^{\frac{1}{\Delta P_2}}$，要素流出；当令 $P_i = P_a$ 时，$K_i = 0$，要素处于均衡状态，即不流出，也不流入。

可知：正是供给主体寻求要素投入的“更高”“更多”“更大”回报与尽可能高的利润的内在驱动机制，经其回应需求主体的创新过程，形成经济增长澎湃不息的动力机制。为使经济在此动力驱动下不断增长，就必须为要素于生产流动中去寻求最大回报，创造更加自由、灵活的竞争性主体，提供更为丰富的机会，同时又要由政府主体的介入提供最为可靠、可预期的法治化产权保护与公平竞争营商环境，并解决好矫正市场缺陷与失灵的问题——这便是制度供给使前 4 个要素的潜力、活力得以充分释放的意义和作用之所在。

四、 中国现代化追赶过程中新旧动能转换和“守正出奇”的挑战与考验

中国在工业革命后严重落伍、积贫积弱，救亡图存、牺牲奋斗的发展之路上，终于走到了以改革开放实现中华民族伟大复兴战略目标的“强起来”时代的门槛，而“行百里者半九十”，按照新“两步走”达到中国梦的梦想成真，必须以供给侧结构性改革作为

构建现代化经济体系的主线而攻坚克难。

“中等收入陷阱”、修昔底德陷阱、民粹主义为基础的福利陷阱、转轨陷阱、塔西佗陷阱等，虽然都只是比喻，但却寓含着不可忽视的挑战：走向“强起来”新时代，中国必须以新旧动力的转换，形成能够抑制和化解矛盾凸显、对冲下行因素，有后劲跨越此类陷阱的升级版、高质量、可持续发展。新供给经济学于此种挑战面前，基于竞争但不局限于“完全竞争”的理论假设，以及基于经受考验、使中国冲过“历史三峡”瓶颈考验期的现代化诉求而形成的思路，可表达为“守正出奇”地把“有效市场”与“有为、有限的政府”两方作用，于创新中优化组合。

所谓“守正”，首先是强调我们必须认识、顺应乃至敬畏市场在资源配置中的决定性作用，并使其充分发挥作用。这样一个“市场决定论”的认识来之不易，是基于多年实践的反复探索，于党的十八届三中全会的“全面改革决定60条”中明确地表述出来。“守正”后面跟着的“出奇”，则是说中国不能止步于应用一般市场经济的常规发展经验，而必须形成政府高水平的、理性的供给管理，在承担一定风险的情况下，寻求更好发挥政府作用、出奇制胜实现创新型超常规发展。中国在工业革命后严重落伍一二百年，现在如果满足于常规发展，实际上是不可能实现现代化战略目标的。国际竞争的环境、种种制约条件，使我们必须进一步深刻领会邓小平所勾画的“三步走”现代化战略和中央现在进一步具体化的新“两步走”战略所蕴含的十分深刻的“追赶—赶超”战略思维。对这种战略思维的学理依据，我们已有依照学术规范而做出的论证。那么，我们必须寻求的“出奇制胜”的创新型超常规发展中，基于市场决定论与政府作用论的有机结合，具体的制度机制创新，就必然是一系列带有双轨制特征的特定的制度与机制安排。比如，产业政策的选择性设计及其市场化的合理运用——中国的经济学研究者关于产业政策的讨论，我们认为还需要进一步深化：产业政策的必要性是不能否定的，但这种产业政策如何科学制定的后面，还必须有跟市场机制对接的机制性的创新，这是产业政策成功运用、兴利抑弊的关键。又比如，金融创新发展中，和商业性金融并存的政策性融资也是不可回避的，而且是我们认为必须提到战略层面来把握的挑战性任务。再比如，住房制度和不动产业界的保障轨与市场轨的统筹必须全面优化，否则我们根本无法完成中央所说的房地产市场健康发展必须要有基础性制度支撑的长效机制的构建。收入分配领域里有力、有效、有度的再分配，也需要区别对待。面对复杂的结构性问题，必须找到高水平的解决方案，解决一系列冲破既得利益阻碍、攻坚克难的问题。

这种守正出奇寻求创新成果的通道势必比较狭窄，很容易出现双轨运行中的种种纠结、矛盾和扭曲，处理得不好，设租、寻租等问题会不断困扰我们，但是把这条路走通，却是在中国和平发展、和平崛起过程中达到现代化目标的希望之所在。我们要把相对窄的这条路走通，才能使中国保持澎湃的动力和后劲，在追赶和赶超的超常规发展中冲过“历史三峡”瓶颈，使现代化中国梦梦想成真。这里面最关键的，我们认为，在于以尽可能高水平的、实质性的全面配套改革，构建创新发展的制度环境，在新旧动力转换中实现动力体系的转型升级，由“有效市场+有为、有限政府”的优化的、有机的结合来保障“守正出奇”的成功率，从而最终实现以人为本、惠及全球的中国经济社会的现代化。

供给侧结构性改革的核心是制度创新

原发表媒体:《山东国资》2018年11月刊
采访者: 项聪聪

一、推崇“追赶—赶超”战略

《山东国资》: 贾老师，早在2012年初，你就和几位经济学家一起组建了“中国新供给经济学研究小组”，探究从供给侧入手推动中国改革发展的经济理论。你本人更是在2008年就发表过关于理性供给管理的学术论文。请你谈一谈中国新供给经济学形成的背景。

贾康: 国际金融危机发生以后，我们认为对宏观经济学原来的一些主流成果需要做出进一步的反思和创新。原来的经济学成果，从凯恩斯主义到后来的新古典综合派，还有后来兴起的货币主义，西方的一些有影响力的经济学流派，如理性预期学派等，它们虽然思路不一样，但有一个很明显的共同点，就是只侧重讨论需求侧，而对供给侧基本不讨论。

而我们认为，实际生活中，讨论需求侧的理论框架与假设，必须进一步还原到真实场景。原来主导经济学的基本理论假设是完全竞争，进而认为完全竞争中靠要素的自由流动就解决了供给侧的结构优化问题。所以，不管传统的与后起的经济学派之间如何争议，无非是围绕政府需要做比较有效的总量型宏观反周期调控，还是不用做宏观调控，两者都不注重讨论供给侧的问题。而我们认为，供给侧的问题是无法忽视的，经济学主流框架的不对称性一定要有所纠正，要把它对称起来。所以，我们侧重于理论密切联系实际地讨论供给侧，讨论理性的供给管理及其涉及的思路、要领，比如非完全竞争前提下的结构优化机制问题等。

《山东国资》：关于当前中国经济的发展战略，新供给经济学是一种什么思路？

贾康：我们特别推崇"追赶—赶超"战略，这跟新结构经济学在认识框架上有区别。新结构经济学也侧重于研究供给侧，研究结构问题，而且直接把"结构"二字标出来了，但他们认为结构优化依靠资源禀赋基础上的比较优势战略就可以了，而我们认为，比较优势战略只能对应解决一部分常规发展的问题，实际应用中，后发经济体的比较优势战略一定会遇到天花板。遇到比较优势不能解释的问题，靠互通有无的比较优势不能解释的地方，我们怎么理解？中国这种新兴的市场经济国家、后起的发展中国家，如何形成自己现代化的战略思维？必须有超越比较优势战略的"追赶—赶超"战略。新结构经济学是断然否定赶超战略的，我们则认为，对于赶超战略不能只看到我们过去在这方面吃过苦头、犯过错误，更不能因此就否定它。

对于赶超战略，其理论联系实际的阐述，我们已经做了很多工作。其实西方学者也注意到这一问题，因此他们提出了"蛙跳模型"。需要特别强调的是，我们所说的赶超，是认识到各经济体的发展必然是不平衡的，不是走在前面的就会一直走在前面，历史上已有多次后发经济体追赶和赶超的先例。中国现在的现代化发展战略，即所谓和平发展、和平崛起，必须将比较优势战略与"追赶—

赶超”战略对接起来。“三步走”发展规划就是一个内含赶超战略的通盘部署。前两步提前实现了，中央现在提出的新的“两步走”还是要“追赶—赶超”，就是继续大踏步地跟上时代，实现新时代的整体跃升式的超常规发展。

《山东国资》：你的意思是，新供给经济学并没有抛弃或否定比较优势战略，而是要跟赶超战略进行有机结合？

贾康：对的！比较优势战略的可用性是一点都不应被否定的，就像供给管理一点都不否定需求管理。它不但不否定，而且往上做加法，是把事情认识得更全面、更丰富，从而做到把握经济动力的全景图。

二、继续“守正”　择情“出奇”

《山东国资》：从新供给经济学的角度，如何解读中国供给侧结构性改革？

贾康：我们认为，作为一个转轨中的发展中大国，追求“追赶—赶超”式后来居上的现代化，大思路必然是“守正出奇”，即在充分尊重市场的资源配置决定性作用的同时，须充分认识到并不是简单搬用发达市场经济体的已有经验和我们自己过去的经验，就可以完成现代化，而必须以特定国情下各特定阶段上可持续的成功创新和出奇制胜，来支持中国完成从追赶到赶超的现代化全过程。

对于中国供给侧结构性改革，我们特别强调经济转轨过程中的有效制度供给创新。就是以制度创新形成有效供给，以此为龙头带来整个供给体系质量和效率的提高。言下之意，就是必须抓住改革的契机攻坚克难，以制度改革为核心。我们认为，总体来说，制度创新可以打开管理创新与技术创新的空间，技术创新也会倒逼制度创新与管理创新。

比如，现在我们常说的信息化时代政府要进行无纸化办公。最早推行时，有一位上海财政局的领导，他是学者出身，对信息化感触很深，认为这将产生巨大的影响。他对我说，无纸化办公以后，每个环节在网络上都有清晰的信息，大大消除了操作的“灰色地带”。这就是技术创新倒逼管理创新与制度创新，要讲透明化、阳光化、公正廉洁。这些东西很大程度上也是靠对外开放和技术创新倒逼出来的。

《山东国资》：新供给经济学对当前中国的供给侧结构性改革起到什么作用？

贾康：主要是在基础理论层面提供一些学理的参考与支持。决策层已经充分认识到，中国特色社会主义现代化建设过程中的科学决策与政策优化，必须得到中国特色社会主义政治经济学的学理支撑。这个意向是非常明显的，实际生活中这也符合规律，就是不能光讲实践经验，还要对实践经验不断地进行提炼总结。理论来源于实践又服务于实践。而且，我们现在观察的范围不限于中国，还包括欧美、日本等发达国家和地区，以及其他一些如金砖国家等，这些国家和地区的实践都在我们的观察之列。对这些国家的经验进行总结可以发现，仅讲需求管理已不够，其局限性必须突破。

归结为一句话，就是我们的理论来源于实践又服务于实践，这符合理论与实践之间的一般规律。对于我国当前及未来的一些实践，我们会继续关注和研究，不断地丰富和深化我们的理论体系。目前，我们已经在新供给经济学研究方面不断推出公开出版物，有了一系列专著，有很多理论性文章。对新供给经济学的研究，我们还会继续深化，它的理论模型和一些相关分析，都会一步一步将做出的成果发表出来，欢迎大家批评指正，共同研讨。

三、 关于国企混改

PPP 是实现“国民共进”的一个很好路径，股份制是公有制的主要实现形式

《山东国资》：国企混改是近几年国家力推的重要改革工作。从理论渊源和供给侧结构性改革的角度看，国家为什么特别注重推进国企混改？

贾康：从理论源头来说，可以追溯到马克思已认识到的股份制带来了生产资料私有制的扬弃。这种扬弃可引导到的前景，其实在《资本论》里就说清楚了，就是在资本主义发展成就和联合劳动的基础上，重建个人所有制 。

对于股份制，直观上看，是可以包容个人所有制的一种产权规范，我们称之为现代企业制度。同时，中央又意识到，股份制可以成为公有制的主要实现形式。这就对接了马克思资本社会化的基本思路，即一股一股的清晰的产权（包括私人产权），对接的是资本的社会化，服务于社会化大生产和生产力的解放，服务于我们现在所说的包容性发展过程中走共赢之路的混合所有制改革。

股份制框架之下，国有的股、非国有的股，公有的股、非公有的股，可以通过混改寻求共赢。这不是简单的所谓消灭私有制的问题，更不是你输我赢的思维可以解决的问题，而是共赢之道。这就是现代文明的包容性发展在经济生活领域从微观主体产权机制角度上的最好案例。股份制能够让大家都关心的产权得到保护，它不排斥私人持股，而同时的结果则是公有制的主要实现形式。所以，中央说混合所有制的发展是基本经济制度的重要实现形式，是我们改革的重点。

从供给侧结构性改革的角度看，混改也是我们新供给经济学特

别看重的，我们的“八双五并重”政策主张中也说到了，“国”和“民”不是谁进谁退的问题，而是共赢发展的问题，其实现路径主要就是混合所有制。PPP 模式是当前混合所有制的一个很好的实践路径。别的地方可能还存在一些争议，到了 PPP 模式下，它的 SPV 天然就有清晰的股权，政府方面天然就不想一股独大，这给企业特别是民营企业创造了一个舞台。这正是包容性发展，整个社会一起观察、实践混合所有制，一起越来越接受它。这也印证了这一说法：有些东西靠争论不解决问题，争论不出个结果，要靠实践来检验。通过实践与发展，如果越来越多的人认同了混合所有制的思路，其发展过程就会逐步稳定下来，进而成为一种不可逆转的趋势。

企业是实现创新发展目标的最基础和重要的载体，我们认为，在中央全面推进供给侧结构性改革的当下，积极推进混合所有制，是现代市场体系运行的产权基石方面最重要的制度创新，是推进国企改革、民企发展的主线，直接呼应党的十八届三中全会提出的国家治理体系和治理能力现代化的要求。

《山东国资》：你认为当前我国国企推进混改的难点是什么？如何营造“国民共进”的发展格局？

贾康：国企和民企在对混合所有制的认识上往往不一致，都是混改，但“心思”是不一样的，这就导致混改过程中出现一些纠结、困难或僵局。我们认为还是先易后难。还是那句话，有些东西靠争论是争不出什么结果来的，还是呼吁和期盼基于 PPP 模式的 SPV 项目能够更多地发展起来。

要实现“国民共进”，我们认为，最关键的还是那 4 个字——实干兴邦。在不同的层面上、不同的辖区里，大家要多抓实事，结合 PPP 模式创新，结合企业兼并重组，结合我们现代化战略新兴产业的发展，结合支持高科技企业，也结合传统企业的改造升级，等等，在存量重组过程中，有很多可以对接到混合所有制的机会，要多多实践。

国企控制负债率不能“一刀切”

《山东国资》：谈到国企改革，去杠杆也是目前比较受关注的一个问题。前不久，中共中央办公厅、国务院办公厅印发了《关于加强国有企业资产负债约束的指导意见》，明确提出“加强国有企业资产负债约束，降低国有企业杠杆率”。你觉得目前我国国企的负债率是一个什么样的水平？如何有效控制国企负债率？

贾康：一定区间内的国企负债率不宜用简单的高或低来评价，就像控制国企负债率不能“一刀切”一样。中央总的精神就是要去杠杆、稳杠杆。从企业的角度来说，去杠杆主要就是降低负债率，目的在于控制风险，特别是防范出现系统性风险等不可收拾的局面。系统性风险是由各种风险点、各个分散的风险聚集起来的，所以国企在这方面也要特别注意防范，注意去杠杆、稳杠杆。

具体掌握方面，就得用我们供给侧方面的思维了。不能按照一个标准平头砍，比如要求所有国企的负债率都是 60%，这不合适，因为对于有的企业，在负债率上升到 70%时可能正逢关键性突破阶段，虽然负债率高一些，但只要度过那个特殊阶段，其战略和策略掌握得较好的话，会发展得很好，甚至迎来一个新局面。而有的企业，别看负债率不高，但可能其生产经营战略与策略并没有掌握好，以这样低负债继续发展可能会导致萎缩，不能做大、做强，这样的保持低负债率并没有多大意义。

所以，对于国企控制负债率这个问题，要具体问题具体分析，不能光看负债率一个指标，更不能用“一刀切”的态度对待，要分类、分情况展开，要有理性供给的思维，具体解决方案要定制化。从宏观角度来说，国企控制负债率需要进行行业分类；从微观层面看，具体到某个国企，也要结合其实际发展阶段来判断。当然，有些界限是不能逾越的，比如某个企业的负债率已经达到90%甚至将近100%了，那就是非常危急的局面了，要另说。

关联阅读

“八双五并重”

“八双五并重”理论是中国新供给经济学研究群体以理论创新基本认识引出的基本政策主张，其中，“八双”针对的是供给侧结构性改革，“五并重”面对的是两个一百年任务。

“八双”

一是“双创”——走创新型国家之路，大力鼓励创业。

二是“双化”——推进新型城镇化，促进产业优化。

三是“双减”——加快实施以结构性减税为重点的税费改革，大幅度减少行政审批。

四是“双扩”——对外开放格局和新的国际竞争局面之下，扩大中国对亚非拉的开放融合，适度扩大在增长方面基于质量和结构效益的投资规模。

五是“双转”——尽快实施我国人口政策中“放开二孩”管制向逐步适当鼓励生育的转变，积极促进国有资产收益和存量向社保与公共服务领域的转置。

六是“双进”——在国有、非国有经济发挥各自优势协调发展方面，应该是共同进步，摒弃那种非此即彼截然互斥的思维，在“混合所有制”的重要概念下，完善以“共赢”为特征的社会主义市场经济基本经济制度的现代化实现形式。

七是“双到位”——促使政府、市场发挥各自应有作用，双到位地良性互动、互补和合作，尤其看重在公私合作伙伴关系 PPP 模式下寻求共赢。

八是“双配套”——尽快实施新一轮“价、税、财”配套改革，积极地、实质性地推进金融配套改革。

“五并重”

一是“五年规划”与“四十年规划”并重，研究制定基于全球视野的国家中长期发展战略。

二是“法治经济”与“文化经济”并重，注重积极逐步打造国家“软实力”。

三是“海上丝绸之路”和“陆上丝绸之路”并重，有效应对全球政治经济格局演变。

四是柔性参与 TPP 与独立开展经济合作区谈判并重，主动参与国际贸易和投资规则的制定。

五是高调推动国际货币体系改革与低调推进人民币国际化并重。

四、 关于国资监管

新时代国资监管亦要“守正出奇”，“守正出奇”大思路适用国资监管

《山东国资》：你觉得在推进国企改革的过程中，政府部门应该扮演一个什么样的角色？

贾康：过去，政府手里有调控权，认为怎么调控都有道理。政

府在改革特别是国企混改过程中，应特别注意的是不要过度地干预或关照一些事情。政府怎么样转向服务型这个问题实际上已经讨论了很多年。实际生活中，新的挑战是我们虽然已经认识到要划清政府与市场的边界，但在划清边界的基础之上，有些事情已经“螺旋式上升”到像 PPP 模式里的以合作伙伴的关系来一起做事。这就更要掌握好实际操作中一些具体机制的优化问题。

我们这里所说的螺旋式上升，并不否定原来已经认识到的划清边界的思路，特别是在一些重要领域，划清边界的意义是毋庸置疑的。而在公共工程、基础设施、一些产业园区和产业新城的建设运营乃至土地连片开发方面，可以积极探索政府和企业一起按合作伙伴关系自愿签字形成的 PPP 机制来开展，这就是一个螺旋式上升。它并不是对原来划清边界认识的全盘否定，而是一种优化。该划清边界的地方继续划清边界——PPP 模式不同阶段、不同环节中政府与市场主体的边界也是清楚的。到了基于自愿签字形成的合作伙伴关系中，作为签约一方的政府就没有了“裁判员”的身份，在其后的整个 PPP 项目全生命周期中，政府就是“运动员”的一方。但是需要政府积极作为、担当裁判员时，政府也要有所担当。比如，在项目的前期规划、公共政策提供与信息服务等方面，政府应该扮演的角色就是“裁判员”，或者是以“裁判员”身份作为支撑。而且，这里依然可以说清楚：政府以“裁判员”身份进行决策时，以及作为“运动员”的一方参与 PPP 时，其背后还有一套法律体系为保障。而这个法律体系的维护，有上级政府、有整个社会的公共权力体系支撑，以及应有的全民监督。这不否定政府在 PPP 不同环节“裁判员”或“运动员”的身份，而是保障政府在该作为时积极作为，在不需要其干预时不得干预。这是非常现实的问题，即不该管的不要乱管，该管的则要积极管好。

《山东国资》：供给侧结构性改革的大背景下，对新时代的国资监管工作提出了什么样的新要求？

贾康：我们认为，国资监管方面，要有法治化依据和全面的绩效考评考核。另外，国资监管不能光讲合规或不合规，还要鼓励创新，既要合规，又要给出创新的弹性，这是当前我国国资监管方面绕不开的课题。这就要求国资监管要有“艺术性”，要能够实现权衡把握。从国资监管这个宏观概念落到微观的层面来分析，我们“守正出奇”的大思路定位依然是适用的。

最关键的是，哪些创新值得鼓励？我们认为，关键是观察过程中要有一个绩效维度。绩效的考评带来的是激励与约束两方面都可以在动态过程中合乎规律地把握其要领。有些创新的事情看不准时，给出一定的弹性。创新的效果如何，这是最有说服力的。如果有一定时间的科学意义上的绩效评审，这种最有说服力的考评结果，能够让大家看清什么样的东西应该积极发展起来。而且，这些值得发展的东西一旦明确应鼓励其发展起来，原来阻碍它的规则就应该及时地做出改变，即要“变法”，实现规则方面的升级。这样一来，法规是在动态过程中不断地按照良法的方向做一些必要的微调，或者有时还需要做一些比较大的规则升级。当年我国“入世”，“清理文件柜”是一次比较大的法规升级。这次中美贸易摩擦，压力来了，很可能又要做一次“清理文件柜”式的“变法”——降低金融机构准入标准等，已在表明“变法”性质。

具体到国资监管方面，也要与时俱进，做动态的优化完善。既要遵守规矩，又不能墨守成规。我们提出的“守正出奇”基本原则，所谓“守正”就是要讲规矩，对基本的、规律性的、共性的东西必须“守正”。但光“守正”是不够的，不能解决中国超常规发展的问题，还必须冒一定的风险“出奇”。“出奇”的关键在于追求“出奇”而能够制胜。“出奇”需要有科学的态度，具体到国资监管方面，即前面说到的以科学的绩效为导向的对于创新的认定，要体现在对规矩的完善上，体现在相关法律法规的动态优化上。

要对创新给予更大的包容

《山东国资》：在推进改革方面，你觉得山东国企国资的优势与瓶颈是什么？

贾康：山东国企国资的一大优势是基础比较好，山东的国企国资在过去的发展中积累了一些亮点，同时也有一些不能回避的问题。这方面的具体情况我调研不够，不过，我知道过去对此也有一些争议。

总的来说，应该是国企民企相互取长补短。比如，在一些具体产业上，山东的国企可能侧重的是中上游，中下游则主要是民营企业。未来，产城融合、产融结合之下，可以积极推进 PPP 模式，实现共赢。总的来说还是命运共同体、共赢和包容性发展。国际上我们讲包容性发展，国内更要讲包容性发展，不是“谁必须离场”的问题，不是“谁消灭谁”的问题，而是应该紧紧把握好共赢发展之道的问题。

《山东国资》：从更宏观的视角看，这些年，相较于南方的一些地区，你有没有感到山东经济发展变慢了，比其他省份的优势已经变弱了？这个局如何破？针对山东，能不能给我们一点建议？

贾康：这个问题，我想直率地说，感觉上确实如此。山东曾经有很好的发展势头，但是这几年似乎弱下去了，相比之下，珠三角、长三角地区发展势头更猛。我们应该反思的是，山东到底是受到了什么样的拖累？同时，还要考虑我们创新的勇气是不是不足，在创新方面的容忍度和理性程度是不是不够？

创新首先是要有观念和文化方面的匹配。在广东，氛围里大家有种默契。市场里，一会儿这个调高了，一会儿那个调低了，人们心里有个判断，“风吹草低”的情况下，能够保持一定的定力，继续鼓励大家发展，在创新方面给出试错的空间。北方（不光是山东）是不是在这方面明显有所欠缺？咱们很容易跟着一时的、单向的口号走，很容易前怕狼后怕虎，觉得多一事不如少一事，害怕一动就被人抓“小辫子”，这方面的惰性是非常明显的。

如何正确把握供给侧结构性改革中的“三去一降一补”

原发表媒体:《新财苑》 2017 年 7 月刊

采访者: 马善记

原文导语:作为全国政协委员的贾康研究员自从卸任财政部财政科学研究所所长后似乎变得更忙了,不断有新的研究成果见诸媒体——我就是从相关媒体上看到他对供给侧结构性改革的独到见解。为了深入理解供给侧结构性改革中的“三去一降一补”等问题,《新财苑》对贾康研究员进行了书面采访。

供给侧结构性改革的要领,首先是以“三去一降一补”为切入点。但为正确理解和掌握它,必须把“三去一降一补”放在供给侧结构性改革整体逻辑关联之内。

如果从中央这一战略方针直接字义上来看,有 3 个词语:供给侧、结构性、改革。我认为首先要注意到,它是落在“改革”上,这表明什么呢?表明决策层所强调的这个概念,就是在邓小平于改革开放之初就设定为大政方针的“改革”之路上承前启后、继往开来的要求。但是这里又突出了一个新意,即新在直接标明了“供给侧”,即改革就是要解决供给侧的有效制度供给问题,并表明了决策层通过相关分析认定,我们现阶段矛盾的主要方面,就在于供给侧,必须面对与需求侧总量问题迥然不同的供给侧的“结构”问题,首先是制度结构优化、利益格局调整、“冲破利益固化的藩篱”

的问题，攻坚克难推进改革而解决好有效制度供给，进而提高整个供给体系的质量和效率。这 3 个词语联结而成的鲜明表达，是得到“社会主义政治经济学”的学理支撑的。

如果把供给侧结构性改革的以上 3 个概念联结在一起理解，结合现实经济生活，对于“三去一降一补”这样供给侧结构性改革的具体要求其实施要领，需要做进一步的考察分析。

一、“去杠杆” 须区分宏观与微观

说到“去杠杆”，可以直截了当地讲，这在宏观上是间接调控体系里货币政策当局主导的控制广义货币供应量（M2）方面要把握的要领，与“适度扩大总需求”而同时宏观审慎地防范风险的权衡有关，也与如何更好掌握总量型的需求管理有关。在这个意义上，它的操作和我们各个地方、各个行业、各个企业并没有直接关系。其他宏观管理部门，则需要对我们的货币当局提供协调和配套：比如近年的财政政策，强调要提高赤字率，而提高赤字率意味着举借债务的规模要扩大。财政部门的领导已指出，这是以财政的加杠杆服务于全局的去杠杆，这就体现了全局观与国家层面的部门协调——这是从宏观角度来说必须把握的“去杠杆”概念对于相关管理主体的要求。

另外，从地方政府视角来说，应有一个清醒的认识：全局的去杠杆并不排除局部的加杠杆，而且局部的加杠杆一定是要求“理性供给管理”的结构性加杠杆。

比如，在全局去杠杆的同时，地方政府在本地发展战略实施过程中需要发力支持优化结构的一些关键点上，却是需要加杠杆的；大量三四线城市去楼市库存，也是需要配合必要的政策措施而加杠杆的。这些都迫切需要以一种理性的供给侧的管理方案来设计，以求达到优化结构，从而也服务于降低总体杠杆风险程度的意愿。

总之，管理部门要协调好的事情，是地方、行业在这方面应理性处理好怎样以必要的结构性加杠杆来顺应全局去杠杆，从而贯彻好发展战略的问题。这是典型的供给管理任务。

至于微观企业主体降低自身负债率的“去杠杆”，则是必须“因企制宜”讨论的问题，并没有一个“一刀切”的合理解决方案，政府一般也不应按某个量值作硬性要求，关键是企业在竞争中要结合自己的生产经营战略策略，力求于定制化处理中达到对负债经营较高水准的风险防控。微观的“去杠杆”，实质是一个个企业特定的“资金供给管理方案”问题。

二、“去产能” 应正确把握实质和机制

其一，不宜笼统地讲去所有的“过剩产能”。我国现在必须聚焦的其实是要去落后产能。各个行业里产能的“过剩还是不过剩”处在不断变化中，准确的说法应是，在行业里高高低低可比的产能中，靠下的落后产能，是相对而言较容易界定的概念和较好把握的去除对象。去产能工作重心放在“去落后产能”这个实质问题上，才能更直接、更聚焦地对应我们所追求的结构优化和打造升级版。

其二，所谓过剩产能，是可以通过我们的一些创新机制比如 PPP 来改变其属性的。PPP 是英文“Public-PrivatePartnership”的缩写，过去直译为“公私合作伙伴关系”，即现在所表说的“政府和社会资本合作”的机制，这一创新显然会把一部分过剩产能瞬间转为有效产能。原来政府在要做的公共工程、基础设施，以及产业园区连片开发这些建设项目上，往往“心有余而力不足”，现在可以吸引、拉动已雄厚起来的民间资本、社会资金包括外资一起来做。

只要把这个事情做好，便会产生一系列正面效应，包括缓解政府未来很长时间段上城镇化和老龄化压力下的财政支出压力；使民生改善，百姓得实惠而且实惠可持续，因为它是政府、企业和专业机构“1+1+1>3”的绩效提升机制，也正是落实共享发展的机制创新；它还会给一批与政府合作的企业打开取得“非暴利但可接受”的长期投资回报的生存发展空间；它又对接混合所有制改革，对接非常重要、中国必须推进的法治化、民主化制度建设，是一种对全面法治化的倒逼机制和催化剂。

同时，它又是在引领新常态过程中可以把一部分过剩产能成功转为有效产能、进行有效投资（“聪明投资”）的创新机制。比如在北京，在原来有地铁 4 号线 PPP 项目的基础上，现在继续运用这种成功经验引进外资建设地铁 16 号线，正是缓解首都公共交通体系有效供给不足的一个重要的建设项目。如无 PPP，16 号线何时动工建设可能遥遥无期，有了 PPP，便可以把这一建设项目立即启动，而且是“好事做实、实事做好”。加快项目建设所需要的钢材、建材、施工设备等的一大批订单对应的是什么产能呢？正是一部分原来所谓的“过剩产能”——PPP 这个机制创新会把一部分所谓的过剩产能很快转为有效产能。

其三，我们需要意识到，在行业、企业的升级换代中，不应把所有在竞争力上有一定劣势的企业，马上认定为所谓的“僵尸企业”，“僵尸企业”这个概念是可以用的，但应仅限于少数确实无可救药而迟迟未出局的企业。某些在竞争中已经感到有压力、有困难的企业，如果能成功地实现升级换代的创新，就可能改变面貌，原来被人们认为是过剩产能的代表，可能转为有效产能的组成部分，这是可变的，是要有“事在人为”的努力加入进去的。所以，在去产能方面，一定要真正聚焦到在整个行业或某一个领域里那种应被市场竞争淘汰的落后产能能不能去除这个关键问题和“真问题”上。

其四，这一点非常重要：去产能的主体与机制何在？去产能中，对于为数不多的某些成规模的企业，政府如认定它是落后产能代表，在没有挽救的可能性的情况下，可以由政府为主体实施关停并转，这是最便捷的操作，但是这种方式的适应性非常有限。中国现在有 7000 万个以上企业，大量的中小微企业中谁是落后产能代表，政府不可能一一甄别，必须在依靠政府维持公平竞争的制度环境，让整个市场机制发挥作用的过程中，在优胜劣汰的竞争中解决去除落后产能的问题。这是一个最重要的去产能的主导机制。

三、 及时总结去产能的正反两面经验

在深化供给侧结构性改革的 2017 年，亟须总结 2016 年去产能方面的运行情况，掌握好去产能的实质内容及其合理机制。不应过于注重有关部门算出一个总规模以后，表面上看砍掉了多少产量，关键是那些真正需要淘汰的落后产能，怎么能被挤出去。

我国钢铁行业、煤炭行业从整个产能规模看来是过剩的，所以成为 2016 年去产能的重点，但实际生活中如以行政手段为主把钢铁和煤炭产能总量的压减目标作为指令性任务“切块”下达，由各地管理部门挑选去除对象，或者“一刀切”操作，能够如愿达到去落后产能的结果吗？这种方式下，面对千千万万分散的市场主体，政府管理部门其实没有能力去一一甄别企业中的每一个是什么样产能的代表。对于为数不多的成规模的企业，可以作为重点对象来排查，能够认定真正无可救药的落后产能代表，可以关、停、并、转，但这种操作的适应性是有限的。全国约 7000 万个市场主体中，

绝大多数是中小微企业，其中的那些落后产能，应该在划清某些必要的准入标准（如污染物排放的技术标准）之后，主要通过市场竞争中的优胜劣汰来去除，如果依靠行政官员去覆盖总计几千万个市场主体一一作甄别，不可能真正掌握好准确度。

实际生活中，我们很遗憾地看到，在这样的一个矛盾面前，管理部门的手段往往是倾向于靠行政指令来给出指标往下压任务。比如，整个钢铁行业和整个煤炭行业要求要去多少万吨的产能，作为任务，然后层层“切块”，下达到各地，各地再在本地相关的企业里靠行政手段挑选去产能对象，而实际带来的结果往往是很容易发生扭曲与不公正，还有干脆“一刀切”地压产量的做法。

以煤炭行业为例，2016 年不少地方就落入了不甄别的“一刀切”。煤炭行业经历了几年的困难、产品价位一路走低之后，2016 年二季度以后煤品市场开始回暖，到三季度迅速回暖已成定局，而到四季度，市场上动力煤价格从原来的 280 元/吨左右直冲 600 元/吨，焦炭已从原来的 600 元/吨左右直冲 2000 元/吨。这样迅猛的回暖升温，逼得管理部门召开多次紧急会议，在全国重新考虑怎样调配煤炭的供给能力。

这个从“过剩”到“供应吃紧”急剧转变的背景是什么？是在前面的一段时间里，有关部门要求各个煤矿要按照 1 年内矿井开工运行不能超过 276 天来封顶。这就完全改变了过去煤炭行业里早已形成全套经验的全年如无大修 365 天连轴转的工作状态（我在 20 世纪 70 年代初曾在北京矿务局当过工人，下过井，知道这种连轴转的情况）。

从经济学的角度来说，这种新的行政规定解决了什么问题？看起来可以把整个煤炭行业的产量往下压，但实际上违背了生产规律，使一个个运行中的煤矿的固定成本分摊极不充分。原来分摊到360天左右的成本，现在按行政要求只能对应至多276天的生产运行。这种做法实际上是以行政手段不加区分地压低所有煤炭生产企业的运行效率，其中不仅实际上保护了落后产能，而且还可能增加了矿难的隐患——煤田的煤层气是需要不断抽取的，瓦斯等带来的不安全因素要靠这样的方式来控制，停工的这些天数里，抽气还是不抽气？从经济利益考虑，很多一线具体工作的管理者自然会把抽气系统停下来，那么什么时候开工再恢复？有没有经验要提前多少天恢复通风、先把气抽得比较到位才可以施工？处理不好，抽得不充分，是不是就进一步增加了瓦斯爆炸之类的矿难隐患？不客气地说，这样的结果，是煤炭行业的落后产能并没有被排除，反而由一刀切的产量控制把这些落后产能一起保护下来了。煤炭行业如此去产能，形式主义地好像有了一个交代，但落后产能实际上没有排除，这是我们供给侧结构性改革要追求的合理结果吗？是真正体现了全要素生产率这方面的提高吗？

这样的情况带来了现在值得重视的问题——在应充分肯定去产能已有成果的同时，我们必须注意，现在煤炭行业的回暖是不是猛了一点？这个特征所带来的在下一个阶段可能的不良影响是什么？一个大起之后很容易出现的是过了一个临界点，便跟着是大落。我们不希望经济的运行是这样大起大落式地“打摆子”，行政手段为主最容易造成这样的“打摆子”。经济手段为主充分发挥市场作用的制度框架迟迟不能建立，那么政府调控就是从一端摆到另外一端，这样的一些经验教训，非常值得认真总结。

四、 房地产去库存亟须对应于分化的情况分别施策

人们普遍意识到,去库存主要针对的首先是房地产，而房地产

现在的情况是什么？一定要有结构分析。从大面上说，房地产现在叫“冰火两重天”，而所说的房地产的去库存，绝对不能施加于“火”的一面。北、上、广、深早已火得一塌糊涂，还去什么库存？需要赶快组织有效的供给，缓解供需矛盾。大量的二线城市，曾经更多感受的是“冰”的压力，现在开始转成“火”的压力了，也要赶快借鉴现在一线城市的一些做法，汲取他们的一些教训，要有提前量地提供有效供给，相匹配的基础性制度的供给问题，一定要提到日程上。比如，中央所要求的加快房地产税立法并适时推进改革，这个方针怎么跟现实对接已经可以看得更清楚了。

所以，房地产去库存，现在真正要抓住的主要是大量三四线城市即“冰”的这方面怎么去库存的问题。在三四线城市去库存，又必须注意不是简单依靠现在已有的商业性消费信贷支持，就可以如愿达到去库存目标的，因为三四线城市最值得争取的住房主体是所谓“农民工”。未来几十年，我国还有约 4 亿人要从农村来到城镇定居，一开始他们被称为农民工，是因为户籍还在农村，但是需要在城镇中“住有所居”地形成与他们的需求所对应的供给，最主要的部分不是一般商品住宅——他们的支付能力大多还对应的是低价的共有产权房或者公租房，要把这样的供给在现在的存量基础上提供出来，就一定要使用政策杠杆。

所以，这又是一个鲜明的例证：在房地产去库存方面，在全局的去杠杆、控制杠杆的同时，还必须处理好“政策性加杠杆”怎样合理解决的问题，才能如愿地在三四线城市真正使一大批农民工住有所居。这样确实可以把一些房地产库存从原来的“存”的状态转为“用”的状态。

五、 降成本方面， 政府的职责是深化改革降低制度成本

关于降成本，很显然，对于企业自己可以降低的成本来说，不用政府太操心，政府只要维护了公平竞争环境，企业会千方百计地把事情做到极致，在“细节决定成败”的所有节点上去控制成本、降低成本。

从政府角度来说，真正需其发力降的成本，一定是针对制度性成本。在制度性成本里，税收上需要继续做好一系列可能的减税改革，但税收之外的成本，比如各种行政性收费，以及社保体系的“五险一金”，还有降低的空间和必要。特别是隐性的综合成本能不能降下来，绝对不是减税概念能覆盖的，一定是综合配套改革才能覆盖和解决的，要抓住这个实质。

六、 补短板，需要因地、因企、因行业制宜的定制化方案

关于“补短板”，需要清晰地注意到供给侧结构性改革和供给体系质量效率的提高。补短板方面的哲理和原则是非常鲜明的：一定是要解决结构问题，而这个结构问题在具体分析基础上的对策，必须在各地、各行业、各企业专门“对症下药”地形成。什么是其短板，怎么补，绝对没有一个笼统的拿来就可以套用的标准化解决方案。这就是供给管理明显区别于需求管理的特点之所在：需求管理是非常清晰的指标单一、政府以调控做反周期操作的模式，而到了供给侧的补短板，特别强调的是因地制宜、因企制宜、因行业制宜，一定要有高水平的特定解决方案的设计，这是我们必须面对的供给侧结构性改革的挑战。

总之，按照中央供给侧结构性改革的实质性要求，关键是要充分尊重市场在资源配置中的决定性作用，政府主要是维持一个公平

竞争的环境和掌握负面清单的“市场准入”，力求在市场竞争中优胜劣汰地去做“三去一降一补”，这样我们才真正走上了一条加快发展方式转变的正路。在 2017 年中央所要求的深化供给侧结构性改革之年，我们十分需要进一步总结相关经验与要领，把中央关于供给侧结构性改革的本质精神贯彻好。

从供给侧结构性改革实现新旧动能转换

时间：2019年1月22日

地点：北京

会议：2019全国外商大会

谢谢主持人！尊敬的各位领导，各位嘉宾，各位企业界的朋友，大家好！很高兴能受到邀请和各位做个交流，下面我用20分钟的发言向大家汇报一下自己怎么认识中国现代化过程中新旧动能转换的守正出奇。

面对挑战我们要经受考验，在新供给经济学的研究中我们非常看重守正出奇这个理念。

在供给侧结构性改革这个中央所称的战略方针提出之前，研究中我们已注意到，经济学的创新迫切需要改变在需求侧和供给侧认识上的不对称状态。理论的创新是源于生活，又高于生活、服务于生活的。在中国的现代化过程中，迫切需要理论创新来为现代化进程做出必要贡献——这也是我们研究者对于社会责任有所认识之后应有的担当。会议的主办方希望我在已经形成的新供给经济学的认识框架之下，简要勾画一下这方面的一些基本看法。

从原理上来说，我们首先肯定人类社会经济生活表现的供需互动中，需求是原生动力，而所谓供给，是生产经营活动不断提供产品和服务来满足需求。这个供需循环形成的资源配置中，一开始的动力来源显然是人存在就会有需求，这个需求要得到满足，而且需求有不断升级的内在趋向，永远不可能完全满足。这样源源不断的原生动力，一定要得到供给侧的机制响应，即以生产经营活动来形成对需求的满足。而需求的升级又迫切要求供给活动中要有成功的创新。现代营商环境里的企业家特别愿意以“用户体验”来表达他们所提供的产品和服务能够在市场上得到的用户评价，如果用户体验上升，那么他们就可能在生产经营活动中扩大市场份额。从原理上观察，需求侧是无止境的，是“永新”但又“无新”的，因为用户本身并不知道怎样的创新能够合乎意愿地使其可消费的新成果提供出来。从全球看，所有人类社会经济发展中看得见、摸得着的，实实在在的创新成果，其实都发生在供给侧。可以看到，在整个人类历史的演变过程中，需求的满足一旦过了一个临界点，就会上台阶式地变化，这种变化可用学理上的阶跃曲线来表达。

当下大家都在讨论的新经济和信息时代，最前沿的一些供给侧的创新，是大家耳熟能详的生产力方面的大数据、云计算、智能化、共享经济等。在社会形态方面，我们也自然而然意识到有了和平与发展的时代主题，有了共享经济对全社会生活的渗透和影响，往前看，我们应该对接的是摒弃你输我赢的旧思维，打造“人类命运共同体”。

下面谈一谈对新旧动能转换的学理上的考察。在这些年的经济发展实践中，学界已经越来越不满足于原来有一定共识的所谓“三驾马车”之说。过去是把需求侧的消费需求、投资需求和以净出口为代表的来自外部的需求，合在一起，形成有支付能力的购买力总量，解释为经济增长的动力机制。“三驾马车”之说很形象，现在大家认为它的局限性也是不可忽视的，我们在这方面做了进一步的分析：它实际上已经把需求侧的总量框架按照结构化的三分法做了框架性的新认识，但是它没有完成结构化的过程，虽然已经有了结构化，开始摆脱需求侧的总量特征，但是增长动力体系停留在需求侧。必须把“三驾马车”的结构化逻辑延伸、传导到供给侧，对接更复杂的整个供给体系——它的结构是不是能够优化，供给体系的结构优化所形成的动力机制能不能更好地适应需求、适应用户体验提升的客观需要，这才是对于整个动力体系完整的认识和把握。

我们在这方面也做了一系列努力。如果把这个响应机制的问题从消费、投资和国外需求在需求侧已经做的三分对应到供给，那么这个消费、投资和外贸所需要的有效供给所连带的结构关系要复杂得多。这里面涉及的生产力布局结构、产业结构、区域结构、收入分配结构、企业组织结构，以及制度体制方面的结构，都不可忽视，都必须纳入经济学研究的范围来服务于实践。然而，以往的经济学在这方面的展开和深入剖析，是远远不够的。有些研究者的研究涉及产业经济学、区域经济学、制度经济学、转轨经济学等，取得了一些认识上的进步，但是整个经济学主流的认识、主导的思路，仍然以总量型的反周期为主，认为反周期调节就基本解决了问题。华盛顿共识所表达的是不要过多考虑结构问题，竞争性市场的要素流动自发地就解决了复杂的结构优化问题。这对我们有重要的启示，但是其局限性在于，把整个资源配置问题考察的前提，实际上设定为完全竞争，这一假设只具备理论上的简化分析意义，实际生活中却只能是非完全竞争，不仅中国如此，美国也如此。放眼全球，外商所处的竞争环境其实就是非完全竞争，因此，华盛顿共识在做出积极贡献的同时，在认识上存在的明显局限性，是我们必须注意到的。现实生活反复表明，研究者为了使理论能够发挥服务、引领实践的作用，必须迎难而上，把经济学的理论假设升级为非完全竞争的 2.0 版，这就是我们展开新供给经济学研究所追求的对于理论联系实际的可能贡献。

如此一来，如何优化结构所对应的机理分析，应该成为我们认识新旧动能转换的一个非常重要的切入点。我们按照经济学的规范，确立了最简化的理论模型，强调的是五大要素首先形成了组合关系。这个组合关系在各个要素都有贡献时，于经济发展的不同阶段和不同时期，各要素的作用力度和影响效应却有所不同，因此，各种要素的结合状态需要升级，这就涉及新旧动能转换。在中国，在经济起飞和以粗放发展为特征的高速发展阶段，劳动力、土地，还有资本所做的贡献，大家都感受得到。中国以低廉劳动力成本形成的比较优势，帮助我们成长为“世界工厂”。我们在资源开发方面引入市场机制后，土地的使用权必须招拍挂，有了竞争，利用物质利益原则可使大家尽可能地发挥潜力和活力——通过竞争拿到土地后，进一步的自然资源开发和土地的运用过程便是在竞争中释放活力的过程。资本也从原来本土的资本力量很薄弱，通过引入外资，带动国内的原始积累，现在已表现为无论是国有经济部门还是民营企业，总体来说都具备较雄厚的资本。但在进入中等收入阶段后，上述 3 个要素的支撑力都在滑坡，这合乎一般的规律。我国现在已经变成全国普遍出现“招工难”“用工贵”，告别了原来刘易斯拐点没有出现之前低廉劳动力取之不尽、几乎无限供给的阶段，进入的是劳动力成本不断走高约束发展的新阶段。我国的土地自然资源开发，在实际生活中的成本也越来越高。另外，虽然具备雄厚资本实力，但是要找到合适的投资对象，现在却成为难题。一边是“三农”、小微企业、科技创新活动迟迟不能得到应有的融资支持，融资难、融资贵；另一边是大量的资金找不到合适的投资项目，不敢冒风险做投资。两头对接不上反映出什么问题？因为投资的边际效应递减在普遍发生。这些制约怎么突破？我们必须打后两项要素的主意，就是科技这个第一生产力和制度创新，处理得好就是以全要素生产率形成新的动力源对冲下行因素，支撑中国继续超常规发展，实现中央提出的全面小康目标，并在此之后实现新的“两步走”目标——2035 年基本实现现代化和 2049 年左右建成现代化强国。这样的战略目标其实也就是当初“三步走”实现中华民族伟大复兴的战略目标。

把这些要素组合优化的问题解决好以后，最终落在解放生产力，以创新带动整个社会协调发展上面。我们应该认识到，在总体发展过程中，经济运行的内在逻辑是以效率最大化为目标，而保证效率必须使受保护的产权主体和投资主体在一系列竞争中，能落实于凭借用户体验最大化形成的市场占有率和回报水平。竞争中要素的流入、流出是不断发生的。我们研究以后认为，在体制方面，以及科技创新匹配的一些管理和技术手段方面，怎样让要素的流动尽量减少所面临的阻碍，形成生生不息的经济增长动力机制，这是特别值得我们抓住的实质问题。

把这些认识说清楚以后，要落到对“守正出奇”这一基本认识的考察上。改革开放打开了中国发展的新局面，使中国走过了站起来到富起来，到现在努力实现强起来的新时代。但是“行百里者半九十”，新的考验就在面前，新的“两步走”过程中有一系列所谓陷阱，这些陷阱都是比喻，比如“中等收入陷阱”。对这一概念学界有激烈争议，我的看法是不要太在意它的表述，“陷阱”只是个比喻，要特别看重的是它是一种世界范围的统计现象，表明中国必须正视这样一个特殊考验阶段：前面大半个世纪，到了中等收入阶段的经济体里，90%，即绝大多数经济体不能如愿继续发展，成为高收入经济体。中国怎样避免前车之鉴？我们现在谁敢拍胸脯说中国注定能成为那10%的极少数成功者的一员？我们现在已经感受到了矛盾凸显，贸易摩擦等外部压力又会和我们内部的“矛盾凸显”交织在一起考验我们，如何处理和应对十分重要。这一过程存在很多不确定性，现在我们已经意识到这可能是中国将要面临的百年未有之变局，处理好了，我们就成功实现可持续发展，处理不好，可能会引发难以意料的惊涛骇浪。与“中等收入陷阱”所体现的发展的可持续性挑战相伴相随的，还有守成大国和新兴大国之间可能存在被描述为“修昔底德陷阱”的博弈，我们现在已经感受到了其冲击力。还有以民粹主义为基础的“福利赶超陷阱”。许多拉美国家陷入“中等收入陷阱”，其中一个很重要原因就在这个问题上——简单地迎合民意，短期利益、局部利益压倒了长期利益和全局利益。一段时间内，政治家努力提升福利水平，得到民众的叫好，但高福利的后劲撤空后，福利从云端跌落尘埃，跟着跌下来的是整个国民经济发展的后劲。没了后劲还谈什么未来的发展，谈什么跨越“中等收入陷阱”？中国在这方面能不能处理好，也是我们面临的考验，绝不可掉以轻心。

还有“塔西佗陷阱”。如果公权在手的政府在政策、战略等方面屡屡出现失误，迟迟不能得到很好纠正，那么政府的公信力就会滑坡，一旦过了某个临界点，政府再说什么、做什么，哪怕是正确的，也不会产生特别的效应。这些问题虽然都以陷阱来比喻，但蕴含着不可忽视的挑战。我们认为，要应对这种挑战，对冲下行因素，化解矛盾凸显，一定要掌握“守正出奇”，把有效市场与有为、有限的政府两方面的作用，在创新中优化组合。要基于竞争，但不局限于完全竞争理论假设，处理好中国的发展问题。

所谓“守正”，就是认识、顺应和敬畏市场在资源配置中的决定性作用，这是应坚定不移的。党的十八届三中全会的一个重要理论突破就是确立了市场决定论。这种市场决定总体资源配置的认识，对我们未来在市场取向上推进现代化是有长期指导意义的。政府再怎么更好发挥作用，在整个资源配置中也是配角，是不会唱主角的。所以，“守正”是必须充分认识市场规律，尊重并敬畏市场的力量，摆正政府职能转换的位置，然后合理地更好发挥作用。但政府职能的合理化发挥不能简单照搬其他经济体的一般经验，我们还必须结合中国国情，寻求能够使政府更好发挥作用、支持创新型超常规发展的机制和政策的组合。这必然涉及一系列带有双轨制特征的特定机制安排。虽然有的学者说中国应该去除所有的双轨制，但在我看来，其实不能做这样简单的、理想化的考虑。比如关于产业政策的选择性设计，要求“守正”的同时一定要“出奇”，在市场竞争之上带有有别于市场竞争的政策倾斜的特点。又比如在金融发展中，商业性金融必须和政策性金融双轨并存，这需要有一个可持续的健康的解决方案。到现在为止，中央所说的特别值得我们看重的普惠金融、绿色金融、开发性金融、小微金融、草根金融，以及金融对于精准扶贫的支持等，都带有浓厚的政策性融资色彩。我们 20 世纪 80 年代中后期就意识到，不可避免地要有政策性融资，政策性金融和商业性金融需要“分道扬镳”，运行在各自的轨道，这就是双轨制。实际上是要处理好怎么和商业性金融并存而相互协调的系统问题。再比如在住房制度、不动产业界方面，已很清楚的是，市场轨旁边一定要有托底的保障轨。在中国可以预见的很长一段历史时期内，这种双轨制的运行是势在必行，而且是对怎样实现现代国家治理的一种考验。处理得不好，我们现在的住房市场的调节，房地产市场的发展，就会矛盾丛生。中央所说的长效机制必须要靠基础性制度来形成，而基础性制度就包括土地制度、双轨特征的投融资制度、住房制度，以及财政税收方面的相关制度。这个系统工程里，是无法忽视住房、金融，还有财政支持的政策色彩和双轨制的“兴利抑弊”的考验的。

当然，这种“守正出奇”寻求创新成功，通道是比较狭窄的。如果处理不好，双轨制很容易带来设租、寻租，以及其他不可收拾的情况。那时就会是乌烟瘴气，大家都在“找关系”“处关系”，整个社会将会脱离公平竞争的轨道，而使大家都希望通过设租、寻租来走捷径，这样的市场经济不可能是健康的市场经济。我们的出路，其实就是既然要面对一系列的双轨制，就一定要经受住考验，把设租、寻租的可能性压到最低水平，把一系列的制度建设对接到高标准、法治化营商环境和理性供给管理所能够处理好的“守正还要出奇制胜”这个系统化解决方案上。这种尽可能高水平的、实质性的全面配套改革，是构建创新发展环境、保障“守正出奇”成功率的最关键因素。

以上这些是我从原理上做的一些基本探讨。时间关系，不能结合更多的实例了。这个思路，请各位在座的朋友批评指正。谢谢大家！

供给侧结构性改革与供应链、价值链升级优化

时间：2019 年 3 月 14 日

地点：北京

会议：第三届中国供应链金融年会

党的十九大强调，在实现“强起来”的现代化新时代，构建现代化经济体系的主线是供给侧结构性改革。按供给侧结构性改革的内在逻辑，是要以改革带动整个供给体系质量和效率的提高。在这个认识框架下，我们可以从产业经济视角，结合各产业链条分工合作完成最终产品有效供给的供应链理论概念，以及与此相关的收益分配视角的价值链概念，做一些展开的分析认识。

生产经营活动，可以理解为一种旨在满足人们需要，从各种要素的最初投入而一直环环相接地推进到产品和服务送达其消费者的全过程。企业作为市场主体，在市场竞争中形成和体现其供给能力，并力求取得较高的投资回报。简明地表现这种要素的主体在供应链不同环节的价值回报水平的演变，有一个直角坐标系上的“微笑曲线”。从生产经营到产出并形成最终消费这个物质资源配置环环递进的演变过程中，最前端的主体如果有好的创意并有好的实施方案，在这个直角坐标系纵轴上表现的收益水平是很高的——这是在微笑曲线的左方。接下来，这种实施方案进入生产制造过程，随着后续环节的延伸，横轴体现出更多发挥作用的主体的收益降低过程。当这个降低阶段扩展到整个产业链、供应链和价值链的后端，

在右方到了品牌营销、售后服务，一茬又一茬的产品的推出，它又变成了在纵轴上端，是高收益的。

两头高中间低的微笑曲线已被人们讨论了不少年。实话实说，中国在成为“世界工厂”的过程中，大量主体努力后的结果是不得不落在中间这一段。我国珠三角的玩具生产占全球供应总量的80%~85%，但生产出来的玩具，其实际的价值如何分布的呢？比如芭比娃娃，主要生产在中国本土进行，但它的创意和掌握它的知识产权的主体，是微笑曲线左侧高收入的外国主体。曲线中段的我们制造出实实在在的产品，销往全球，取得了微笑曲线中段相当低的收益。当然，这期间形成了对国内生产总值的贡献，形成了相关税收收入的贡献，并促进了就业和制造区域的经济繁荣，这是不能否认的。制造环节之后，到全球分销环节，提供品牌营销、售后服务的主体收入又回到了微笑曲线右端的较高位置上。所以，在这样一个供应链、价值链的分工中，中间环节的主体实际上带有一定“卖苦力”的特点，虽然也在一定程度上分享了发展的成果，但从收益水平来说，是明显低于左右两边的高端收入的。这种情况也有其不可回避的必然性。因为人类各经济体发展过程中，虽然有共享发展成果的特征，但确实又有实力比拼上的高、中、低之别，也确实存在不可能齐头并进、大家按照一个收益率水平共享发展成果的客观制约。这也就造成人类社会各经济体总是在你追我赶，在合作中有竞争。经济学中的要素禀赋结构和比较优势，已经比较好地从理论框架上解释了一般竞争性领域这种要素流动的过程。改革开放之初，我们的比较优势就是低廉劳动力，就是我们较低的土地开发成本，就是我们在政府的推动下可以比较快速地在发展中完成一些前期的组织活动。地方政府引进外资，带来的是资金、技术和已经成熟的有创意的产品制造方案，我们做中间的这个阶段，别无选择。也就是说，一开始我们必须从微笑曲线中间进入全球供应链，进入以后，我们可以积累所需要的从经验到资金的各种发展要素，完成原始积累过程。而现在，我们要提高投入所带来的增加值，要争取从微笑曲线的中端向高端发展，这就是升级换代，也就是珠三角早就喊出来的“腾笼换鸟”式的发展。那些传统的制造业，我们不得不将其产能向外转移，这与当初国外产能向我国转移是一个道理。

中国现在面临的是进入中等收入阶段后，原来低廉劳动力的比较优势在消失。资金虽然雄厚起来，但土地的征地、拆迁、补偿成本越来越高，常规投资的边际收益递减普遍发生。怎么解决这些问题，是一个挑战性的新考验。在你追我赶的发展中，中国现在要抓住全要素生产率，也就是在劳动力、土地、资金等常规竞争性供给侧要素之外，聚焦于如何释放科技创新和制度创新的潜力——全要素生产率不是各个要素等量齐观，供给侧要素里中国要抓的龙头要素，是科技这个第一生产力。而要发挥科技的乘数放大作用，一定要依靠完成中国经济社会转轨的制度红利的取得。也就是说，制度创新是核心问题。中国在发展转轨过程中，必须依靠制度创新打开科技创新、管理创新的空间，某种意义上讲，这个转轨过程中“制度高于技术”，没有良好的制度环境，大量的一线人员、科研人员的聪明才智不能充分发挥。这些都是中国面对全球价值链时，在你追我赶的竞争中必须完成的挑战性任务，它是紧密联系于供给侧结构性改革的。

这个改革中，从实际的市场表现来看，我觉得我们首先还要有信心。在比拼改革成果和解放生产力的过程中，中国天然具有一个别的经济体望尘莫及的优势：我国是世界第一人口大国和世界上最大的发展中经济体，发展纵深非常可观。中国现在的工业化其实总体而言处于中期，沿海到了中、后期，中、西部很多地方是初、中期。伴随着工业化继续往前推进，我们有后发优势明显的高科技化，同时又有城镇化——我国目前真实城镇化水平综合起来只有百分之四十几（户籍人口城镇化率 41%，常住人口的城镇化率 57%），城镇化加速发展阶段只走了不到一半，后面至少还有 20 个点的高速增长空间，1 年提高 1 个点需要 20 年。一轮一轮的基础设施升级换代和建成区扩大，一轮一轮的产业发展和人力资本的培育，在释放中国市场于全球来看首屈一指的巨大需求潜力，而我们和平发展中与全球做生意，就形成和平发展中通过经济手段得到全球供给回应的机制，以这样的经济大循环弥合中国的二元经济，走完中国的现代化从追赶到赶超的过程。

我们的信心，具体落实到市场主体及实体经济升级换代，其实大家应该有一个基本判断，那就是机遇俯拾皆是。不仅高科技、战略性新兴产业有了好的创意开发空间，就说最基本的，有这么大的市场潜力和纵深的全球联动，满足国内人民的需要，我们就应该有信心。还拿前面所举芭比娃娃的例子来说。人群里老少男女里的“少”——儿童要有玩具，我们就可以反思一下，我们过去为什么只能是给别人代工，中国是不是可以在这么多年发展的基础上，形成我们自己的叫得响的儿童玩具品牌？芭比娃娃几十年长盛不衰，一茬一茬推出换代产品，中国是不是有可能在这方面也加入这个价值链的高端，即在微笑曲线左右高端？当然，这需要在实际生活中做应对挑战的努力并获成功。

老少男女，还可以举一个“女”的例子。改革开放这么多年了，中国百姓的生活水平明显提高，中国女性的需求是什么？很显然跟全球其他经济体一样，时尚用品、女性服装，还少不了化妆品。那我们问一下，在中国市场上销售的女性化妆品里，有什么叫得响的中国品牌吗？很遗憾，经过多年努力后，现在仍然没有。几十年里，我知道我们做出了一些努力，但还没成气候。但今非昔比，几十年改革开放后，到现在我们在微笑曲线里能不能把化妆品往左右高端发展，争取踏上这个台阶呢？我前几年在与商务部和工信部的同志座谈时建议，我国综合国力提升了，有没有可能通过财政资金形成较好的“激励-约束”机制，在全国本土化妆品生产厂家里挑选十来家，辅以资金支持——我们过去有财政贴息政策性信用担保，现在有产业引导基金——支持这些企业，让他们创品牌，三五年不行，八年、十年行不行？只要这里面有两三家脱颖而出，整个世界市场上女性化妆品竞争的格局就会改变。

这只是一个假设，现实生活中可能远比这个复杂，但至少可以看出面对全球合作分工的供应链、价值链时，我们不能甘心于已有的“世界工厂”的中部位置。这个微笑曲线上的分工，我们一定要努力地通过供给侧结构性改革，在左端和右端向上提升。前端的创新创意、方案设计，会有很多困难，但中国一定要在这方面向上走。有了前面的创意，后面还要积累经验，品牌营销、售后服务等方面，我们也乘势向微笑曲线的上方提升，这是一个必然要选择的方向。

接下来再谈一谈在供给侧结构性改革主线上，中国的现代化过程中，我认为应该有一个“守正出奇”的概念。别的经济体发展过程中怎么占领微笑曲线高端的经验，我们当然要关注。比如改革开放的改革说的是什么？就是要走市场化这条道路。市场经济不是概念上所称的资本主义所专有的，社会主义也要搞市场经济。我国确定要建立社会主义市场经济目标模式后，中国出现了更加有希望的把现代化之路越走越宽的态势，到党的十八届三中全会确立市场在资源配置中发挥决定性作用，要求政府更好发挥作用。我们所说的“守正出奇”，就是要在战略上认识到中国走市场经济之路，一方面，必须充分地尊重、认识、顺应市场的规律，敬畏市场的力量；另一方面，实际生活里又不是在一切领域、一切场合、一切的事项上，都由市场决定一切，在某些领域、某些事项、某些阶段、某些政策上必须发挥政府作用的场合，政府可能又是主导性的。也就是说，市场竞争中，政府要发挥辅助作用，在需要弥补市场缺陷、服务弱势群体、维护社会公平正义等方面，政府必须发挥应有的主导性作用。这样总体来说的“守正”，是有效市场，而紧接着的“出奇”，涉及的是有为和有限的政府。有的学者已经强调了政府有为，另外的学者强调光讲有为可能产生偏差，我觉得这个讨论很有价值。我的理解就是有效市场的决定性作用充分发挥的同时，“有为的政府”必须肩负起政府的制度供给和政策供给这方面的责任。制度供给必须推进“革自己的命”和改变制度安排“攻坚克难”的改革，虽然非常困难、步履维艰，但是“深水区”的改革我们是一定要通过配套冲破它的瓶颈期的。这个“有为的政府”在推动改革的制度供给时，政策供给也不可或缺，但又面临着非常棘手的现实问题，产业政策、技术经济政策绝不能抛在一边。有的学者说得非常痛快，认为产业政策的概念应该完全抛弃，实际生活中这不可能。全球所有的经济体，除了特别个别的、体量很小的经济体可能不提产业政策，稍微有一定规模的经济体，都不能不涉及产业政策和技术经济政策问题。

产业政策和技术经济政策的具体化和实施机制非常具有挑战性。方向上，我们早已说清应支持战略性新兴产业和文化创意产业。这些大方向没有问题，关键在于这些产业政策、技术经济政策以公共资金（财政为后盾）去支持，再加上政策性融资和商业银行金融系统的支持，政府发挥特定作用时有没有可能会走偏？现实情况证明，非常容易出现走偏的情况。这就需要处理好如何应对这一挑战，争取出奇而制胜。因为我们不能不发挥政府对特定战略性新兴产业等贯穿于发展过程的产业支持政策的作用，同时，在支持过程中政府一旦出现偏差，它的影响往往是具有极大负面效应的。为处理好这个问题，就必须要加上“有限”。这个“有限”，我认为强调的就是“理性的供给管理”。

在当前供给侧结构性改革推进过程中，改革尚需时日到位的情况下，有些同志产生了疑惑，认为管理部门似乎在管理过程中非常容易走老路。“守正”之后怎么“出奇”，实现理性的供给管理？在市场充分发挥作用的同时，必须有超越市场平均利润率生成过程的追赶和赶超中出奇制胜的努力——这里面有风险，但是我们必须应对风险，并力求“制胜”。比如政策性的产业引导基金，它是有别于商业性金融的。支持我们在供应链上升级的金融，是要把商业性金融和政策性金融健康、可持续地结合在一起来支持。前面说到的产业政策、技术经济政策，在实际生活中怎样防止走偏，就是不能简单地按原来那种惯性思维，由政府直接上阵操作。

我观察到，一些地方政府已经在积极地运用产业基金的新机制。这个产业基金以母基金方式设立，有财政的支持，吸引社会上各种资金力量，在财政投入基础上放大若干倍，形成整个资金规模，并带有一批子基金。这些子基金的决策团队不由政府直接操控，它们按照政府产业政策的方向，自己独立决定怎样支持一个个具体项目（比如我前面说到的挑选若干个我国本土的女性化妆品生产厂家，当然这只是一个比方）。他们要考虑怎么防范风险，同时地方政府还强调团队成员还必须跟投，把他们自己的利益和公共基金的利益捆绑在一起，母基金只是在背后助一把力。这就是我认为非常有价值的机制上进行探讨的例子。机制上的创新探讨可以最大限度地减少我们过去一讲产业政策就有可能在实施过程中出现偏差的可能——不敢说一点偏差不出，但是要最大努力减少这种偏差的可能，形成政策性资金的市场化运作、专业化管理、信贷式放大的可持续机制。

党的十九大明确提出全面建成小康社会之后，要在 2035 年左右基本实现社会主义现代化，意味着那时一定要跨越“中等收入陷阱”，再进一步推进到 2049、2050 年那个时点上，建成社会主义现代化的强国——这个守正出奇的发展过程是在供给侧结构性改革主线上，我们共同面对挑战而必须共同做出的努力。

这些看法汇报出来请各位批评指正。谢谢大家！

政府公共服务供给机制创新及公共资源竞争性交易平台建设

时间：2016 年 11 月 5 日

地点：北京

会议：2016 采购链生态发展论坛

听了各位关于交易平台、交易中心的讨论，我的看法是这样的：能不能首先在定义上明确这两个概念的具体内涵。我的建议是把交易平台定义为一个服务平台，把与之对应的体现政府职能的交易中心定义为一个管理机构。这样有利于澄清整个体系里的市场方和政府方对接的机制。我的理解是，如果这个交易平台指的就是服务平台，那么它需具备的条件中显然要有硬件，还有很重要的软件。至于这些硬件、软件的供给到底是政府直接提供还是通过购买提供，都可以。如果通过购买提供，那么政府还会考虑：市场上已经存在的交易平台，在技术上能否满足现在所需公共资源交易的硬件和软件技术要求？这个问题可以通过考察解决。比如了解到有若干家市场交易平台，只要通过招投标方式公正地确定哪一家能最令人满意地承担公共资源交易平台的服务供给责任，问题就解决了，政府就没有必要自己再另外投入资源达到硬件和软件兼备的要求。如果市场上没有合适的服务提供者，那么政府就需自己组建。这个选择的结果与大家所讨论的公共服务供给机制的创新确实有内在关系。如想解决公共服务创新过程中公共资源竞争性配置问题，作为载体的服务平台，可以对接创新设计一个特定机制。至于随后说到的管理机构，叫交易中心也好，叫管理处也好，叫管理局也好，无论怎样命名，它的功能与前面提到的平台是不一样的。在政府职能延伸方面，中国现在一般比较容易做的事情，是设定它是一个什么样的编制，比如叫事业单位，就要清楚说明这是一个政府职能延伸出来的事业单位，属于第一类事业单位，它的职能是监管服务平台的公正性、合规性，要给予一些必要的指导与帮助。

我是这样理解这两个概念的。

在任何一个地方，公共资源交易都是明显有别于非公共资源交易的。我注意到问卷里大家几乎都同意，并非所有类型的工程建设招投标都属于公共资源交易。那么，就一定要有一个界限，明确划分哪种是公共资源交易，哪种是非公共资源交易。我认为，公共资源交易时，平台上会形成一个网络，也就是说，一个政府辖区内没有必要搞两个以上的交易网。问题在于怎样给这个服务平台以特许权，在此框架下加强管理。这就不是简单地让竞争机制如何充分的问题，而是在尽可能有竞争机制的同时，一定还有一个适合的特许权管理。

当然，在各地具体条件制约之下，可能还会派生出其他可以讨论的需要特殊处理的情况。技术性的处理一般来说是容易讨论的，管理体制的讨论则相对较难一些。现阶段，一般来说，PPP 中心，也就是所说的交易中心，作为管理机构，很可能定位为一个事业单位，但一定是第一类事业单位，有别于更为对接市场化机制的第二类事业单位，这是我的一个基本看法。

借这个机会，我再简单汇报一下举办方联系的时候，我报的题目，谈一谈政府公共服务供给机制创新。分几个层次非常简要地勾画一下。

公共服务的供给机制，它的主体当然是政府，但政府在公共服务方面直接去做和牵头去做，差异是相当大的。政府提供的公共产品和服务，实际生活中大量的是准公共产品，真正纯而又纯的公共品是很少的。与体制、技术等等因素相关，纯公共品和准公共品的边界、范围其实是漂移的，在原先技术水平不到位的情况下认为是纯公共产品的某些东西，在技术水平合格后，有可能变成准公共产品。

比如过去认为车辆通行收费必须有收费站，即停车才能收费，那么在已经形成网格的市区内街道上，很难设想设很多收费站收过路费，但现在如果想收的话却很简单，如伦敦等地，以电子收费方式收费就可以，是不需要停车的。这样一来，纯公共品和准公共品的边界就发生了变化：原来认为市内无法封闭的道路就是纯公共品，可以封闭管理的设收费站的干道是准公共品，一旦有了电子收费，两者的边界就改变了。两者边界的改变，紧接着相关的创新点就来了。

另外，我们过去已经注意到，理论上一般人认为国防应该是纯公共品，但我认为不是。从另外一个角度来看，在人类历史上，雇佣军是层出不穷的，雇佣军是干什么的？就是与市场机制对接形成的军事能力。还有治安，过去认为当然是政府来管理的，“保一方平安”嘛，但我们在历史上就有镖局，现在又发展出很多民间保安公司。

还有一些特殊产业。中国历史上出现过盐、铁专营，按现在理解，钢铁冶炼是一般竞争领域，但在汉朝，冶铁可是咱们现在说的“战略性新兴产业”，是能主导整个社会发展潮流的、有特殊外溢性的产业。公共工程方面就更不用说了，这几年大力推进的 PPP，其范围是非常广的。还有多种形式的政府采购。文化方面我多年前就知道江西财政厅以政府采购方式来支持“文化下乡”，绩效就出来了——如果没有政府采购，那这笔钱大家争来争去，使用的效果并不好，而现在电影队也好，歌舞团也好，下乡多少次、演出多少场，都记录在案，有政府部门监督，同时，还按照原来的约定付费购买，这就是一个好的机制了。医疗方面，陕西省早就有村医政府采购，我听了觉得也很有道理。中国有很多村医，资质上没有得到政府的批准，但在百姓中有口碑，世世代代就在当地服务，那为什么不能利用村医的政府采购来进一步优化我们的医疗服务系统？但很遗憾的是后来听说这被“一刀切”地处理了。当然，这也是我们要进一步讨论的。

对于教育，过去外国学者有教育券的理论设想，没想到中国改革中就有了实验。江苏的农民工培训券是某种类型的职业教育券，而浙江早就有了教育券，涉及义务教育范围之内可以参加竞争的教育券。

在卫生防疫与合作医疗领域，政府引入保险机构，利用他们的优势实施合作医疗体系的服务供给。大量的实际生活案例里，我非常赞成较早时地方层面确立的不少公共资源配资交易服务平台，这也是我们讨论的重要概念。

这些概念背后的理论分析框架其实是简单的，应强调的是经济学已经形成的一个认识，即政府负责牵头的公共品、准公共品的供给，并不等同于政府生产，不等于政府一定要亲力亲为自己从头到尾完成产品和服务的生产过程。这种机制创新是一个非常重要的命题。现在我们越来越意识到，供给侧结构性改革首先就是追求以制度供给带动整个供给体系质量和效率的提高，其关键是要在中国经济转轨过程中于制度创新方面争取有借鉴国际经验的后发优势——中国的PPP很可能在若干年内会成为全球最前沿。国际的经验我们可以借鉴，中国自己的特色也要加上来，如此一来，我们就有可能使这件事情产生前所未有的可观绩效与正面作用。

理论分析框架之下，可总结出以下基本经验：

第一，从市场化改革逻辑出发，大家也可以观察到，凡是可能由政府采购机制覆盖的公共服务的供给，应该首先考虑政府采购。政府采购也可实行一个排序：凡是可以形成一定批量、采取阳光化的公开招投标的政府采购，就没有必要搞成那种简单的询价甚至是一对一谈判方式。当然也不可一概而论，有些特定情况下无法用标准的集中招投标采购解决的问题，要允许用其他方式来解决，如一些小额的、零星的采购，也可以继续采用现在的公务卡等方式覆盖。

第二，竞争性配置方面，凡是能够保证公共资源配置的绩效提高、符合公共利益最大化的机制，都应该充分利用起来。这个新公共管理或者现在也可称为新公共治理的国际流行概念，实际对接的就是党的十八届三中全会要求的“国家治理体系和治理能力现代化”，也就对接到现在人类文明最前沿的概念“包容性发展”，以及中国的发展和其他经济体的发展合在一起，是一个人类命运共同体的发展。这种包容性，实际上是要有一个在以后面对全球的采购市场时，包括所有经济体的政府采购、公共资源配置，以互联网、移动互联网为支撑，实施共享经济的包容性增长，以及以智能化大数据支持，在最便捷的交易平台上加以实现，等等。这也是融合在一起实现的、人类前所未有的一种共融、共赢的发展。

当然，这里面还会有很多挑战、困惑，但大方向上我认为是很清楚的。这就要说到“前沿”了。我认为，公共资源配置的前沿就是竞争性配置中广义的政府购买，包括工程采购、设备采购、服务采购等，PPP 显然对应的就是工程采购。将所有的国际经验与我们自己探索的经验结合起来，再对接金融市场的发展，中国是有可能后来居上的，有可能在不太长的时间内越来越多地体现出在这个领域的创新力，使我们越来越接近前沿位置，并做得有声有色。

比如，我已经听到 PPP 发展过程中有些主体，包括地方政府和一些市场人士，已经意识到一定会引出一个类固定收益产品交易市场的发展，这种交易就需要有我们所说的交易平台。上海前些时候已经在讨论，计划在一个区里划出 10 多万平方米的地方，在全国首先建立一个这样的交易中心。以后这个交易中心未必仅限于中国市场的交易，它很可能还会服务于“一带一路”，服务于全球的 PPP 和类固定收益产品的市场交易。大量的风险资产、中长期资金，可以在这里通过交易实现掉期交易、资产证券化，适应各种各样金融产品的多样化需求，实际上就是寻求共赢。有些企业家和市场人士，到了一定阶段，其实已不是简单地为了赚钱，他们特别愿意在这方面进行创新，这能满足他们的成就感。这些事情以后在中国会看得越来越清楚，这应算是前沿吧。

最后，如果从前沿再说到前瞻，做个展望的话，我觉得还是要强调方向感与创新意识。虽然社会上对于 PPP 这样的创新还有很多困惑，甚至还不时传来一些“风凉话”，但是总体而言这个创新发展的过程还是方兴未艾。我观察，对 PPP 我们要在理论上探讨合理性和合法性的辩证统一的结合，这确实是个渐进的过程。很多事情我们意识到合理了，但是法律跟不上。怎么推进法制建设，怎么在创新中发展，在发展中规范，要先给出创新发展的弹性空间，到了一定时候，又必须加以约束，通过规范真正推进发展。这里面的权衡也不是件容易的事，但是毕竟是个互动过程。中央毕竟说了，一方面要有顶层规划，要全面依法治国；另外一方面还要继续鼓励地方、基层“摸着石头过河”，先行先试。有些空间一旦打开，会迅速形成天时、地利、人和的优势。比如，公共工程、基础设施建设，以及连片开发建设，这种资源配置层面的政府采购机制对接资源的竞争性配置，在其他很多事情大家不敢做或者做起来特别困难的情况下，PPP 却是一旦到了一定火候，天时、地利、人和因素就凑在一起了。对于 PPP，项目的可行性调研只是铺垫，所有调研结果放在一起，在政府和市场主体、专业机构都知情的情况下，做项目的识别、筛选、过滤，然后聚焦在大家认为可行性较高的一批项目上，再通过 PPP 全流程的物有所值评价、财政承受能力论证，在必要的专业力量支持下，进一步讨论合同。合同里要包含最详尽的风险分担方案。最后，政府、企业作为伙伴都同意的情况下自愿签字，合作才能生效，才能真正实施。这些程序是阳光化的，谁也不用担心会遗留什么问题。“网下无交易，网上全公开”，就是这个道理。

从前瞻的角度来看，我觉得这是一个大家要有信心、要在这方面继续“守正出奇”，推进中国特色市场经济发展的重大创新点。“守正”首先要尊重资源配置中总体而言起着决定性作用的市场机制。要让市场充分起作用，顺应甚至敬畏市场，但是不要以为借鉴所有市场经济的经验中国就可以实现现代化。中国还必须完成从追赶到赶超这一过程，这种超常规发展中，必须得到“出奇制胜”的特定支撑，否则永远是被人牵着走。要想在创新中“守正”并出奇制胜，就要面对风险，因为任何创新都有失败的风险，但中国唯一的出路就是在创新中总体上要成功，否则就可能无法跨越“中等收入陷阱”，也没有办法从追赶到赶超并后来居上，完成“三步走”，实现中华民族伟大复兴。

前瞻的时候当然要意识到这里面的艰巨性。有些事情在概念上需要进一步阐明和澄清。比如有的同志说，PPP 是典型的公共资源竞争性配置。这个认识是有偏差的。这种观点认为前些年大家好不容易接受政府要和市场主体划清边界，既不越位也不缺位，怎么现在又变成政府和市场以伙伴关系一起做事？原来的逻辑是“井水不犯河水”，政府不能既当裁判员又当运动员，现在不行了，必须在一起做伙伴，一起做事。在 PPP 里，政府有裁判员的身份，又有运动员的身份，这如何解释？

我的解释是，要认识到这是在创新中借鉴国际经验以后很清晰的“螺旋式上升”。原来认识到政府不能越位、缺位，那时首先理解为与市场主体要“井水不犯河水”划清边界，带来了思想上的解放和改革的很多成果，但到了一定阶段，认识又“螺旋式”上升到在公共工程、基础设施，乃至连片开发领域，政府和市场可以一起以伙伴关系来做事——我强调 PPP 是平等民事主体的伙伴关系，签合同时没有谁高谁低。那么，没签合同之前，政府的裁判员身份当然不容否定，政府要牵头做整个行政辖区的国土开发规划，要给出与 PPP 相关的所有公共政策信息，这时的支撑条件就是它公权在手，是有裁判员的这个身份和色彩的。但是，一个特定的政府（一般是地方政府）和它的伙伴即非政府的市场主体签署 PPP 合同时，它就是运动员了。这时，政府原来的裁判员的身份跑哪里去了呢？到“法”那里去了。这个“法”要约束着所有的伙伴，使他们一起守约、履约——政府与企业一样，在这个过程中如果违约、毁约，通过法律程序可以问责。这就是在新的“螺旋式上升”以后，看起来政府裁判员、运动员这两个身份兼有，但在某一个具体环节上它到底是什么样的身份，是完全可以说清楚的。而且说清楚以后，与市场经济的基本原则并不违背，是在市场经济中对接了创新中公共资源配置机制的升级版。

这些不成熟的看法，汇报出来，请大家批评指正。谢谢！

抓住供给侧结构性改革着力点，促进区域发展

时间：2018 年

地点：北京

会议：北京人民政府专家顾问团笔谈会

在首都北京，为使政府职能更好发挥，于促进辖区高质量发展的视角上，近年需要聚焦从中央决策层战略性指导到北京本地发展战略优化的重要结合点——在以供给侧结构性改革构建现代化经济体系这条主线上，把握好若干着力点。

基于新供给经济学的研究心得，我在此尝试提出立足北京市并具体到西城区的实际，应讨论和把握的将供给侧结构性改革在辖区“定制化”的主要着力点。

第一，规划的供给。首都政府辖区内国土开发、经济建设、社会发展的通盘规划，需面对“新时代”和京津冀协同发展的区域战略要求，做出新的一轮动态优化。应按照“规划先行、多规合一”的原则，把各局、委、办的各类规划（城乡建设、产业布局、公交体系、文教科卫、商业网点、各类住宅、公用设施、环境保护……）有机整合协调配套——这是无法通过基层单位和微观主体以“试错法”形成合理结构的，必须政府牵头，调动专业团队的智力支持，形成高水平可选方案而做出决策，并经受时间和历史的考验。

第二，制度创新的供给。在改革进入“深水区”后，更需强调顶层规划与“摸石头过河”的结合，在本地的经济社会发展中，锐

意深化改革，攻坚克难。在中央已有部署的商事制度改革、企业混合所有制改革、大部制改革等方面，西城区可否乘势做出率先深化的努力？并由此以制度创新为龙头，带动辖区的生产力解放，形成发展潜力的充分发掘与释放。

第三，政策的供给。地方层面对于央行按垂直系统调控的货币政策，没有做出选择与影响的必要与可能。但是，分级财政体制的必然性，则带来了地方财政政策做出独特设计的可塑性与现实必要性。比如西城区的一些公共工程建设，亟应更积极地拓展财政资金作用空间，依地方特定政策设计而构建“政策性资金，市场化运行，专业化管理，杠杆式放大”的“乘数效应”机制，以 PPP 等机制创新，促进地方经济超常规地发展。

第四，投融资的供给。在发展商业性金融的同时，政策性金融的健康发展也势在必行，所谓绿色金融、小微金融、普惠金融，都是政策色彩十分浓厚的金融，需要探寻其可持续健康发展的机制。

第五，人才的供给。地方政府层面你追我赶的发展竞争中，吸引人才，培养高端带头人才，是十分重要的方面。近来各地的“抢人大战”，正是这一领域各地都唯恐落后的新的阶段特征。西城区乃至整个北京市，在这方面一是要注意以适当措施参与这一竞争；二是要注重“人才不求所有，但求所用”的道理，充分运用多种方式取得国内外各领域高端人才的智力支持。

第六，科技的供给。高度注重在某些科技创新重点，着力促进关键性的突破，同时还应注重对某些“适用技术”的运用，积极发挥“科技第一生产力”的放大效应。

第七，物流的供给。在高科技、“互联网+”、万物互联、商业模式发展日新月异的信息时代，物流模式的创新将极大地影响物流供给效率和经济社会发展的综合绩效。首都率先发力在此潮流中争取“占领制高点”，应当仁不让。

第八，环境的供给。“绿水青山就是金山银山”，充分表明了环境的重要性及其代表的价值分量。但“绿水青山”真正成为“金山银山”，是需要可行的贯彻机制的。北京市要把“目标导向”与“问题导向”相结合，打造高标准的宜居环境，实现“两山建设”的综合绩效。

第九，观念与文化的供给。改革开放的推进，十分需要进一步的思想解放、观念更新转变与创新文化的培育。对于促进区域发展，这方面的有效供给意义重大。应力求在“新时代”的高质量发展追求中，锐意争取“得改革开放风气之先”的地位，以思想再解放，求创新，更抓实，创造出生机勃勃的新局面。

深入推进东北供给侧结构性改革的“四大关键”和“七大抓手”

时间：2018年7月20日

地点：沈阳

会议：第三期东北振兴大讲堂

习近平总书记在中央财经领导小组第十一次会议上指出，要“在适度扩大总需求的同时，着力加强供给侧结构性改革，着力提高供给体系质量和效率，增强经济持续增长动力，推动我国社会生产力水平实现整体跃升。”这体现了最高决策层在经济工作思路和宏观调控指导思想方面的新思维，合乎逻辑地指向党的十八届五中全会关于“释放新需求，创造新供给”的重要精神和中央经济工作会议关于“中国特色社会主义的政治经济学”对于科学决策的支撑。

以往主流经济学理论与调控实践经验总结中，存在强调需求管理而忽视供给管理的问题。生产力和在根本上其由所决定的生产关系的发展演变，实际上都发生在供给侧，需求侧本身“永新而无新”，成功的供给侧创新所形成的有效供给，才可以引领和创造需求，划分出人类经济与社会发展的不同阶段和不同时代。

改革开放以来，我国经济发展取得巨大成就主要是依靠供给侧结构性改革，正是一次次的制度供给改革，才有其他要素供给侧的变化，进而推动全要素生产率的提高，形成中国经济腾飞的强大引擎。当前，中国经济社会发展的现代化进程已经到达一个非比寻常的关键时期和历史性的考验关口，国民经济仍面临严重的“供给约束”与“供给抑制”，呼唤着实质性的供给侧结构性改革创新举措，仅以短中期调控为眼界的需求管理已不能适应客观需要，改革的“综合疲劳症”已带来实质性推进的步履维艰。

针对当前和今后一个时期面临的突出问题和矛盾，应当抓住供给侧结构问题这一“矛盾的主要方面”，把“供给管理”摆在长期视野中更多地强调和优化，应当及时、全面引入以“固本培元”为主旨、以制度供给为核心、以改革为统领的新供给管理方略，以优化供给侧环境与机制为重点，着重从劳动力、土地与自然资源、资本、科技创新、管理制度等供给侧五大要素入手，聚焦科技创新和制度创新，提升全要素生产率，优化结构为侧重、改革为统领的新供给管理方略，是把有效市场与有为、有限政府“守正出奇”地结合，将让中国经济焕发新的活力。

东北地区供给侧结构性改革具体来讲有“四大关键”和“七大抓手”。

“四大关键”是：

第一，在观念转变上，东北全面振兴需要进一步的解放思想，焕发改革勇气和重塑改革精神。

第二，在制度供给上，要勇于在改革深水区攻坚克难，敢于“冲破利益固化的藩篱”，加快行政体制和国有企业等重点领域的深化改革。

第三，在发展战略上，“比较优势战略”只能解决低中端的问题，决定性的中高端问题必须依靠“赶超战略”。东北结构调整的“吉林方案”背靠的是“新结构经济学”，和我们现在研究的“新供给经济学”有明显的共通之处。两者都强调供给侧，都注意结构问题，但是在战略思维框架方面，新结构经济学强调的是基于要素禀赋而掌握好比较优势战略，就可以解决中国现代化的发展问题，而我们认为这还不够。比较优势战略有其适应性，但它一定会碰到天花板。碰到天花板时，对先发经济体，你再希望得到他们手里比较优质的供给品时，你出多高的价格也买不来了。

第四，创新文化上，要着力打造服务型、开放的政府，加强对产、学、研的创新者和知识分子的人文关怀，要形成“求才若渴，奉若上宾”的文化氛围，着重对各类人才的激励与爱护，同时要对创新失误的理解与包容。

东北地区有自己独特的区位优势，包括科教、人才、交通及国家战略定位等。就供给侧结构性改革来说，可以从以下“七大抓手”为切入点来把握。

一是制度供给。除了贯彻执行中央的制度，东北地区还有制度供给主动而为的空间。比如在中央提倡的大部制改革、财税体制改革等方面，东北地区能否主动作为，加快进度，在切实降低行政成本方面，下大功夫。

二是规划供给。经济社会发展规划、产业布局规划、国土开发规划、城乡建设规划、环境保护规划、公交体系规划等，能不能更好地有机贯穿在一起，动态优化，更好地按照理性供给管理打通？

三是科技供给。20 世纪 80 年代，各地方政府纷纷引入国外产品和技术，在引进外资利用后发优势提供产品的同时，也训练了我们的人力资本，体会了市场经济这方面的常识，增加了管理团队的经验，带来的综合效益。当前，在强化自主创新发展高新技术的同时，也要加大对国外先进技术的引进力度，适应世界科技发展的最新趋势。

四是人才的供给。人才供给是供给侧的一个非常重要的切入点，不求为我所有，但求为我所用，这是关键。人才供给不是体现在留住人才，而是激发人才贡献智力，这最能体现当地人才战略的水平。

五是物流供给。要立足于全国市场和全球市场，再根据自己的发展战略，设计一些物流的模式等等这种物联网概念，掌握它的创新点。

六是环境的供给。习近平总书记强调，“绿水青山就是金山银山”。但是要把“绿水青山”转化成“金山银山”，需要系统的设计，形成完备的、定制化的解决方案。环境好了，通过发展旅游产业也会间接地吸引越来越多人力资本，正是有了这些规划和设计，金山银山就有可能从绿水青山衍生实现。

第七，观念和文化。观念和文化是要引起注意的，需要方方面面共同努力来实现转型。比如在宣传手段上，以更喜闻乐见的方式，在东北地区宣传“共赢文化”“商业文化”“契约精神”等，通过观念和文化的转变，显著降低经济交往中的交易费用，才会有更多的人才愿意投身创业创新。

以制度供给创新推动S市工业园区发展

时间：2016年1月30日

地点：江苏

会议：S工业园区开放综合试验专家咨询联席会议开幕式暨第一次咨询会议

我要谈一下在发展新阶段上，怎样认清宏观指导思路方面的新思维，再结合S市工业园区新起点，讨论进一步开创新局面。

一、认清工业园区的宏观指导思路

S市工业园区是中国和新加坡合作的旗舰项目，已有20多年的发展历史。回顾当然是弹指一挥间，但是过程中有很多可圈可点的创新和非常值得总结的经验。按照此处的理解，可以这样说，S市工业园区的发展建设，是中国在市场经济轨道上实现超常规发展的一个非常典型的区域案例，而它的意义又必然是全局性的。

现在中央强调要认识、适应并引领新常态，要站在新的历史起点上，继续大踏步地跟上时代，这一要求的内涵非常丰富。在党的十八大提出"五位一体"总体布局之后，党的十八届三中全会给出全面改革的顶层规划，四中全会把经济改革为重点切入的创新驱动过程对接到"全面法治化"，五中全会又给出了系统化、条理化表述的现代发展理念，就是以创新发展带动协调发展、绿色发展、开放发展，落实于共享发展。创新发展，中央表述这是第一动力，它和协调、绿色、开放结合，要落在人民群众对美好生活的向往变为大地上的现实，就是我们的奋斗目标、党的执政宗旨，是使人民群众得实惠，而且这个实惠可持续，形成一个共享发展、共同富裕的推进过程。现代发展理念有了这样条理化的表述之后，面对实际问题，我们需要克服中央特别强调的矛盾累积、隐患叠加。虽然已有这么多的成就、进步，但还要继续大力推进中国现代化进程，现在是到了改革的“深水区”、攻坚克难的阶段，以及面对历史性考验，要处理好如何实现全面小康而且要跨越“中等收入陷阱”的问题。在这样一个阶段上，国家战略层面上的各种举措里，明确地把S市园区放到了“开放创新综合试验区”的位置上。

得到中央层面这样一个正式的批复文件，按照通常理解就是这个区域的发展规划上升为国家战略。国家战略必定要从全局和长远来考虑问题。在全局方面，我们要总结过去的经验，面对新的挑战，在今后的发展过程中，乘势进一步调动潜力，为本地、本省，乃至整个中国现代化做出更大的贡献。中央也寄予厚望，希望S市工业园区能够产生进一步的示范影响。

这些年我们一些有共识的研究者，确实比较注重按照我们所说的新供给经济学的框架，反思国际金融危机冲击带来的一系列必须做的经济学理论创新，并在经济学理论创新基础之上密切联系实际，特别是中国的现实重大问题，希望能够给科学决策和政策优化提供一些建设性的意见。现在我们非常欣慰地看到，在全局指导方面，配合“四个全面”战略布局，有了一个非常清晰的表述，就是要着力推进供给侧结构性改革，着力提升整个供给体系的质量和效率。现在各个方面都在按照这个表述进一步探索、领会。这个表述的背后，我们认为确实有事关全局的新思维。

“供给侧”这个概念，其实过去在经济学表述里并不陌生，只是社会上一般不把它作为一个经济学的术语看待和传播，所以有很多同志说这个词听起来挺陌生，甚至不少人对这 3 个字的顺序都弄不准，往往说成“侧供给”。

所谓供给，是跟需求相反相成的一对不可分离的概念。政府要发挥作用，在宏观角度需要解决的问题是怎样调控总需求和总供给的动态平衡。但是经验比较丰富、比较成熟的，主要是在反周期的总量型需求管理方面。这在经济学理论上的依据很清晰，就是 20 世纪“凯恩斯革命”以后确立的国家干预，也在“罗斯福新政”之后形成了实践经验的积累。这种干预是有必要的，干预的基本套路就是反周期操作。

中国在确立市场经济目标模式之后，不得不认真地考虑运用需求管理经验去应对亚洲金融危机和国际金融危机，这方面我们也积累了成功的经验。国际金融危机给我们特别大的启示就是，应对危机最关键的手段绝不限于需求管理。遗憾的是，在西方主流的经济学文献里，有影响力的经济学家对国际金融危机的应对还没做出什么像样的总结。我们新供给经济学群体的研究，就是希望在这方面把理论密切联系实际，直面现实，敢于有所作为和创新。

顺此逻辑，我们认为，经济学原来的基础理论框架存在认识不对称的明显偏颇，未能展开供给侧的分析认识。与此相关还有一个重要认识：实际生活里，真实情景不是完全竞争，而必然是非完全竞争。哪怕是美国等发达经济体也不可能是完全竞争，也必须动用供给管理的手段。而中国作为一个经济社会转轨的国家，市场发育不足，结构问题又较突出，真正在理论联系实际方面能够体现指导实践的理论高度和应有的逻辑力量的，应该是供给管理。所以我们致力于在这方面形成条理化的认识，而且建设性地去对接我们的政策设计问题和实际工作中的改革和发展问题。

我们认为，中央的决策在经济学基础理论对应政策优化方面已处于世界前沿。西方世界没有明确说到位的供给侧的概念，我们现在从决策层面有了明确表述和指导，而根据这样一个指导，切入点着眼于供给侧特征非常鲜明的结构上，并且在做出优化结构的努力后，带来整个供给体系功能、质量和效率的提升。

我们特别看重的是改革所代表的制度供给，将进一步打造整个供给体系的升级版，把各种要素的供给和制度供给结合在一起，使生产力和生产关系合成的发展方式加快转变，最大限度地释放我们的潜力，解放生产力，实现经济社会发展中动力的升级转型，就是这样一个思路。那么它必然是一个系统工程，不是像有人所说的，中国只是简单地模仿和学习里根经济学的供给学派。供给学派比较简明地强调了减税等操作，对于我们当然有启示。但是中国现在所谈的供给侧，要宏大得多，是我们对于整个中国完成现代化转轨要处理的系统工程，而且是一个长期问题。

二、 以供给侧结构性改革创新推动 S 市工业园区的升级发展

在以上理解之下，结合 S 市工业园区以后在发展过程中继续创新的诉求，要进一步给自己的发展产生打造升级版新的活力，形成源源不断的动力源泉，以及给发展全局提供进一步的示范，有必要紧紧抓住供给侧结构性改革这个概念做进一步讨论。我们要重吹“集结号”，转型“再出发”，粗线条地结合 S 市工业园区的升级发展，可形成几个和供给有关的特定角度上的看法。

第一个角度，既然把中国要推行的供给侧结构性改革理解为一个问题导向下解放生产力的系统工程，那么它在供给侧的复杂性就是不可回避的。需求管理主要掌握的就是总量，从每个年度的判断上，看经济发展处于周期的什么阶段，再确定反周期操作是什么方

向，然后在“流动性”这个总量概念上来操作，是实行紧缩还是扩张，掌握对了方向和力度，宏观调控的任务就基本完成了。过去认为供给侧是靠市场优胜劣汰、要素流动过程中自发解决结构优化。而回到我前面所说的经济学理论突破，认为真实的市场情况不是完全竞争，也就不能完全依赖市场自发解决结构问题——在充分尊重市场作用的背后，政府有所作为的必要的结构性方略与政策就不可回避。这个结构性方略，首先要看到，对于中国，最有意义的是改革这一实现现代化的“关键一招”，以及改革将带来的最大红利。我们要寻求的最大红利之所在，就是解决好制度供给问题。所以，在新阶段，S 市工业园区创新发展、转型再出发，首先要特别重视制度供给的创新——我们要继续坚定地站在改革的前沿，站在开放的前沿。

而且按我的理解，园区一开始就有中新合作，实际上形成了以开放倒逼改革的一个力量。其实中国的整个发展就是一个“开放倒逼改革”的过程，这无可否定。闭关锁国死路一条，必须开放，开放能进来“新鲜空气”，但同时也会进来一些“苍蝇蚊子”，那是对我们的考验，不能因为可能进来“苍蝇蚊子”，就不呼吸新鲜空气了。而在实际开放过程中，我们的渐进式改革得到了开放所带来的倒逼力量，新千年之交“入世”后，更是义无反顾锁定全面开放，我们整个体制内要“清理文件柜”，凡是跟市场经济通行规则不能对接的，没得可说，必须改变自己的规则。到现在，自贸区更是这样一个概念，要瞄准世界最高水平的法治化营商环境，中国必须自己改自己的规则。

这方面，在 S 市工业园区，我觉得有相对优势。我们在开放过程中，从园区的政府到市场、企业家、社会成员，大家都有这方面的经验和比较容易凝聚的共识。那么在进一步开放过程中，当然就伴随着自己整个体系在改革“深水区”的攻坚。攻坚任务在全局来看是非常艰巨的，我估计在S市工业园区这样的区域的发展过程中也会有不少难题。但是认识大框架上，领导层非常清晰，按我的理解，我更愿意把对于整个制度供给的框架认识说成是：首先是有效市场——这是党的十八届三中全会定了基调的，即在整个资源配置中市场要发挥决定性作用，那么政府“更好发挥”的作用，从全局来讲是辅助性的，所以首先要充分地认识、尊重市场规律，要敬畏市场。但是又不能简单照搬其他市场经济的经验和我们过去已有的经验，还必须在“守正”后面跟着“出奇”，所以守正出奇的思路很关键。无论本地还是本省，抑或全国，都是要从追赶到赶超，是一种超常规发展。所以政府在现代化战略的实施过程中，必须在“有效市场”后面加上一个“有为政府”，同时这个政府又应是有限的，所以我愿意把它说成“有效市场+有为和有限政府”。这里面对应着要做的事情，那就是政府要真的敢让自己的架构伤筋动骨，甚至脱胎换骨。

S市园区的改革思路里有一个清晰的大部制概念。这是非常正确的，因为现在搞了这么多年改革，一再强调简政放权，中央层面的审批项目已缩减到几百个。在地方的试验里，我们知道过去有广东明确宣布要进一步解放思想，在顺德推行大部制，但后来听说在推进过程中非常困难，更没有清晰听到其他地方跟进的消息。如果在S市工业园区，在中央改革开放转型创新综合试验区的概念之下，我们更积极地按照大部制去推进，完全符合中国的改革逻辑和客观要求。这方面当然会有可想而知的困难，但协调起来，地方总是要抓住习近平总书记说的还要进一步鼓励地方先行先试。在这方面我认为非常正确：S 市园区在制度供给创新方面要站在前沿，要有自己的重点和亮点，要借着开放倒逼改革，在这方面有所作为。

往国外看一看——中央现在也重视跨越“中等收入陷阱”问题，咱们可直接借鉴经验的是日本、韩国等经济体。20 世纪 90 年代我去韩国时就注意到，虽然那时韩国已显现出经济起飞的势头，但社会矛盾也日益突出。但同时韩国政府在制度建设方面的掌握，有些已经远远走在中国前面。20 世纪 90 年代前期，韩国的规划院（相当于中国的发改委）和财政部，早就并为一个大部了。

还可以说说法国。人们说法国是发达经济体里比较强调中央集权的国家，但它再集权，在大部制方面也是一点不含糊的，早早把产业部、规划院、财政部合成一个部，称为经济、规划与财政部。

看来看去，作为研究者我认为，中国在推进供给侧结构性改革过程中，要抓住时间机遇，比如说党的十九大越来越近了，党的十九大必须做出的新一轮改革部署里，能不能在这方面体现出一定的魄力和更有力度的安排。如果 S 工业园区能够抓住这方面先行先试，对全局肯定是一个贡献。这是举一个例子。

第二个角度，在制度供给创新外，我认为还要伴随政府必须正视的、在世界范围内没有说清楚而我认为中国要说清楚的——规划的供给。因为现代经济体发展到可作经验总结的当下，其实看得很清楚，与整个国土开发相关的各种规划，牵头者必定只能是政府，不可能依靠基层单位、企业集团的试错来形成辖区内合理的国土开发规划。不动产一旦建成，如果走错了路，再改就太难了。当然，这就要求政府规划要能经受住历史考验，这个历史考验有时是非常痛苦的。

现在我们新一轮的、其他各个地方辖区也都要处理的规划方面的供给，我把它表述为“规划先行，多规合一”。S 市工业园区这方面有天然的优越性，因为有中新合作，新加坡的规划经验对我们来说有很好的借鉴意义。过去在 S 市工业园区听到一些同志说，非常佩服新加坡方面派过来的盯规划的官员，多年如一日，以专业精神盯着这个规划，让它尽可能地优化。我觉得这是政府牵头要做的事。

政府牵头，当然要充分调动各种高水平专家，要听取民间的意见，也要跟社会方方面面互动，要动态优化这个规划。现在有了新的开放创新综合实验区的概念，我们需要在原有基础上再研究一下，还有什么动态优化规划的作为空间，其中需要抓住什么要点，我觉得这是十分必要的。

所谓多规合一，在本地过去可能已经做了，就是各个部门分头管的规划，如产业布局规划、经济社会发展规划、国土开发规划、城乡建设规划、环境保护规划、公共交通体系规划，等等，虽然每个部门都尽责编制，但相互之间协调往往不到位，今后“九龙治水”的局面要改成多规合一的局面，这才是真正的高水平。

在这方面，如果我们的区域建设进一步总结经验，对全国来说也会有非常好的示范效应和意义。这里面的一些道理，很多地方层面的领导同志都有体会。我在这些年的调研过程中，听到很多地方政府的领导说一定要抓住规划先行。中央现在抓的其实也是规划先行，例如“四个全面”，其实就是顶层规划。京津冀一体化、长江经济带、“一带一路”倡议，全都是规划先行，都需要多规合一，而接下来的实施就要考验水平的高和低了。

第三个角度是政策供给的创新。我们现在在自贸区方面要积极跟进，这是非常正确的，也是有可能得到这样机遇的。自贸区的理念，据我的了解，它的政策框架实际上是首先要清晰确立法治化背景之下的行为规则。对于作为创新、创业主体的企业，他们所处的环境实际上就是“海阔凭鱼跃，天高任鸟飞”。反过来，政府要在公权上约束自己，做到有权必有责。

实话实说，以前也听到过有些人对中国是否能做到这样心存质疑。但现在，必须承认，自贸区已经把这个概念确立起来了，我们的方向只能是这个方向，是向这个方向走。

为打造好的供给环境，工业园区的法治化营商环境建设一定要瞄准最高标准。

第四个角度是注重高新科技供给。这方面一线的同志更有发言权，但是我们作为研究者也十分关心、关注。已经看到我们这方面指标很好，要进一步在这方面形成我们的相对优势。科技是第一生产力。第一生产力是什么意思？我的理解，生产力大家都承认有劳动力、劳动对象、劳动工具三大要素，而科技不是做加法，它是给这三大要素加一个乘数，所以它是“第一”。

我们要进一步追求超常规发展，高科技供给当然要对应到现在全球化竞争之下的“互联网+”，对应到这些年反复强调的贯彻国家中长期科技发展规划，对接到大家还在努力的政产学研互动的科技成果产业化。我自己听到的信息，像 S 市这边，江苏等地，还有长三角、珠三角，这方面都已经有很多经验积累，应该乘势在高科技供给方面继续形成比较优势，这个乘数是非抓住不可的。

中央现在说的全要素生产率——这是学术用语，西方的概念里主要讲的就是科技。当然我们要把科技，再加上中国转轨里面的制度这两大要素的文章做足，在劳动力、土地、资本这 3 个传统要素支撑力下降时形成对冲，给出更多可以长期支撑发展的新动力来源。主打全要素生产率，首先就要盯在科技及科技创新必须要有的更好的制度环境，这个潜力确实是非常大的。

第五个角度是投融资供给。在发展过程中，我们在这方面已经有了金融创新（我也知道地方财政部门有比较明确的认识），还必须有政策的支持，比如财政贴息、政策性信用担保，以及这几年越来越清晰地看到的财政对产业基金的支持。

现在，在地方层面，新的产业基金已在不断涌现。对地方隐性负债做了阳光化的新预算法约束后，以相对规范的产业基金去填补阳光化的地方举债仍不能覆盖的大量融资需要。当然现在也有同志担忧，说地方基金会不会又走过了头。但是我觉得“小孩子与洗澡水”不能一起“泼掉”。产业基金有国际经验，它的规范性比过去地方融资平台高得多，也是要跟商业性金融对接，哪怕一直推到前沿的天使投资、创业投资、风投，也可以对接政府引导基金这样一个值得去积极探索的投融资形式。这方面S市显然也有必要结合自己的发展战略，考虑产业基金等机制上的创新。有关部门现在可以说是不遗余力在推进PPP，值得关注。虽然现在长三角、珠三角，包括S市，资金是相对充裕的，我估计政府对于资金约束的感受不像中西部那么强烈，但是必须考虑到，如果支持超常规发展，从公共工程、基础设施，再到产业园区、产业新城建设、连片开发等方面，还是应该积极通过PPP调动民间资本、社会资金的力量。这方面国有企业在中国PPP框架之下也是有一席之地的。比如说中信地产和汕头政府，对濠江区的168平方千米要做几十年的连片开发，有了大资金、大规划、大手笔，这就使整个区域发展跨上新的台阶。北京以南50千米、过去默默无闻的河北固安，因为有了十几年前民营企业参与的、现在已经高调做广告连片开发项目，十几年间迅速改变局面，现在已成为该区域的增长极，这对我们也很有启示。

当然，我知道在我们本地，在我们园区，过去肯定也有类似的经验，是不是可以考虑在投融资方面进一步解放思想，打开思路，在控制风险的同时，寻求乘数效应——把政府财政的资金作为后盾，争取“政策性资金，市场化运作，专业化管理，信贷式放大”，以支持园区进一步有声有色地超常规发展。

最后，供给侧结构性改革势必要落到人才的供给问题上。怎样吸引人才、留住人才，而且要用好“外脑”——这个人不一定要把户口迁到这儿来，但他可以在智力方面、必要的人力资本支持方面，把一些潜力发挥到园区发展战略实施过程中，这是一篇大文章。辖区内怎么培养人才，包括在职人员的深造和素质提高，以及怎样在政产学研互动中鼓励一线创新人才发挥他们的潜力，都还有进一步调动潜力的空间。

三、 总体思路的进一步凝练

从S市开发创新综合试验这个特定的区域战略来看，其实已上升为国家战略全局里的一个重要的区域性布局。在继续发展方面，总体来说，是要在中央强调的深化供给侧结构性改革这个取向上“打开放牌，过改革关，搭创新台，促结构优”，这4个角度。

（一）打开放牌

什么叫打开放牌？整个中国现代化过程追求的是超常规发展战略。邓小平最开始做“三步走”设计时，就是在S市这里，那一次待了好几天，反复考虑、反复询问当地领导：翻一番，再翻一番有没有可能？之后，他明确提出了“三步走”的现代化战略。当时很多人不敢相信可以达到这样一个超常规的发展结果。后来的事实证明，前两步提前实现了。我作为研究者，对这个事情感触非常深。“三步走”明确提出时，我还在读硕士研究生的基础课阶段，看到这样一个战略，实话实说也并不觉得有多大把握。当时还健在、但已经病重的孙冶方在《人民日报》上发表了一篇文章，标题是《二十年翻两番不仅有政治保证而且有经济技术保证》，从经济学家的角度配合这个决策做了一些论证。

后来，我在做研究过程中就反复回想，并由衷佩服这个“三步走”的战略规划设计——我们现在正是在这个大框架下，在第三步上的 50 年区间段，又确立了一个中间的节点目标，那就是全面小康。实现全面小康还要配上力求全面改革取得决定性成果，再形成 2020 年以后跨越“中等收入陷阱”的后劲，再对接到整个现代化中华民族伟大复兴中国梦的实现。按照这个大框架，S 市工业园区在其中已经明确定位为开发创新综合试验区，按此概念，是要在新的阶段上把进一步提炼的“创新发展”作为第一动力，来带出后面的协调、绿色、开放和共享发展。这里的“开放发展”对于全局的意义是什么呢？我在研究中经常说：“开放是倒逼改革的。”

从这个角度来说，整个中国超常规发展过程中，得开放风气之先的沿海是增长极区域，特别是长三角、珠三角，是已成定局的增长极，而 S 市工业园区在增长极里，又是十分突出的增长极，它应该追求比超常规更上一个台阶的“超常规中的超常规”发展。这应该是一个我们战略构想层面的考虑，不是故意渲染，而是应有的定位——总体上和我们的比较优势相关，成为一个全局和长远视角结合在一起的定位。如果 S 市只是长三角增长极区域里的一般组成部分，可能就没有达到中央的战略意图要求，一定是增长极区域里突出的增长极，这才真正体现了“开放创新综合试验区”战略设计的真实意图。

那么应特别注意与我们园区相关的比较优势，也就是新时代开放创新的意识，接下来应该进一步发扬。在与新加坡合作的基础上继续打开放牌，真心实意、义无反顾地在全面开放过程中形成全球视野，通过合作竞争——竞争是不可避免的，但总体上是有可能在实现共赢的情况下，于合作竞争中共同发展。

（二）过改革关

“过改革关”，内容也是很实在的：本地这几年已经积累了 48 项改革方面的亮点，这里面都有很实在的内容，甚至包括大部制和多规合一都已经做得像模像样。应注意到，在全国，有些地方政府层面也有这方面的意识，但是做起来是非常难的。我们园区是靠着管委会这个特定的体制，没有五套班子，另外允许你“特”，允许有一定的“试”，“试”中央是承认的，态度上是要继续允许地方先行先试，继续“摸着石头过河”。

那么具体看大部制。这倒不是什么自己全新的探索，是中央早定下的基调，接下来就是“怎么做”的问题。这方面可借鉴一些国际经验。比如，韩国是 20 世纪 90 年代初有了经济起飞的明显势头，那时也正是它跨越“中等收入陷阱”的阶段。当时我去韩国考察，得知韩国的规划院已经与财政部并成一个大部，名为规划与财政部。当时的韩国，一方面是 GDP 高速增长，景气集聚提升；另一方面是社会矛盾突出。后来，韩国经历了亚洲金融危机考验后，到国际金融危机时，已经稳稳在高收入经济体队伍坐定。又比如法国，我们知道，法国的财政部规模很大，其全称叫经济、产业与财政部，早就在大部制方面做出实质性的安排了。中国能否设想这样的大部制改革？地方的试验，我觉得就特别有价值了。

过去，发改委的经济社会发展规划、产业布局规划，城乡建设部的城乡建设规划，国土资源部的国土开发规划，交通部的交通体系规划，环保部的环保规划，教育医疗等也都有它的规划，财政还有预算收支中期规划，等等，二十几个局委办的这么多规划，都认认真真在做，但缺少有机协调机制，“九龙治水，非旱即涝”，各部门的规划之间的衔接存在诸多问题。现在，大部制后面顺理成章地跟着“规划先行，多规合一”，这方面我们认为已经走到前沿位置。这是十分难能可贵的，应该继续观察党的十九大中央在这方面会有哪些新的要求。

如果今年党的十九大文件出来后，这个框架更清楚，建议园区领导层、决策层和相关部门，可以再好好讨论一下抓什么重点，看看在已经有的大部制、多规合一、规划先行方面，还可以形成哪些乘势继续发展中的超常规支持力量。

过改革关，实际上最后要走到“决定性成果”——中央的时间表是到 2020 年。S 市工业园区不用等 2020 年，党的十九大如果有了这样一个机遇，园区 2018 年就取得决定性成果是最好的。市场经济体制下现代市场体系的上层建筑，如能够跟它匹配上，比较成型地打造出一套相对稳定的、长期有效的制度，在这里首先实现，那么解放生产力的效应，不光对本地区有莫大的意义，对全国的示范意义也将非常明显。这样一个前景，我是觉得很值得期待和争取。

关于工业园区创新点，有很多，比如国有资产分类管理，已说了多年了，实际上就是对接混合所有制怎么推进：少数领域里的国有独资，就说不上混合，更多的领域里，其实混改是有空间、有潜力的。就是一个一个企业法人，内部产权结构中把公有的股、非公有的股，国有的股、非国有的股都充分混起来，这是非常有意义的包容性发展机制，使市场经济的潜力在这里面得到调动，这些我觉得在工业园区都大有可为。

（三）搭创新台

“搭创新台”，S 市这方面已经做得很好，总结了 10 条，其实还有其他的。根据本地领导和有关专家给出的数据，园区在很多创新指标上已在全国遥遥领先，但还有潜力，因为创新一旦成为势头，不用跟别的地方比，就应该乘势把潜力充分发挥出来。比如硅谷，指标一定遥遥领先于别的地方，但还在追求继续上台阶。没有必要等别人跟上你，你就是要继续一鼓作气向前冲，这个潜力能发挥到什么程度就将其充分发挥到什么程度，这就是“第一生产力”，在某些增长上可先做充分的表现。

那么，这里面是不是有一些还可以继续探讨的、可做的文章？已经有了创新的气氛、创新的成果，指标看起来也不错，有没有可能再凝聚一些有可能带来颠覆式创新的主攻点？这个我没有更多的调研，但是我注意到，有时候是突然就出现的现象，比如前几年没人能设想 BAT（百度、阿里巴巴、腾讯）这 3 家互联网公司现在会这么辉煌。前几天的新闻报道腾讯市值超过了中国工商银行，成为中国第一大市值公司，以前谁能想象？就在若干年前，马化腾还想着把 QQ 以 100 万元人民币卖掉，却没人“接盘”。

近来我看到一个消息，在国务院层面座谈时，一位很年轻的女士讲她搞的摩拜单车（mobike），是在城市区域以公司的方式经营便民单车。这个摩拜单车随便停，在任何地方，用手机扫码后就可以骑走，到了目的地停在路旁就可以。他们的自行车是全铝的，不用担心风吹雨淋而出现锈迹斑斑的情况，足见其细节考虑的全面。

这就是创新形成共享经济的一个新案例，是过去大家没有想到的一种新状态。如果这种创新再进一步，民间的公司能与政府合作，就如虎添翼，既提供城镇区域清洁、低碳的代步工具，又给宜居城市建设增加一个亮点，顺应了大数据时代共享经济发展的潮流。

有了网约车，还有单车方面的整个城镇区域的共享机制，这也是过去谁也想象不到的。如果有一个比较好的创新环境，有若干个案例的示范效应，会带出后面的创新文化，就进入一个良性循环，就有可能越做越有信心，越做越成气候了。

（四）促结构优

"促结构优"，这就回到我理解的供给侧结构性改革的本意。现在决策层认定的"矛盾主要方面"是在供给侧，供给侧的突出特征，不是需求侧的总量问题，而是要面对复杂的结构问题，这个结构问题在实际处理时的挑战非常明显。

比如大家都认为供给侧结构性改革是要抓"三去一降一补"，这算是它的切入点，地方、企业、行业，都需要考虑自己如何具体落实它。如果处理得不好，这个机制就可能发生偏差。去年有关管理部门讲，去产能最突出的三大行业是钢铁、煤炭和电解铝。2016年一季度，钢铁行业在困难了很长一段时间后，突然有了回暖兆头，到二季度和三季度，回暖已成定局，在三季度，煤炭跟着回暖，而且来势迅猛，这似乎是去产能有效了。有关部门宣布去产能指标2016年提前实现，但这里的"提前实现"实现的是什么，是计算了钢铁、煤炭的全国产能以后，认为要砍掉多少，是说这个砍掉的任务提前实现了。实际上的机制偏差是什么呢？是不是充分淘汰了所谓落后产能？很难讲清。我认为，宣传上只讲过剩产能是没有说到位的，因为产能是否过剩，是可以瞬间改变的。

就像北京地铁 4 号线，这是引入 PPP 加快建设的一个公共工程，所要解决的问题是北京公共交通体系动不动就半瘫痪，必须学纽约、东京、巴黎、慕尼黑等城市，尽快建成密度足够、四通八达的轨道交通网。而 4 号线在建设过程中引入了外资，这是 PPP 创新。现在 16 号线已经明确，再次引进外资用 PPP 方式做。PPP 签约后，16 号线马上启动项目建设，跟着一大批对钢材、建材、施工机械，以及相关投入品的订单就发出去了，这难道不是把原来一部分所谓的过剩产能转成有效产能了吗？中国真正实施去产能，不应是简单落在去“过剩产能”上，去过剩产能是表面的，应该落在一个行业里面高高低低排在一起，去最靠下的“落后产能”。过剩不过剩可以瞬间改变，而落后不落后呢？要靠政府用技术准入标准、环境准入标准对成规模的企业进行衡量后，认准哪些是确切无疑“无可救药”的落后产能，进行关、停、并、转，而剩下大量的中小微企业，政府就“鞭长莫及”了，一定要靠市场优胜劣汰，由政府提供一个公平竞争环境，在优胜劣汰机制作用下把落后产能挤掉，这才是正确道路。

回到前面提到的相关行业回暖，这种回暖，是不是猛了一点？比如煤炭行业，有关部门规定所有矿井生产不再按照接近 365 天连轴转的方式，强制要求全年只能开工 276 天。这是一个硬指标、行政命令，我认为是明显违反经济规律的。原来分摊到 365 天的固定成本，现在要分摊到 276 天上去，看起来控制了一部分产能，实际上落后产能和先进产能是一起被控制的，哪里是真正去了落后产能？限产而已。而且还带来副作用，不但压低了整个行业综合效益，而且使生产安全系数也跟着降低了：矿井中的煤层气是要不断抽出去的（我过去在煤矿工作过，深有体会），只开工 270 多天，剩下的七八十天怎么办？一线的管理者可能会建议，那先停了抽风设备吧。但复工时，抽风抽得充分不充分？抽风不到位情况下，就使瓦斯爆炸等矿难发生率提高。在这些问题上，不尊重经济规律，可能会带来不良后果，值得我们警醒。从促结构优化的角度出发，一定要总结经验，尽可能充分地让市场起作用。当然我不是说 S 市工业园区存在这样的问题，我只是举个例子。有关管理部门在指导思想上还需要进一步合理化认识，研究在市场经济转轨过程中，怎样促进结构优化的机制。

产业政策、技术性经济政策肯定要有，不应全盘否定，没那么简单，但是有学者指出政府在这方面容易出偏差，确实是有重要启示的。政府不是简单地评判这些产业政策设计对不对的问题，其实改革方向较容易认定，例如中央说的七大战略性新兴产业，再加一个文化创意产业，可能再加一个现代服务业，8~9 个重点，方向上是很清楚的，产业政策设计上难度并不太大，关键是靠什么机制去执行。

比如产业引导基金，在湖北已经设立了长江经济带产业基金，湖北省财政支持 400 亿元，说得很清楚，这 400 亿元母基金不许对项目，它只是放在这里，引导非政府主体进来后，第一期 2000 亿元的整体资金规模形成后，以一批子基金去做市场化的运作，由面对市场的专业人士团队去挑选项目，要求项目以个人以跟投的方式与基金运作捆绑在一起，这就是市场化机制了。政策性资金，市场化运作，专业化管理，再形成杠杆式放大，这就是产业政策、技术经济政策的实施机制一定要跟市场机制打通所应掌握的要领。

对这个事情，我觉得 S 市工业园区可以考虑在总结过去经验基础之上，面对新一轮任务，做一些优化定制的方案，因为具体到园区碰到的结构优化、实施产业政策与技术经济政策问题，放在一起也算得上千头万绪，理性的供给侧管理的特点，就是定制化，并没有一个可以拿来套用的解决方案。在这方面，我深信在 S 市工业园区其实已有经验，在已经形成这么多亮点的基础上，一定力求有更好的发展。

数字经济创新在供给侧结构性改革中的引领作用

时间：2019年4月15日

地点：北京

会议：数字经济平台的社会价值研讨会

大家好。我刚才听了前面几位专家和市场人士发言后很受启发，我用现在这个时间段简要谈一谈我的认识。这次会议的主题是“推动供给侧结构性改革，发挥数字经济的引领作用”。供给侧改革的全称，就是中央说的构建现代化经济体系主线的供给侧结构性改革，我们理解，要在制度供给为龙头，形成有效制度供给的效应之下，充分发挥供给侧要素的潜力，提高整个供给体系质量和效率，支持中国继续超常规的高质量发展。

我们的现代化发展过程，要实现中华民族伟大复兴。供给侧实际的创新意义，我们在基础理论层面有很多探讨，形成的基本认识就是人的生存、人类社会的发展，需求是原生动力，但需求的变化是“有新而无新”。说到创新，看得见摸得着的，一定是发生在响应需求的供给侧的生产和经营方面。生产和经营所提供的产品和服务，如果能够满足用户体验的升级，那么在市场上就有份额的扩大，以及生产经营者投资回报的实现。这种供需之间的互动，在创新过程中，是人类经济社会不断运行的循环过程，也是从经济到社会、到整个文明提升的过程。

所以，对创新的实际动力源，一定要完整地把握，最关键的是能不能把供给侧的这些要素的潜力充分发挥出来。在供给侧结构性改革过程中，中央已经接受了学者提出的一个概念，就是“全要素生产率”。这里的“全要素”不是供给侧的劳动力、土地和土地代表的自然资源、资本，以及技术和制度与管理这五大要素的等量齐观，它强调的是在这个 5 个要素的组合过程中，要特别抓住科技这一第一生产力及制度的创新和有效供给这个“最大红利”。

现实生活中，中国已经确实感受到新旧动能转换的关键意义。改革开放这 40 年，我们在现代化道路上越走越宽，这一过程中，最初我们比较多地感受到前 3 个要素的支撑力，但是近年来这些支撑力都在滑坡，劳动力方面的比较优势在迅速减弱，现在普遍感受到的是招工难、用工贵、民工荒；土地和自然资源开发过程中，城乡接合部征地拆迁补偿综合成本不断提高；资本是雄厚了，但是运营过程中普遍反映找不到合适的投资对象。一边是“三农”、小微、分散的科技创新活动主体苦苦得不到应有的融资支持；另一边轻易不敢出手去支持这些急于得到融资的主体，如此一来，经济学上所说的常规投资的边际收益递减在中国已经普遍发生。前面 3 个支撑力下滑，后面两个因素必须发挥潜力去对冲这种下滑，中国才有希望继续在尽可能拉长时间的中高速增长平台上跨越“中等收入陷阱”，去对接党的十九大提出的新“两步走”目标。这个框架之下，我们要特别注意：我们今天所说的数字经济或数字化的经济形态，它是怎样形成了全要素生产力里最关键的后面两个要素的潜力发挥的。

直观来看，科技创新中信息技术的发展使全人类走到了信息时代。中国在引进国外先进技术的基础上，在应用过程中加以创新，形成了我们的自主技术。比如第三方支付，其技术原型出现在美国，阿里巴巴在中国运用该技术的过程中进行自主开发，最终解决了网络交易过程中最基本的信任问题，从而调动了中国巨大的市场潜力，并随着互联网技术的发展形成了以 BAT 为代表的互联网巨头。和过去不一样，它能迅速带动一大批中小微企业跟着发展，形成产业集群，使一些偏远地区也可以发展出一批“淘宝村”。我们在调研过程中充分体会了这种情况。直观看是这种技术创新作为全要素生产力中的第一生产力，它带来的是乘数放大效应，支持中国的超常规发展。跟着必须特别强调的是，相关的有效制度不可缺少。

试想，我们这几十年来，在 BAT 这种民营企业或非公有企业发展的过程中，谁能想到他们可以这样一飞冲天？他们为什么能这样快速发展起来？我的直观感受是：电商要开创并走出一条这样的道路，必须经历一个痛苦的、风险极大的“烧钱”过程。互联网最开始在中国的应用，不是 BAT 走在最前面。那时，在北京公主坟附近，我去看过，一家行业头部公司，在那里租用了很大的场地，拉开架势创业，但却没能一飞冲天。然而，时至今日，行业里仍然非常尊重这家公司和当时领头的那位张姓女企业家。在这种承担风险的过程中，只有民营企业敢在自负盈亏的情况下闯这个关。在风险投资、创业投资、天使投资的支持下，有几家成功了，其他则是更多的失败者（不是失败了就流落街头，也有自己止损，在这个过程中重新寻找自己位置的）。这种制度环境是过去从来没有的。为什么在这种最前沿的创新领域，国有企业做不到？因为国有企业的决策机制决定了其不可能像这样“烧钱”。

再比如微信，有人说其技术原型就是中国移动想搞的飞信。为什么飞信没能成气候？因为它做什么都得审批，这样的机制不可能支持它走到底。所以我说的全要素生产率中这后两个要素缺一不可，而且在中国的经济社会转轨过程中，制度创新打开的空间是最关键的。制度创新打开科技创新、管理创新的空间，才有今天这样的局面。我们的数字经济，已经在全球成为仅次于美国的第二大市场。我国在这个领域的一些创新确实令人耳目一新。

我一两年前在阿里巴巴的大楼里看到他们那个小额贷款（以下简称“小贷”）发放的大显示屏，据介绍是“零人工干预”，没有人去操作、干涉，屏幕显示不断滚动着，两秒钟就批出一笔小额贷款。我在那里观察的那一会儿，有 3 笔贷款是 20 万元，最低的 1 笔只有 3000 元。这种小额贷款，是靠大数据、云计算这样的技术设计好风险控制程序，贷款的利率比银行贷款利率也就稍微高一点，但就这样使原来银行金融的阳光照不到的以草根为主的群体，可以方便地得到这种及时的小额贷款。这在过去是完全想象不到的。从研究角度来说这是什么呢？这是科技创新扩展了商业性融资的边界。过去，我们认为商业性融资注定是锦上添花，不可能雪中送炭，边远地区那些“淘宝村”的小个体，是很难覆盖到的。现在，依靠先进的风控技术，能够控制风险，就可以把这个供给覆盖到那里了。那么怎么引领后面的发展呢？一方面，其创新是非常值得肯定的；另一方面，也要看到这样的技术还存在一定的局限，也就是说还有潜力可挖。我在阿里巴巴考察时也琢磨过，零人工干预的基本依据，一定是数据库里能找到与这个主体相关的电子痕迹。如果是一个边远山区的“三农”主体，没有电子痕迹可查，一样得不到认可，一样无法通过小贷系统申请贷款支持。那他们靠什么？我认为，一方面要靠科技潜力的继续发挥；另一方面，7000 多万家小微企业和个体商户，很多仍然需要在商业金融之上配以政策性融资这个制度创新，这是一个对小微金融的升级版——“雪中送炭”的机制要加上财政贴息、政策性信用担保、产业引导基金，还有银行金融系统里一系列考核体系的调整等配套。这就是引领过程中我们必须进一步深化的创新。

我想谈的另外一点是零售业的创新。在过去发展中，零售业有了超市，现在有了电商平台，但电商现在说：“其实严格来讲，我们并不是电商了，是线上线下结合。”阿里的盒马鲜生在亦庄有一家门店，我去看过，跟他“唱对台戏”的是京东的“7FRESH”。这两家店很有意思，模式在我看来差不多，都说各自的服务半径是3千米，两家店所在位置离得不远，但是避开了那3千米的接合部。走进店里，你会发现非常有吸引力，里面提供可满足现在百姓收入提高后需求的中高档甚至非常高档的商品。什么波士顿的龙虾、挪威的三文鱼，且价格实惠，可以说物美价廉。而且你可以现场体会有什么不同的做法，店员会给你详细介绍，还可以尝一尝做出来的味道，他们还承诺，只要你在3千米半径内（这就是它的辐射面了），任何时候在手机上下单——这叫移动状态之下可以跟他形成交易，保证30分钟内把你要的商品送到你手上，一般就是家庭或办公室、聚会场所。这样的用户体验前所未有。我就说，希望赶快让他们这种竞争能够扩大市场份额，我住的地方什么时候能有这么一家店，就将感觉生活质量又大大提高了。当然这也是一个“烧钱”过程。我觉得一开始这个竞争一定不是以盈利为目的，它首先要树立市场形象，要扩大市场份额，要在这个过程中，达到相对稳定的可持续状态。我还是那句话，只有这种民营企业，才能这样让人感觉“异想天开”。开通用户体验提升的这样一个现在探索中、开拓中的新平台，线上线下结合，它引领出来的是什么？如果它能度过最关键的瓶颈期，最后能站稳脚，消费者便会持续受益，增加满足“美好生活需要”所需的有效供给，增加获得感和幸福感。

从经济学理论视角来说，我不赞成最后谁“吃掉”谁，把谁挤走的做法。就像大家都知道的出租车行业的滴滴公司，把优步“挤跑”了以后，滴滴公司的日子其实也并不好过。现在独家垄断并不好，如果有两三家“唱对台戏”，可能才是最好的局面。牛奶企业蒙牛跟伊利“唱对台戏”，反而是个好事，这种竞争带来的是一大群中小微企业跟着形成的集群，而且仍有竞争逼着他们继续创新进取。我们希望能够引领到这样一个状态。但是这里面很多具体的问题，我是没有发言权的。是企业家他们敢承担风险，他们来捕捉机遇，在这方面他们怎样决策，如何度过比前面这个较痛苦的瓶颈期。但是对这些已有的可以认定的、数字经济的发展在供给侧结构性改革中非常值得肯定的创新案例，我们希望这个潮流在中国能够按照可能的升级前景，继续越来越成气候，进而推动中国的现代化发展进程。

这些看法，借这个机会，请各位批评指正，谢谢！

深化供给侧结构性改革，促进文化产业创新

时间：2018 年

地点：北京

会议：全国政协专题研讨会

对照我们这次讨论的“一带一路”主题词——文化自信和产业融合，我试着从这个视角说一下自己的看法。

首先讲一讲我了解的“一带一路”。这个重大倡议目前正处在推进过程中，在中国追求现代化和平发展的过程中提出这一倡议，我认为它代表了一种新阶段。在改革开放取得一系列进展后，在“走出去”这个概念下，“一带一路”实际上是网状的向西为主的和外部世界更多、更紧密、更深入的交流。

有了规划和与陆地上沿线经济体合作推进基础设施建设，要进一步打开局面的纵深和空间，还需要在海上通过水运形成主要连通路线，各个节点进一步发展。在合作中推进互利互惠的经济交流，从而实现中国和平发展并与其他经济体追求共赢的局面。

这在表述上早已经有“五通”的概括，我觉得总结得是相当不错的：政策沟通、设施联通、贸易畅通、资金融通、民心相通。

政策沟通当然是在追求和平和共融的目标下最容易取得共识的切入点。不同经济体，无论实行何种发展政策，通过这个切入点沟通都容易达成共识。

政策沟通后面跟着的自然是设施联通。与陆上交通设施相关联

的有交通节点、枢纽、产业园区、物流中心、宜居城市建设，水路、海运有港口、相关的后勤补给中心，以及各种匹配的通信设施等，这些都是设施建设自然会带出来的。

设施建设后边跟着的是什么？首先自然是经济生活里互通有无的贸易畅通。比较优势在经济学原理层面早就说清楚了这个道理，不管经济体是发达还是欠发达，总有一些可交易的物品。这种互通有无带来的是货畅其流，各地的土特产更好地卖出去，进而带来商品的增值，用百姓的话说就是“一下卖个好价钱”。价格上去以后，人们收入必将随之上升，市场潜力也就会得到进一步释放，也就能使“地尽其力”。货畅其流、地尽其力后，紧接着就是“人尽其才”，人力资本的培育跟着发展起来。教育、医疗的发展，带动人民生活整体质量提高。由此可见，贸易畅通是经济学原理早已经揭示的，在生产力这个概念之下提供有效供给适应人类社会的需要会产生综合效应，从经济推及社会、文化的综合发展，而这里的一个非常重要的匹配要素，就是资金融通。

资金融通无非就是把拥有较多资金的人的可用资金更好地调节出来，去帮助那些急于用钱、缺乏资金的主体。资金的融通其实就是金融的概念，现在又加上了新经济、高新技术产业支持的科技经济，在与“互联网+”和“+互联网”的融合过程中，要面对一系列挑战，如何控制风险，防止“核心变空心”是需要考虑的问题。当前，金融要坚定贯彻中央精神，使其脱虚向实，更好地支持实体经济升级实现高质量发展。资金融通一定是全球化的。在全球范围内我们看到，金融机构你中有我、我中有你，中国主要的银行都已有外资参股，我们也在“走出去”，我们有亚投行（亚洲基础设施投资银行），有丝路基金，还有各种融资机制。

最后一个是“民心相通”。回到“人类命运共同体”概念下，我们的民心自然更相通了，百姓解决温饱之后要发展，发展之后少不了文化交流，文化因素越来越体现出其可接受性和大家对它的需要。今后，精神生活的互容互动在“一带一路”发展过程中一定会越来越有其重要意义和影响力。

我想谈一谈我理解的文化自信。既然“五通”最后落到“民心相通”上，那么文化生活必然不可或缺。中国的天然优势是什么？就是所说到的5000年文明。对中华文明的历史，有学者持不同意见。有学者指出我国文明可证明的是3700年，但不要忘了现在有良渚文明的发现。我去浙江博物馆现场看了，良渚文明的历史可能不是4000年、5000年，而是提前到6000年，这在学术上是可以进一步讨论的。3700年也好，6000年也好，中国的文明没有中断是被普遍承认的。作为世界上唯一没有中断的古文明，它的深厚积淀带给我们的自然是不可否定的文化自信方面的支撑——我们有相当充足的底蕴。

我的体会是，文化自信中的中国古老文明的吸引力，至少有几个维度。

第一个维度是哲理上的。孔子、老子等儒家代表人物，形成了一些重要的哲理思想，其中有一句话，就8个字：“己所不欲，勿施于人”，我在几十年的研究过程中反复思考。自己不想要的东西，不要施加到别人身上，这就是善。我认为，这种己所不欲勿施于人的哲理，和西方文艺复兴时期所推崇的自由、平等、博爱是相通的，在东西方的交流中一定会产生共鸣，产生吸引力。

第二个维度是器物的维度。我去过很多地方的博物馆和陈列馆。美国大都会博物馆、波士顿艺术馆，哈佛、耶鲁等大学的艺术馆里，吸引人的很多经典文物都来自中国。这些器物是不是非常有吸引力？我感觉确实有吸引力。我们在“一带一路”的交流过程中，这种古代艺术和现代文化生活之间形成的潜移默化的互动，非常值得我们看中，可以在相互交流的基础上，形成一种津津乐道的氛围，这不是就我们文化自信的客观现实基础吗？

第三个维度是创新引领的维度。我认为，在创新视角上，中国现在提出的一些观点在世界上完全可以引起共鸣。比如在“二十国集团领导人杭州峰会”上形成的共同宣言，其核心概念是什么？结构性改革。我理解这正是中国在此之前确立的供给侧结构性改革的一种具体表述。结构性改革一定是发生在供给侧，因为在供给侧才有结构问题，这是一个在中国已经确立的构建现代化经济主线上的概念，是所有 G20（二十国集团）经济体都认同的一个带有创新的、引领意义的概念，当然也有其文化内涵。

3 个维度，3 个视角，哲理、器物、创新引领，我们都有应该有自信。接下来借这个机会和大家交流一下我对推进“一带一路”倡议过程中我们的创意管理和产业融合的一些粗糙想法。

我感觉在实际生活中，地方层面已经强烈意识到自己在“一带一路”里的相对地位。比如连云港，“一带一路”和亚欧大陆桥连在一起了，连云港怎样趁势而上，其特定的文化创意能形成什么样的品牌，这就是地方政府的切入点。再比如西安，古老长安魅力无穷，很多城市都难以与其相提并论，但西安同时也面临其他地区的竞争，需要在现有基础上进一步提升。还有河西走廊上的敦煌，其文化意象可能是各个地区中超一流的，但是这个文章怎么做好？这些都是考验。此外，“丝绸之路”大概念下还有“南方丝绸之路”，这里的“南方”是一系列地区，成都、重庆、昆明，丽江、瑞丽、西双版纳……都有可做文章之处。这涉及从地方视角如何对创意管理进行高水平的规划设计。文化搭台引出产业唱戏，只要把这个“台”搭好，就能通过招商引资、综合开发，逐渐形成文化创意，打造自己区域内的产业集群。

另外，企业和市场，包括现在中央给的空间内，我们知识分子的产学研结合，在推动“一带一路”文化创意及创意管理方面有哪些切入点？我举个发生在我身边的小例子。我们新供给经济学研究院在万丰路上有一个办公区，这个办公区所在的银座和谐广场就是一个综合体，占地面积以楼宇为主。我的一名博士后学生，他联络了很多收藏界人士，在那里办了一个金银器展览，很多专家论证后认为，这个展览已达到国内一些公立博物馆都难以轻易达到的水平。我去看了展览，难以用语言表述我感受到的特别震撼的部分。他想做什么呢？这些展出的历史上各时期的金银器中，有很多和“一带一路”开发有着各种联系。他想通过这个展览扩大社会影响，在“一带一路”的相关节点上做分馆、做园区，然后切入论坛、招商、产业集群的建设，加上金融科技等金融方面的支持，这是他最初的思路。我马上想到可以对接 PPP，对接园区的发展，对接以后在海外能够引起共鸣的基础设施建设，这一系列项目可以打包开发，展览馆、文化园区，结合产业园区，用 PPP 的方式进行建设。在这方面我国已经有了一些经验积累，并且我们也从英国、澳大利亚借鉴经验，多方结合在一起，创意管理加上产融结合，加上产业发展，并落到“五通”上。PPP 其实是典型的“五通”机制：“一带一路”倡议的发展，政策沟通是大前提，然后是设施连通，设施建成后要生产，生产以后产品要有贸易的畅通，这个过程中要有资金支持，所以要有资金融通，最后带来的是更多文化要素融合在一起，达到人类命运共同体的民心相通。

这些问题非常值得我们进一步关注和研究。谢谢大家！

第四章
财税改革助力国家走向富强和现代化

财政与货币政策协调配合的 40 年

原发表媒体:《中国金融》 2018 年第 20 期

采访者: 孙芙蓉

《中国金融》:首先请谈谈改革开放 40 年以来,财税政策与货币政策宏观调控的两大政策协调搭配经历了怎样的一个过程。

贾康:经过这么多年理论与实践反复探索之后,两大政策怎么协调配合,其实已经有比较清晰的共识了。我们都记得,改革开放初期很流行的一个讨论题目叫"大财政小银行"还是"大银行小财政",后来就认识到应摒弃孰大孰小的认识框架。其实这两大政策各有各的优势,结合在一起应形成一种合理配套的关系,不是大和小的匹配关系,而是各尽其责、相互协调配合的关系。

比如减税是财政政策里的一个组成部分,减税在总量调节来说是产生一种扩张作用,同时减税又可以带有结构调节这方面的取向,这就反映了结构调整是财政政策的特殊功能。货币政策不能说完全没有结构调整功能,但总体来说是一个总量调节的政策。因此,有时某个局部的调节是否生效,归结到货币政策上实际是不公平的。

在几十年的实践中我们也注意到,国际经验所说的两大政策的搭配,其实已形成了相对清晰的组合方式,比如说经济过于高涨时,有过热风险,应该是双紧的配合;经济低迷时,则需要在必要时采取双松的配合；在某些特定的复杂情况下，可以是一松一紧。中国当下可以认为是一个货币政策相对偏紧、财政政策相对偏松的搭配。这就是在总量调节框架里适度考虑扩大总需求的安排，财政政策仍然是积极的，但是货币政策谨慎些处理，以抵御世界金融危机冲击的同时注重防范金融风险。但近期我们也看到，货币政策也试着做定向宽松，当然这毕竟是辅助性的，更多地要体现出货币政策总体的稳健基调。

财政政策则要更明确地区别对待：支持什么，抑制什么，在财政资金使用上要有明确的设计。这是两大政策配合方面大家现在已经基本认同的一些要点。

总之，宏观调控两大政策，货币政策更多偏重于总量调节，财政政策在配合货币政策总量调节的同时，要更多地发挥结构优化的功能。可以做一个和供给侧结构性改革对应的理解，供给侧结构性改革更多强调我们现在的矛盾主要是结构失衡，而结构失衡的解决需要在两大政策配合保持总量环境可接受的情况下，不同情况区别对待。财政政策现在所依托的财政分配体系，属于党的十八届三中全会表述的“国家治理的基础和重要支柱”，这里面就包含着要更积极利用财政政策，发挥其结构优化功能，贯彻供给侧结构性改革，以优化结构提高发展质量这个意图。

《中国金融》：那么进一步开放会给货币政策和财政政策结合带来哪些新的变化和机遇呢？

贾康：这个视角很重要。我是这样理解开放的：中国现在非常明确地强调全面开放，开放的门要继续打开，且只会越开越大。这是国家非常明确的。作为研究者，我特别看重开放会带来哪些宝贵的效应。开放促进改革，开放会倒逼改革。当年加入世界贸易组织

（WTO），有不少专门的分析谈到二者的关系。有人当时特别反对加入 WTO，说加入以后中国得到的所有好处都是不确定的，而所有的威胁和不利因素都是确定的。但是中央最后还是下决心加入。之后的实践证明，至少有一个非常重要的好处是确切无疑的，就是加入 WTO 倒逼着我们“变法”。当时杜润生前辈说的话我印象很深：这就是通过“入世”在中国来一轮新的“变法”。而变法图新、变法图强，“清理文件柜”，是沧桑正道。现在进一步开放，我觉得是进一步推进改革的重要配套。在改革发展过程中，也就可以使得财政货币这两大政策的功能发挥，得到制度环境方面的进一步支撑。

因为这两大政策所发挥的是间接调控作用，前提是市场经济完善相关制度环境的匹配。更加开放之后，降低准入、保护产权、要素自主流动大大加强，这些实际上都是货币政策、财政政策更好发挥作用的市场基础条件，应该是相得益彰的，为我们提供了更好的建设现代化经济体系方方面面的要素，从而使这两大政策的配合发挥的空间更大，起到的作用也更大。

《中国金融》：税收也是非常重要的宏观经济政策，与其他宏观政策协调得好，会有力促进经济增长。税改伴随着改革开放的全过程。你怎样评价最近一两年中国政府在减税方面不断推出的新措施，我们还应当朝着怎样的方向进行调节？

贾康：第一，要肯定税改是改革开放以来一以贯之的基本取向。改革开放一开始就强调要通过减税让利，让企业更好地活起来，因为它们是市场经济的主体，要轻装上阵，才能更好地发挥促进整个经济社会蓬勃发展的市场主体功能。这个认识在多年的探索过程中一波又一波，现在已经有了丰富的经验。实话实说，像在企业所得税的合理设计方面，很早的时候，在企业所得税负担降低方面通过两法合一，所有的企业所得税一视同仁处理，把标准税率已经降到了25%，高科技企业和上市公司已经降到了15%，这几年强调中小企业的企业所得税减半征收，覆盖整个“十三五”期间，那么减半就降到了12.5%。这些事情是我们过去已经反复强调的，而且有了一些经验，取得了比较好的值得肯定的进步。

第二，我也强调，减税还要进一步适应这几年来我们清晰地感受到的社会诉求，企业的负担包括正税、税外负担，我们应该全面掌握。无论如何，正税可以继续降低的部分，是完全应该再继续努力去做的。也要注意，减正税的同时，还要通盘考虑降低税外负担。中国现在的正税仅18种，已没有多大降低空间。而像某公司反映的还有好几百种收费，显然也需要降低。还有人说，中国企业在“五险一金”方面实际形成的负担，从国际对比来看是明显偏高的。在面对社会诉求时，我们首先要以减税降费来回应，使大家更多考虑以供给侧结构性改革这个方针贯彻到供给侧“有效制度供给”的重要组成部分——税费制度这方面的优化上。

第三，中国现在减税存在来自国际方面客观形成的压力，最典型的就是美国。美国总统特朗普的减税很有力度，其意图是通过减税进一步振兴美国企业的发展，产生更明显的竞争力。这种效应是有外溢性的，会影响全球化背景下其他经济体的要素流动格局。特别是作为美国最主要的贸易伙伴的中国，这方面受到的影响是不言而喻的，有人称美国减税为“冲击”，就是这个意思。

《中国金融》：征收房地产税是现在人们热议的话题。在这方面，国际上有哪些经验教训可供我们借鉴？具体税制的设计上要考虑哪些因素？请你谈谈其中的协调艺术。

贾康：这个问题在社会上大家都非常关注，我们研究以后非常明确地表达的一个意见是，并非像网络上流传的那样，说国外土地产权在私人手里，都是私有土地，所以可以开征房地产税。实际上，国际上房地产概念中的土地，最终产权既有私有也有公有，英国就是这样。不论公有还是私有，最终土地上的住房征税时，是一视同仁的，没有所谓的国际上只有私人产权土地上的房屋才可以征收房地产税的实践经验。所以应该在实际情况基础上进一步澄清，从法理上来说，中国土地所有权在国家手里，并不构成开征房地产税的法理障碍。

在具体税制的设计方面，我认为不能照搬美国的“普遍征收”模式，要给一个“第一单位”的扣除，比如说人均多少平方米，或每个家庭第一套房，或者前两套房，一定要有个扣除。到底怎么扣，那就需要立法过程中大家各抒已见以后，寻求最大公约数了。

关于房屋用地年限的问题，这是物权法已解决的原则性问题，土地上的住房有房产证，住房所在的土地属于用益物权，这个用益物权所对应的使用权到期以后，应该自动续期，当然，国家有特定依据的要做调整的情况外。现在应该赶快在立法方面说清楚自动续期具体如何操作，这样大家心里才踏实。所以，这是房地产税立法工作中要连带考虑进去的。

《中国金融》：的确如您所谈，宏观政策协调越来越重要，那么，你怎样看待新时期政府与市场的关系？

贾康：要深刻理解十八届三中全会表述的“市场决定性作用”。比如说供给侧结构性改革战略方针，这个现代化经济体系建设的主线，在很多场合，实际上被扭曲成了一个人们批评的“新计划经济”，为什么？这里面有个计划经济思维“暗度陈仓”的便捷机制：供给侧的管理需要政府更好发挥作用，但是若处理不好，便成了政府一味更多发挥作用。

就像大家讨论产业政策——我当然不同意那些否定产业政策的说法，但产业政策怎么用，是个很值得研究的问题。产业政策的方向容易确定，但最关键的是合理的实施机制。比如，支持战略性新兴产业是政策，但怎样让市场更好发挥作用来形成一个合理机制贯彻产业政策？那就要创新了，要有这方面的改革探索。这个过程如果处理不好，不少过度干预和随之而来的批评性意见自然而然就会出现，我们在这方面应该引以为戒。

改革到了深水区，冲关谈何容易，但是如果有了开放这一大政方针，各有关部门随之具体跟进，这样的开放一定会倒逼改革。应该更好地让市场发挥决定性作用。我们愿意把这说成是一个“守正出奇”的问题：尊重和顺应市场，让市场发挥决定性作用，这是守正，是普遍规律。但不能认为只要做到了这一条，我们就可以实现现代化了，必须在自己的国情、发展阶段、特定约束条件下“出奇制胜”，政府更好发挥作用所需要的创新，是非常具有挑战性的。

《中国金融》：你提到产业政策的实施，这又引起了一个关于财政政策与政策性金融的关系问题，这二者之间应当怎样协调推出？

贾康：对，刚才谈到产业政策的贯彻，中国必须要做，而且做得可能要比其他经济体更有力度，但这个产业政策用什么样的机制去做？比如，必须探讨可持续发展的政策性金融体系，这与财政政策、货币政策其实是紧密联系的概念。政策性金融体系一方面要有财政为后盾，分别支持不同的融资行为；另一方面，又融入金融体系，要有效地阳光化和全程监督，防止寻租发生。因为它是双轨制，处理不好就会乌烟瘴气，不可持续；处理得好就是我们说的出奇制胜。那么中国持续高质量较高速发展，能够使政府更好发挥政策作用这方面，落实到以政策性融资机制可持续地去贯彻产业政策，属于基础性的政策框架。

这个工作做起来确实是不容易的，这就是中国现在面临的挑战。

我们已把它概括为要“守正出奇”，出奇就是中国还要通过这样的努力，把有效市场加上有为和有限的政府，实施理性的供给管理，维持一个超常规发展。

这个超常规发展在新的阶段上，速度已经下降为中高速，但是质量是升级版，这就是我们的希望之所在。

《中国金融》：谈到金融风险的管控，最近几年很大程度上离不开地方政府债务管理，对减少地方政府债务问题尤其是对规范发展PPP，你有怎么样的思考？

贾康：地方政府债务是在防范我们所说的融资风险里面的一个特定领域，总体的去杠杆理应包括这一块，但是这里面应该也有我们强调的结构性去杠杆的考虑，不是简单地把所有的债务都往下压就解决问题了。应该在所谓优化结构取向的同时，考虑怎样使发行地方债的机制更法治化、阳光化、规范化、专业化。这样就可以使举债的结构更适应优化结构的客观需要。

在实际生活里，现在的预算程序中发行的地方债可分为两类，一类是一般性债券，原则要求是必须支持公共工程；另一类是专项债券，必须有针对性地落到某些特定建设事项的工程项目上。这两类在结构上就有区分，前者是放在地方财政支出大盘子里，可以更灵活地统一协调通盘考虑来使用；后者要有严格的“戴帽”定向性。应该使它们配合在一起，切实实现财政应该发挥的优化结构的功能，这样才能保证债务资金使用的综合绩效，客观上同时防范了举借债务产生的风险。同样的债务总规模，其结构优化程度的高低会使整个债务资金所发挥的综合绩效水平大相径庭，风险度也就大为不同。我们需要有一个去杠杆里的结构性优化，把防范风险和提高整个举债资金使用的综合绩效结合好。

还有 PPP，大家担心会造成新的隐性债务，我的基本观点是要贯彻“大禹治水”的古老智慧，疏堵结合且堵不如疏。PPP 一定要继续发展，这是一种要借助后发优势做得有声有色的非常典型的创新。这里面有 3 个要点要注意：

一是认准的方向不应动摇。在一段时间的大力发展后，要做一些规范化的约束，“稳一稳”显然也是有必要的。这个规范化，总体来说是要疏导，要把 PPP 更好对应到市场机制上。

二是具体的投融资过程中，应该有更高水平的法治化，这就要加快 PPP 的立法，还要有更高水平的阳光化，也就是全程所有的信息尽可能披露，接受方方面面的监督，包括与项目相关的社会公众的监督和媒体的监督。

三是专业化，引入专业的力量使这里面的风险防范机制，比如物有所值评价、财政承受能力论证、风险分担方案，都能达到尽可能高的水平。

在资产负债表方面，应该有积极的规则探索：国际上已经有探索，我们可以借鉴国际经验，政府和企业一起来做好这个事情，以利于更有信心地在防范风险的前提下，把 PPP 这件事情向前推进。

中国财税改革的基本问题

原发表媒体:《证券时报》 2016 年 11 月 28 日

党的十八届三中全会后，中国进入全面改革的实施阶段，而中央政治局首先审批通过的，就是财税改革方案。财税改革是为全局服务的，是要解决党的十八届三中全会所提出的国家治理体系和治理能力现代化必须要有现代财政制度支撑的问题，聚焦于财政作为国家治理的基础和重要支柱这一制度供给问题。

现在，已看得很清楚，我们不得不比较直率地指出：与党的十八届三中全会及政治局审批通过的财税改革方案所规定的时间表相比，实际进度已滞后——中央要求财税改革重点和基本任务要在 2016 年完成，而这一要求显然未能如期达到。

一、 财税改革三大领域推进程度进展不一

中央和地方之间的体制关系看起来是一个政权体系中由中央和地方形成的一套财政体制，但这个财政体制还必须同时解决好政府和企业、政府和纳税人之间的关系。

从财税改革三大领域来看，有的进展相对顺利。第一大领域预算改革，其要领总体来讲比较清楚，方方面面的部署都有基本要求，剩下的问题是作为财税改革的配套事项如何呼应和协调深化改革的任务。

但说到财税改革的第二大领域税制改革，就得排列一下其中的六大重点，现在总体来说只有“一个加两个半个”可以交出成果。

2016 年 5 月 1 日终于全面覆盖的“营改增”，是第一个成果。另外，已经明确资源税改革按照“从量变从价”推进，河北省要试点水资源税改革，这可以算半个成果。同时我们已经得到明确信息，环境税按照“费改税”启动，并进入立法程序，这也可以算半个成果。除了这“一个加两个半个”成果的进展，六大重点中剩下的消费税到底怎么办，我们还要拭目以待；房地产税在最近一轮房地产市场演变中又是大家热议的一个焦点和难点问题，到底何去何从？还有个人所得税——这一社会方方面面都在关注的重大的直接税制度建设问题，现在也没有加快立法和税收法定方面的进一步信息。

财税改革方案中的第三大领域是中央和地方之间所形成的体制关系到底怎么理顺。我想强调的是，中央和地方之间的体制关系，实际上涉及财税体制必须处理的中央与地方、政府和企业、公权体系和公民这三大基本经济关系。这看起来是一个政权体系中由中央和地方形成的一套财政体制，但实际上这个财政体制还必须同时解决好政府和企业、政府和纳税人（包括自然人，作为社会成员的公民）之间的关系。这个体制问题按照逻辑关系来说，我觉得本来应该列在财税改革三大事项的第一项，但为什么列在第三项呢？似乎是因为其实施难度相对较大，而预算改革和税制改革相对清楚，因此排在第一和第二。但这并不意味着它的实施可以拖延。所以，今年中央又专门在这方面提出了进一步要求，下发了厘清事权的指导文件，以及已特别强调的在中央和地方财力分配框架方面的进一步指导原则、新的要求与文件精神。

中央和地方体制的目标模式仍然是分税制。搞市场经济，就必须建立以分税制为基础的分级财政体制。一级政权，一级事权，一级财权，一级税基，一级预算，一级产权，一级举债权，这是分税分级财政体制搭建时环环相扣的必然要素，这 7 个“一级”必须解决“财权与事权相顺应，财力与事权相匹配”问题，并要求后面必须再跟上自上而下为主的转移支付。整个财税体系的运行，这些要素一个都不可缺少，但相互之间又自有逻辑关系。

这样的背景之下，可以非常概括地谈谈我做了多年财税研究以后的一些基本看法。

这套体制关系，要看到它所适应的是财政服务于市场经济这个通盘体制框架健康运行的客观要求，因为把中国的探索放到全球各个经济体发展经验里，可以得出的一个共性的认识就是：搞市场经济，就必须建立以分税制为基础的分级财政体制。

我国经过苦苦探索后，1994 年启动了难度极大的财税改革。这个新的经济性分权的财税运行体制，带来了一系列正面效应，但也遗留了一些未解决的问题。

现在，为深化这项改革，从理顺体制关系来看，我觉得应该明确的目标模式，仍然是过去多年探讨的搞市场经济所必须建设的分税制。那么它的基本要领是什么？就是在国家的政权体系得到“权为民所赋”这个合法性之后（在中国就是最高权力机关全国人民代表大会赋权给政府，代表人民把公共权力交给执政体系），从中央到地方的每一级政权都要有一级合理的事权、一级合理的财权——财权里最关键的是稳定的、法定的税收，也就是税基，而广义的税基当然也包括税外收入，即包括各种各样必要的收费，以及其他非税收入。一级政权，一级事权，一级财权，一级税基，后面再跟着的是什么呢？就是我们必须有标准、规范、透明、接受监督、事前决定并严格执行的可问责的预算。

现代预算制度被列为财税改革的第一大项，实际上它的重要性是在这个逻辑链条推到这个环节才直观地表现出来。一级预算后面，实际上还必须跟着各级都要有一级产权，也就是国有资产管理体系必须把整个国有资产量化到、人格化到各级管理的主体上和出资人的代表上；一级产权后面，还要有预算法修订以后已经明确的一级举债权——不仅中央要举债，地方也必须顺应市场经济，也要有举债权。

再强调一遍：一级政权，一级事权，一级财权，一级税基，一级预算，一级产权，一级举债权，这是分税分级财政体制搭建时环环相扣的必然要素，这 7 个“一级”必须解决“财权与事权相顺应，财力与事权相匹配”的问题，并要求后面必须再跟上自上而下为主的转移支付。整个财税体系的运行，这些要素是一个都不可缺少的，但是相互间自有它的逻辑关系。

二、 财政事权是政府事权

我们现在看到，中央 2016 年下发文件要解决的这个事权问题，其实是一个始发环节，就是各级政府首先明确应该怎样使自己的职能合理化，它应该做什么，不应该做什么。

这个始发环节作为逻辑链条的开端，在此我想探讨一个概念，就是这次的文件里使用了“财政事权”的概念，有些同志就有疑惑了：政府事权、财政事权二者到底怎么理解，有什么区别？我想说得比较直率一点：无论文件采用何种表述，我个人认为财政事权只能是政府事权。为什么？党的十八大强调了预算必须是全口径预算，所有的政府财力必须全部表现在预算之内。全口径预算的基本逻辑就是财政为全局服务客观要求预算的完整性，政府的所有财力必须纳入规范的预算体系里，而财政预算所对应支持的这些事权，当然对应的就是政府活动的范围、方向、重点、政策要领和突出重点以后必须兼顾的所有事项。政府要做的所有事情，都必须对应预算上的财力安排，也就都必须对应所谓的财政事权上。

我个人鲜明的观点就是，并不存在游离于政府事权之外的财政事权问题，我们现在所说的事权的合理化，把它称为政府事权也好，财政事权也好，它就是我们过去所说的必须跳出财政看财政，面对全局，把握好以财政这个“以政控财，以财行政”的分配体系怎样为政府合理履行职能服务这个内在本质。

所以，无论现在文件用语是什么，它说的仍然是各级政府到底应该做什么，不应该做什么，并确定“合理的政府职能怎样通过以政控财而以财行政的财政分配得到履行”这个问题。

三、 各层级事权划分应遵循“三原则”

接着概括地谈一下我在事权方面的观察与认识。

从中央开始往下，各个层级的事权的划分遵循什么原则？我赞成财政部原部长楼继伟提出的“三原则”：中央也好，地方也好，划分事权从原则上讲，第一要看所要发挥的政府具体职能的外溢性，不能简单地把它看作可以分成一个一个区域的概念；第二是看信息的复杂程度，如果从不动产和住房来看，就适合地方来管，其配套的要素这么复杂，中央是否有必要跨越中间的层级直接管到地方基层？第三是追求激励兼容，就是既有激励，又与其职能合理化兼容。这三大原则是很清楚的，但如何与实际的制度建设对应，就非常复杂了。

四、 进一步理清事权需深究 3 个层面问题

第一，事权配置合理化的实现可不可以按照有人认为的跳过财权配置合理化而直接对应于财力？第二，在这个角度上继续来看，各级事权、财权合理化的通盘框架有没有可能维持一个五级的传统架构？第三，如果有前面两点认识，那么我们势必抓住中央文件早已经明确的扁平化这个思路，接下来如何着手推进？

现在来看，中央所提到的进一步厘清事权，我觉得有至少 3 个层面的问题需要进一步深究。

第一，事权配置合理化的实现可不可以按照有人认为的跳过财权配置合理化而直接对应于财力？中央过去曾强调过事权和财权相结合，后来直接讲“事权和财力相匹配”。有观点认为可以把财权问题抛到一边去，我认为这不成立。仅仅以事权跳过财权后与财力匹配，将意味着什么事情都靠转移支付解决问题，即不用考虑税基怎么合理配置的问题了，此路显然不通。既然是分税分级财政，在各个层级上，税基这个财权如何配置的基本问题是绕不过去的。

第二，在这个角度上继续来看，各级事权、财权合理化的通盘框架有没有可能维持一个五级的传统架构？中国是全球经济体里较独特的一个五级政府架构，而搞分税制的其他经济体，如美国、日本、德国、英国等成规模的经济体的共同经验，就是分税分级和整个制度安排匹配，是在三级框架内。我国 1994 年时意识到这一重大区别，但当时来不及考虑具体方案怎样细化，希望先建立中央和以省为代表的地方政府之间的分税制框架后，再探索出一个中国五级分税的道路，但现在看来，五级分税“此路不通”。我想强调的是，如果把事权和财权合理化作为一个制度安排必须解决的内在的问题，那么在这个问题导向下的答案，就是传统的五级框架必须得

到改造。

第三，如果有前面两点认识，那么我们势必要抓住中央文件早已经明确的扁平化这个思路，接下来如何着手推进？这又是充满争议的问题，比如省直管县，从浙江省的经验开始，财政部已经在全国推行，但这几年的进展并不那么合乎人意，而且还有反对的声音，值得进一步讨论。

对于各种不同观点，我认为应该做理性讨论，而我基本的看法就是，从全局来看，现在“牵一发而动全身”的事权合理化问题，具体落到五级框架无解的话，我们怎么才能找到有解的框架？这个有解的框架，显然是在农村税费改革后乡镇已经解决了“乡财县管”问题，在不用将其作为实体层级的基础上，再借鉴浙江省的经验和财政部的通盘部署，推进省直管县，这就有可能把五级变成三级实体层级，并明确事权，以此进行税基配置（三级形成事权明细单，20 种左右的税按三级配置），进而做中央和省两级自上而下转移支付——这就是我要正面谈到的自己基本的看法。

事权分工合作如果在三级框架之下，应该具体地形成一览表，对应的支出责任就是财政预算中各种支出科目上必须具体到各级分工合作可操作的形式，形成具体的明细单。这样一来，分税制的设计方案才能真正落实，才能给出一个中央、省两级自上而下转移支付，以及以后要发展的横向转移支付怎么协调配套好的前置性制度依托。

五、 按照三级而不是五级分税是必须解决的出路问题

地方财政困难、土地财政的偏颇、地方隐性负债过高，这些问题的解决有赖于形成有效制度供给。这一问题必须落到深化财税配套改革方案上，首先对接的是我们前面试图要理顺的从事权开始的

整个制度构建的逻辑链条。

所以，按照三级而不是五级分税，看起来是个技术问题，实际上是一个必须解决的出路问题。我们可以反过来看一下：如果要了解中国财税体制运行的真实情况，可以把各个省以下行政区的财政体制方案收集在一起——我们已做这个工作了。这就可以很清晰地看出，1994 年以后一直走到现在，不要说欠发达地区，就是发达地区省以下也没有真正进入分税制，我们只是维持了中央和省之间的分税制的基本属性，并且共享税已经搞得越来越多。我们的底线是各地都按照一个统一规则处理共享税，增值税过去是 75%归中央，25%归地方，北京、上海如此，西藏、青海也如此，这是基本的规则，是底线，剩下的问题就要靠转移支付去把它摆平。那么，1994 年以后困扰我们的地方财政困难、土地财政和高隐性负债等问题，原因在哪里？必须把这些问题看清楚，才能进一步处理好财税深化改革何去何从、怎么把握大方向、怎样通盘配套的问题。有一种意见说，中国可以考虑只是中央与省之间实行分税制，省以下不搞分税制，我的回应是：省以下不搞分税制就是中国现在的真实情况，但维持现状中国能现代化吗？显然不能。我们现在正是因为省以下没有真正进入分税制才有这么多的困扰，所有这些问题的解决，在于形成有效制度供给，必须落到深化财税配套改革方案上，落到我们前面试图要理顺的从事权开始的整个制度构建的逻辑链条上。

为深化财税配套改革，从理顺体制关系来看，我认为，明确的目标模式仍然是过去多年探讨的搞市场经济所必须建设的分税制。其基本要领是什么？就是在国家的政权体系得到“权为民所赋”的合法性后，从中央到地方，每一级政权都要有一级合理的事权，后面跟着要有一级合理的财权，而财权里最关键的是稳定的、法定的税收，也就是税基。再后面跟着什么呢？就是必须有标准、规范、透明、接受监督、事前决定并严格执行的可问责的预算。

总之，我个人鲜明的观点就是，并不存在游离于政府事权之外的财政事权。所谓事权的合理化，称之为政府事权也好，财政事权也好，它就是我们所说的必须“跳出财政看财政”，并把握好面对全局时以财政的“以政控财，以财行政”分配体系，为政府合理履行职能服务的内在本质。

财政与国家治理现代化——基于学理和实践的多维认知

原发表媒体:《财政监督》 2019 年第 6 期

党的十八届三中全会以来，国家治理现代化成为治国理政的核心概念之一，为寻求包容性发展的制度安排体系提供了方向指引和基本原则。财政作为国家治理的基础和重要支柱，是全面深化改革的重要支撑，在推进国家治理现代化的进程中发挥着关键作用。新形势下，如何全面认识和理解财政与国家治理现代化的关系，进一步提升国家治理现代化的水平？本文基于学理和实践的多维认知，对此进行分析解读。

一、 一个出发点： 基于财政本质的解读

对于财政本质的认识，中国学者做出过许多努力，有国家分配论、共同需要论，还有再生产前提论、资金体系论，等等。我对财政本质的认识，可以概括为“社会集中分配论”。这与之前各个流派之间的争鸣互有关联，意在“站在前人的肩膀上”吸收一切积极成果而去粗取精兼容并包。我认为，到目前为止，尚未出现对这一认识有实质性挑战的看法。所谓社会集中分配论，是以“集大成”的方式，对各个流派的可取之处，兼收并蓄，去粗取精，去伪存真。社会集中分配论的基本认识，是将关于财政认识的眼界，放在国家产生之前、国家产生之后，以及未来社会构想之下，将财政的

本质表述为社会权力中心实施的带有集中分配特征的分配体系，属于生产关系中的分配关系。

（一）从财政的起源理解社会集中分配论

对人类社会发展过程进行粗线条的观察，最初脱离动物界的原始人群即部落，在经过漫长的发展和部落联盟后，才逐渐出现血缘关系越来越淡化而社会成员必须共同服从于一个社会权力中心政治统治的国家形态。关于国家确立之前的古代社会，马克思主义创始人也做了大量研究，特别强调在国家产生之前，生产力极其低下，曾经有很长时间处于原始共产主义状态，主要通过在分工与合作中从事采集与狩猎以维持生存。在蛮荒时代，不同人群在野蛮状态下可能产生冲突。此后生产力逐渐发展到产生剩余产品，这是一种供给侧的创新，为原始共产主义社会可能发生的质变提供了前提条件，也是生产力角度上集中分配物质的前提。剩余产品的出现使得分工合作里作为组织者、领导者的酋长或其他人在利益驱使之下，越来越倾向于自己在分配中先得、多得，于是原始共产主义制度出现了瓦解的可能性。除了生产力上提供剩余产品的物质前提，社会组织上能够形成相对稳定的权力中心，则是生产关系视角上的政治前提。在经济和政治前提下，发展至稳定形成的国家形态，可称之为阶级国家。这时社会划分为不同阶级，一般认为最早的阶级国家形态是奴隶制，奴隶主必须匹配一套强权，以暴力性质的国家机器来维持对奴隶的统治。同时，在这种统治中，不管是统治者还是被统治者都需要进行抵御自然灾害、祭祀和膜拜等公共活动，这便是共同需要。

因此，我认为，国家财政是广义财政中的一种具体形态，将原始共产主义社会发展到一定阶段所形成的社会权力中心为主体的分配关系中的个性和国家产生以后的财政个性抽象并集中在一起，就形成了财政的共性。所以，我认为，国家分配论必须提升并扩展到社会集中分配论。在这样的分配中，财政可以简要表述为 8 个字：以政控财，以财行政。政治是指公共事务管理。孙中山曾讲过，所谓政治，是管理众人之事。所谓众人，便是形成多数人的一种概念，“三人为众”或许就代表了最低限度的管理。两个人也可以形成管理关系，如《鲁滨逊漂流记》中的鲁滨逊和星期五，便存在管理关系。汉语中，管理关系在实际生活中可以称为“政”，邮件在不同社会成员之间的传递叫邮政，家庭管理可以叫作家政。但是“政治”是结合相对稳定的社会制度来体现的，是以政权为主体的公共事务管理。这其中，政权所掌握的公共权力具有政治权力属性，这种政治权力的行使需要物质基础的支持，即政府做的任何一件事情都要借助资源配置来满足物质条件。因此，首先要“以政控财”——国家政权体系依靠自己手里的公共权力，即社会权力中心凭借着一系列国家机器所掌握的有控制力的权力，在贯彻行使自己的意愿、履行自己政权职能时，先控制一部分公共资源。以剩余产品性质提供而形成的公共资源，在现代社会里，普遍都是财力、价值形态的，直观地看是易计量、可通约的。“以财行政”是分配、运用这些公共资源，构成基本的物质条件来履行政府应履行的职能。事无巨细，没有这种物质条件匹配，任何应行使的政府职能都无从落实。“以政控财，以财行政”，比较直观地对应于汉语中的“财政”二字，是将这两个字拆开、合并可以做出的最概括的理解和表述。

（二）从社会集中分配论出发剖析认识现代国家治理

以政控财、以财行政的分配体系，跟国家治理之间的关系，非常值得继续研究和深化认识。“国家治理”在英文中表达为“State Governance”，学者们特别强调它与管理（Management）的明显区别，那么主要区别为何？中央特别强调的国家治理体系和治理能力现代化，笔者认为这正是党的十八届三中全会《中共中央关于全面深化改革若干重大问题的决定》（下文简称《决定》）里治国大政、理论方针的核心概念，即国家治理现代化是最重要的大政方针的浓缩表达。这需要特别关注治理和管理的区别。“管理”显然是一种自上而下的掌控架构，即有管理权的主体自上而下实施的局面掌控。而治理和管理的区别，笔者认为除了自上而下的，还有自下而上的和横向平面展开的多样化互动。治理所对应的概念，其实是在人类文明发展过程中已经被各方接受的包容性发展、包容性增长的概念。包容性表现为政府、非政府的各种主体在充分互动中调动和发挥一切潜力、活力。大略地分析来看，政府是有公权力的主体，而企业、社会组织等，如生产经营单位、非营利性单位、各种各样偏好的自然人，则是有私权利的主体。这些多元主体的互动中，需要形成争取最大包容性的共赢。在争取共赢的取向下，要力求各种主体能够充分发挥对于社会发展和进步做贡献所可能发挥的潜力。追求共赢是“治理”境界的真谛，即实现包容性发展中各种潜力和活力的最大限度释放。治理和管理的区别概括起来，最主要的就是必须把管理和自管理、组织和自组织、调控和自调控融合在一起，使方方面面的潜力、活力得到无阻碍的发挥。实际生活中需要处理的，就与一系列制度安排、机制创新相关的问题——政府和市场、中央与地方、公权体系和公民、管理部门和纳税人等关系集合在一起。如何做到治理方面的“善治”这种在价值取向评价上值得肯定、值得追求的境界，成为讨论国家治理时应抓住的实质性问题。

（三）在国家治理框架内定位财政

按照历史唯物主义原理，经济生活构成整个社会生活的基础。所以，在理论认识上，经济学是经济生活的一种理论阐释，其研究对象为维系整个社会存在、运行和发展的资源配置问题。在经济学研究资源配置的视角上，可以认为，财政学研究的是公共资源配置。公共权力体系必须处理的公共资源配置问题，也是经济学、财政学的共同研究对象（但财政学更聚焦，在外延上更需要做跨学科的交叉综合），因此经济和财政这两大概念之间的关系是千丝万缕的。公共资源的配置必然要拉动和影响全社会资源的配置，并产生由经济到社会的种种“外部性”。资源配置的优化和财政分配相关联的部分，是整个制度安排和机制方面的优化设计与建设问题。通过改革所表现的创新活动，实质的追求最后要落在以人为本的资源优化配置和解放生产力上，即通过财政分配、通过财政对经济所产生的正面效应，使社会成员的总体福利提升，使社会的种种矛盾得到较好化解。这种财政功能作用的发挥，从理论视角来看，在和经济学有密切关联的同时，还会进一步扩展到其他学科。比如，财政学和政治学就有不解之缘。一个社会权力中心的公权力，是政治权力；而从政治学说到社会学，所涉及的现象更是无所不包；还有法学，多门类特定表述的投资、金融等方方面面的学科，以及财政分配涉及的具体领域，如教育、医疗卫生等。所有相关学科都必然会和财政学结合在一起，进入我们的视野，这样才能促使研究者在认识财政问题上既有广度又有深度，可以“跳出财政看财政”，达到尽可能高的水平。

所以从理论联系实际的视角来说，财政学一定是一门多方面综合的学科。虽然我国实际生活中财政被放在经济学门类里，属于经济学中的二级学科，但对于财政学的认识及其知识框架，完全不必受这种分类的局限。在肯定财政学是综合学科的同时，毕竟首先是经济学在其中不可或缺——财政学最初形成理论时，最为众人肯定的观点，是经济学鼻祖亚当·斯密的《国富论》中第5部分专门讲的与国家有关的税收、公债、支出安排等，涉及怎样认识国家职能和国家职能怎样得以实现。一般认为，这是财政学开先河之作，财政学是和经济学一起产生的。

因此，在财政学视野中，要做的研究工作太多，要用心观察并且可以举一反三，在财政这一概念下进行深入思考和研究。党的十八届三中全会提炼出一个重要认识：财政是国家治理的基础和重要支柱。之所以没有加上“是全面改革的支撑”，是因为在实际生活中，既然财政是国家治理的基础和重要支柱，那必然是对与国家治理优化密切相关的改革的一种重要支撑。国家治理如果要寻求包容性发展的制度安排体系，以成为善治，那么处理好资源配置中有重要影响力、辐射力的公共资源，则是一个国家治理基础和重要支柱层面不可或缺的解决途径和影响经济社会全域的能动组成部分。

二、 两个观察维度： 现代市场体系与现代财政制度的建立

理解“财政是国家治理的基础和重要支柱”，还要基于进一步展开的观察维度进行深入探讨。上文述及国家治理现代化讲求包容性发展，要让社会在文明提升过程中更多体现所有社会成员共赢、多元互动中的公共福利最大化，因此需要对应资源配置体系，现实生活中即为党的十八届三中全会《决定》里反复强调的“现代市场体系”。现代市场体系是现代国家治理的决定性资源配置基本面，

而为发展培育现代市场体系，又必须打造现代财政制度。这既是十八届三中全会明确提出的要求，也是理解财政与国家治理现代化内在关联的重要维度。

（一）现代市场经济体系的构建：历史、挑战与进路

《决定》中涉及资源配置最重要的突破，是“市场决定论”终于被明确表述在资源配置中，即市场要在资源配置中发挥决定性作用。这一决定性作用的认识来之不易。在中国改革开放过程中，政府和市场的关系一开始就被反复讨论，最初是突破计划经济认识框架，把商品和市场引入，形成“计划调节为主，市场调节为辅”的认识，之后又提出“计划和市场调节相结合”，结合的方式在认识中各有不同，但多数人强调的还是以计划为主。1984 年，中央下发《中共中央关于经济体制改革的决定》，这是第一个关于经济体制改革的决定文件，在认识上有了非常重要的突破。邓小平多次提到该文件并给予高度评价，因为在他看来，该文件讲了我们老祖宗没有说过的“新话”。这里的“新话”实际上指的就是“有计划的商品经济”。这句话里虽然提到了“计划”，但重点落在了“商品经济”上，这在当时的意义非同小可。有计划的商品经济是需要有市场的，因此有些人强调，商品经济一定要对接市场，实行市场取向改革。1984 年提出的有计划的商品经济，给了商品一个作为经济形态的定义。之后便是充分重视商品生产、交换、分配、消费，完成关于其整个生命周期的市场的建设。后来党的十三大提出“国家调节市场，市场引导企业”，间接调控的框架明确产生。国家的调控可以分为两个层次，国家调节市场，实际上是调节市场的参数。比如，财政政策工具中的税收，就是法定的参数，任何人碰到特定的情境，都要依法解决税收分配关系问题。所以参数是一种调节的规

范。又如国债——公债和地方债，也在具体运行中依法形成规范的、标准化的调节机制。可以将这些规范的政策工具认定为一些参数，通过经济杠杆手段，把这些经济手段色彩非常鲜明的参数施加到市场的价格信号中。以此综合形成的市场信号，可以引导千千万万分散企业的生产经营决策及其经济行为。而向间接调控转型过程中所要解决的问题，就是解放生产力。过去的经验表明，直接调控在某些阶段有动员组织、迅速见效的特殊作用，但从较长的时间段来看，却极容易滑向僵化、死板的状态，打击方方面面的积极性，使得资源配置无法优化，所以，克服这些弊病的间接调控，就作为导向确立起来。1992 年，党的十四大确立了我国经济体制改革目标，即建立社会主义市场经济体制。而判断改革的成效就要看是否符合 3 个“有利于”，有利于发展生产力、有利于提升综合国力、有利于提高人民的生活水平，概括来说就是有利于整个社会进步，这是唯物主义的观点，显示了务实的态度和高明的思路。

现代市场体系紧随现代国家治理，在 1992 年邓小平南方谈话之后逐步有了清晰的框架，在表述上体现为“市场在资源配置中发挥基础性作用”。在中国进入“经济新常态”之前高速发展的 20 年间，反复的实践使得社会方方面面具备了进一步建设现代市场体系的条件。于是就有了党的十八届三中全会提出“市场在资源配置中发挥决定性作用和更好发挥政府作用”，这就把汉语语境里市场经济中的市场作用说到位了，即就全局而言的资源配置中，市场发挥着决定作用。在这一全局概念之下，政府所起的是辅助性作用。但如何使得政府更好发挥作用，这其中又有着挑战性的创新任务。以 PPP 为例，过去将“Public-Private Partnership”直译为“公私合作伙伴关系”，现在官方说法为“政府和社会资本合作”，其所要处理的政府和企业这种市场主体的关系，又跨越了很多年来大家所认同的政府和企业、和市场主体要划清边界的认知。PPP 意味着政府和市场主体的关系“螺旋式上升”，以伙伴关系来从事公共工程、基础设施乃至产业新城建设和运营、国土连片开发等会对经济社会生活产生深远影响的建设项目。对于市场如何起决定性作用，政府如何更好发挥作用，有着一系列创新的要求，需要面对一系列复杂的问题。因此，从“现代国家治理”到“现代市场体系”，自然就涉及政府更好发挥作用——要想有现代国家治理，发展培育现代市场体系，就必须打造“现代财政制度”，这是《决定》中明确提出的要求。

现代财政制度的改革实践：从行政性分权到经济性分权

从学理上来说，现代财政制度和国家治理现代化诉求结合，无非是要通过资源配置的优化，来解决以公共资源影响、辐射和拉动全社会资源优化的制度安排和机制建设问题。因此在对全局的服务上，财政是国家治理的基础和重要支柱这一表述，在学理上是很严谨的。对于财政到底发挥什么作用，过去在不同场景之下的讨论各有特点。20 世纪 80 年代，最热的讨论之一是中国应该是“大财政小银行”还是“大银行小财政”。但是银行也好，财政也罢，都是国家治理和调控体系的组成部分，服务的是整个国家治理和经济社会发展的优化。如果从全局来看，其实不是孰大孰小的问题。财政与中央银行有明显区别，但都是需要发挥管理调控作用的综合部门，两者形成调控体系的问题所在是两者如何合理协调配合。这种协调配合在很多具体的场合中，还会你中有我，我中有你。财政政策与货币政策，都是既要调总量，又要考虑结构，但是货币政策最基本的功能是总量调节，不能发挥过多的结构优化作用；财政配合货币政策进行总量调节时，结构优化则需要唱主角。因此这不是大小的问题，而是协调配合、共同服务全局的问题。

从现代财政制度的视角，就要考虑在改革“深水区”进行攻坚克难的一系列制度建设。从过往的经验来看，财政的意义和作用是不可回避的。1978 年的“真理标准问题的大讨论”起到了思想解放的作用，产生了基本的社会共识——往前看必须搞改革。当时农村有大量贫困人口，矛盾非常突出，在这种情况下引导和鼓励实行家庭联产承包责任制，解放了生产力，几年之间使得农业问题得到解决。解放农村生产力以后，粮食问题也得到了解决。企业方面，最初在基层从企业基金、利润留成切入，给出自主权，试图走出一条搞活企业的道路。这是当年城市改革在基层进行的小幅度试验。之后宏观层面启动了较成规模的动作，首先就是对某些地区给予特殊政策，比如深圳特区的建设。更进一步，就是财政方面的改革。

1979 年，在贯彻 1978 年党的十一届三中全会改革开放方针的过程中，酝酿了宏观层面以财政为突破口的宏观改革举措。整个社会再生产要维系，还得先让“计划”这套功能发挥。让计划维系再生产继续运行时，首先从宏观分配视角，以财政分配为突破口，实施有弹性的松动，向下放权。此前，财政早就有分权尝试，但由于其他条件制约，概括说来就是“一放就乱，一乱就收，一收就死，一死就叫，一叫再放”，陷入“放乱收死”的循环。1979 年再次分权，以财政为突破口，即“以政控财，以财行政”的公共权力主导的分配体系首先松动，自上而下由中央向地方放权。原来中央集权特征明显时，“块块”（指地方政府）是附属的，“条条”（指各中央部委）为主，体现为中央各个产业部垂直地、一条一条地向下发指令，指挥地方动作。要把原来的“条条”为主变成“块块”为主，向地方分权，财政先行，其他方面就陆续打开了弹性空间。1980 年，财政分权在体制上实行的是“分灶吃饭”“划分收支，分级包干”，中央和地方明确各自在财力收支中的职责，这是中国财政改革在改革开放初期发挥的先行军、突破口作用。

之后，继续努力将权力分到企业，让企业活起来。简要地说，当时财政“分灶吃饭”最后要对接的目标，已经落到现代财政制度的诉求上，必须服务于整个中国的现代化，服务于以改革开放走向中华民族伟大复兴的“三步走”、现代化战略目标的实现。现代化的取向其实早已经确立，早就提出了“四个现代化”即工业、农业、国防、科学技术的现代化。前面提到的“放乱收死”，不是没有分过权，但过去不论集权还是分权，都是条块分割的，按照行政隶属关系控制企业。体现在实践中，如北京有中央的企业，有市的企业，有区的企业，还有街道的企业，省、市、县、乡、镇，各自有各自隶属关系下的企业——中央产业部的企业是属于中央的，省、市、县、乡、镇的企业，各有各的行政主管，条和块各自按照行政隶属关系来管理企业，同时要求这些企业按照行政隶属关系把收入上交到本行政主管的层级上。“分灶吃饭”以后，仍然是这样。地方积极性提高了，地方的经济活动发展起来了，但地方的本位主义便自然而然地出现了，优质的原材料控制在本地，其他地方有竞争力的产品进入本地，会受到种种限制。这种不符合统一市场发展的现象，越来越表现出惰性：重复生产，低水平的重复建设，看起来带来了活力，但不能使地方的积极性支撑起应有的高质量发展。按规定，中央企业对中央财政按照“分灶吃饭”体制上缴税款（当时还有调节税和利润），即交到中央，省的企业交到省，县的、市的企业交到县、市，与此同时，企业仍然受到各自行政主管部门的干预和支持。过多支持体现的是软预算约束，无法公平竞争；过多干预即是听行政的信号，而不能靠自己的判断服从市场信号。搞活企业的过程中出现双重依赖，而且依赖市场信号与依赖行政信号相比，最根本的还是必须服从行政信号。因此，按照原来的“分灶吃饭”框架，无法真正实现搞活企业这一目标。

1986 年，在国有企业进行“利改税”的铺垫下，曾有过规范化的改革设计，实行市场经济间接调控——通过改革让价格能够产生应有的资源配置引导作用；税收是一种依法规范的调节方式，以处理政府和企业关系、利益分配关系；财政体制必须适应新的间接调控机制，实施整体改造。但有人认为“利改税”后 20 多个月间国有企业利润滑坡，是规范化挫伤了积极性，因此大方向上又进行了改变，放弃价税财联动这一“利改税”后所寻求的规范化制度建设思路，转而在 1987 年开始实行各种形式的企业承包经营责任制，也就是“包”字进城。农村改革中，“包”字很简单，能最简洁地处理“交够国家的，留够集体的，剩下都是自己的”这一激励机制问题，约束上也没有大问题。但是“包”字一旦进了城，在社会化大生产里，复杂情况下长期行为的培育马上就出现问题：企业承包里出现拼设备、拼短期绩效，通过出年度成果来兑现承包利益而不考虑长期发展的弊病，特别是“承包”虽名义上指政府和企业作为平等的双方，自愿以合同方式确定权责利（甲乙双方签合同叫承包合同)，但实际上是不平等的，政府一方随时可能以调整承包方案为名贯彻己方意愿，企业会因某一年的收益较好而被不断提高承包任务指标，在行政为主的情况下，市场上的客观因素必然被忽视。因此，多种形式的承包经营责任制下，企业的短期行为非常明显，而政府对企业的干预也变得更加错综复杂，没有公平竞争的环境可言，难以真正让企业活起来。

之后才提出了税利分流及财政体制的分税制试点，直到 1994 年进行财税配套改革。分税制改革使得中国现代财政制度建设出现了由行政性分权向经济性分权的决定性转变。在分税制状态下，经济性分权是指所有企业不问所有制情况，不看规模大小，不讲行政级别，也不区分隶属关系，在税法面前一律平等，各企业依法缴纳国税和地税。至于共享税，是各级政府之间按体制规定的财力分配，跟企业无关。依法缴税之后，税后可分配的部分，按照产权规范和政策环境，由企业自主分配。这真正解决了所有企业在市场竞争方面所要求的划出公平竞争“一条起跑线”的问题。实行分税制后，所有企业依法纳税，在市场中拼核心竞争力，优者能够扩大市场份额，劣者便会萎缩，并且还存在破产出局的淘汰机制。跨隶属关系、行政区划和所有制性质的存量兼并重组，淡化乃至取消国企行政级别，对接企业家市场等改革，也就可以顺理成章地探索和展开了。

进一步深化分税制改革

1994 年的分税制改革，其实并不只解决了中央和地方的关系问题，还解决了政府和市场主体，即各级政府和企业关系如何正确处理的制度建设问题，这对于全局来说是第一位的问题：改革以来一直探寻如何让企业活起来，必须在制度安排上有一条可持续的发展之路。分税制改革构建起了与市场经济对接的框架，因此，这不是延续过去行政性分权的思维和做法，而是经济性分权，真正改变了以往按条块分割的行政隶属关系控制企业和组织财政收入的症结。中央和地方的关系、各级政府间的关系，也有了规范化处理。

到目前为止，对于分税制改革的评价，理论界的认识还不怎么到位，一般的说法是分税制改革解决了中央“过日子”的问题。但这只是表面现象，分税制的真正作用，是使政府和市场、企业的关系进一步理顺，再加上中央和地方关系的规范化，奠定了如今国家治理体系、治理能力现代化制度的基础。此外，中央、地方以外的第三种重要关系便是社会生活中凸显的公权主体和公民的关系，也就是政府和纳税人的关系。社会成员、自然人要在财政分配体系里受到各种各样的调节，个人所得税对应的纳税人就是自然人。中央、地方、公民这三大关系的汇合点在财政，而现代财政制度如何适应这种客观需要从而服务于全局，也要从现代国家治理、现代市场体系、现代财政制度 3 个关键词的连接上进行。进一步说，如今的财政体系应该是一种服务于国家治理的体系，所谓“跳出财政论财政”“财政为全局服务”，实际上是需要意识到财政的分配作用渗透、传导到了社会经济生活的方方面面。货币政策更多涉及经济，财政则涉及经济、社会、政治方方面面，无时无刻不在产生着渗透、影响、辐射作用，是国家治理的重要基础与支柱。

有些人认为地方隐性负债、土地财政短期行为等弊病是分税制造成的，但是放眼全球，再结合中国反复探索的本土经验，可以认为，搞市场经济，中国财政除了分税制之外别无他路。实际上，分税制改革后的基层财政困难、土地财政、地方隐性负债等问题，恰恰是改革在贯彻落实中受阻而形成的。省以下的地方部门没有完全进入分税制状态，复杂多变、讨价还价色彩相当浓厚的分成制仍然广泛存在，甚至一些困难的地方和基层，干脆实行包干制。产生这些问题的原因，是因为虽然中央和以省为代表的地方之间建立了分税制框架，但对于省以下的地方，只给出了一个基本导向。省以下各地可根据具体情况，设计分税制的实施方案。但是省以下的很多地方，表面上是按照分税制来实行，实际上却按照不同的税种分成，即分成制。财权重心上移，而事权重心层层下移，上面“千条线”，最后“一根针”，要在乡镇、基层的“针眼”里穿过去落实。因此，制度的有效供给跟不上，本该由分税制内在逻辑所产生的正面效应得不到发挥，基层财政困难在一段时间里非常突出。待基层财政困难有一定化解之后，财力和事权如何顺应、如何结合好的矛盾还没有完全解决，又出现了地方隐性负债，还加上了使得地方依靠自己辖区之内“靠山吃山、靠水吃水”的土地开发，做出在土地批租环节尽量一次拿足收入的土地财政短期行为。这些问题并非分税制改革造成，而恰恰是分税制改革在省以下地方的贯彻落实中受阻造成的。分税制解决的是经济性分权问题，如今的问题是如何继续深化改革，完成当年没能完成的省以下深化改革的任务。省以下分税制体制贯彻落实遇到的难点，在于五级行政层级的分税方式，这在国际上没有任何经验可借鉴。分税制下各级税基的合理配置，经过对税种的适当调减，如何在五级行政层级间合理分税仍是无解，因此需要实行“扁平化”改革。农村税费改革以后，中国主要的农村区域水到渠成地实行“乡财县管”，乡镇不再作为财政的实体层级，属于县级预算所管的预算单位——在财政的实体层级意义上，基层已不是乡镇，而是县。另外，根据浙江省的经验，财政上可以先实行省直管县，承认市和县的行政不同级，但财政同级。这样一来，中国的财政层级就可以扁平化到中央、省、市县三级。财政部《关于推进省直接管理县财政改革的意见》提出，2012 年底前，力争全国除民族自治地区外全面推进省直接管理县财政改革。但很多地方仍处于含混状态，有省直管县的试点，却没有在全行政区铺开。“三个层级”的体系再造问题是分税制深化改革中的现实问题，是务实解决现代财政制度建设的构架创新中的改革难题。

简单勾画现代财政制度所需的制度供给框架，就应坚持经济性分权的基本路径，往下要配套联动，通过大部制、扁平化的政府机构系统化再造的实质性改革，形成人民代表大会授权委托的三级政权，并合理清晰地确定各级事权，以及各级政府共管职责的配合。一级政权要有一级合理的事权，还要有一级与事权顺应的财权。关于财权，最关键的问题首先是解决稳定的、大宗的收入。政府的收入主要靠税收，因而要处理好税基的配置问题，例如关税体现国家主权在经济生活中的调整机制，应掌握在中央手中；房地产税没有外溢性，不动产坐落在各个辖区之内，且信息复杂程度较高，适合地方政府因地制宜地掌握，操控相关税收条件。税基的合理配置方面还有很多问题有待研究，以形成正确的原则和方案。“一级政权，一级事权，一级财权，一级税基”后面跟着的是一级预算，现代财政所有功能的实现，落到运行载体上，就是要形成现代意义的预算。预算作为一个收支计划，必须事先决定，并充分反映民意，才能够有现代预算的特征——要有权力制衡之下社会多方的参与来磨合，一旦通过最高权力机构（全国人民代表大会）审批通过，便形成有法律效力的执行文件，要严格执行。所谓严格执行，除了数量、结构、进度上的严肃性之外，最主要的是要有问责，要有事前、事中、事后的全套绩效考评和监督，这样才能达到公共利益最大化，在公共资源配置优化的目标导向下达到实际效果。所以，政权、事权、财权、税基之后的预算，落到运行载体上，体制里按照扁平化方向由五级收缩到三级，使预算在整个制度安排里，各个逻辑环节能够内洽地环环相接，顺畅地可持续运行。后边还包括国有资产在各级的管理权——“一级产权”，以及中央地方各自都必须行使的有偿融资的“一级债权”，再加上中央、省两级自上而下的转移支付，全都需要相互配合。

很多人没有真正理解财政分配体系怎样实现服务全局的功能。地方之间的基本问题是横向不均衡，由各种自然条件、历史原因、发展上的特色因素造成，有发达的增长极区域，有增长贡献较弱的欠发达地区，但都是我们整个中华民族大家庭的组成部分，都是国家统一、民族团结的不可分割的部分。这些欠发达地区，需要得到中央政府职责之内重要的针对性支持。中央政府在满足本级支出的需要之后，财力构架中的剩余部分就应有区别地用于支持欠发达地区，以及全局战略需要的新的增长极区域等所体现的转移支付财力。这可称为以中央、地方间财力分配的纵向的不均衡，来矫正地方间发展和财力格局的横向不均衡。全球不论何种体制的市场经济体都如此。美国是联邦制，政府拿到的收入以一部分满足本级支出需要之后，剩下很大一部分进行转移支付；日本虽实行单一制，但同时强调地方自治，其中央转移支付也是非常有力度的；英国、新西兰、澳大利亚，莫不如此。这种自上而下的两级转移支付，如果一定说有集权特征，那么可说是中央政府在必要的经济分权之下进行财力集中，然后据此履行其应该履行的职责。至于如何提高其合理程度，是转移支付设计的优化问题。除了自上而下的两级转移支付，还要配套必要的对口支援、生态补偿等横向转移支付。

从现代财政制度的发展看，中国在服务于现代化全局中应该达到的境界，就是在事权合理化之后，使财权与事权相顺应，财力与事权相匹配。在制度建设方面，服务于现代国家治理、现代市场体系的有效构建，必须是扁平化三级框架之下的“一级政权，一级事权，一级财权，一级税基，一级预算，一级产权，一级举债权”和两级自上而下的转移支付和辅助性的横向转移支付，这应是我们应规划并力争实现的一套现代财政制度建设前景。

三、不可忽视的动力机制：现代政治文明建设和现代发展理念的落实

在推动国家治理现代化的进程中，现代政治文明建设为财税改革发展注入法治化规范化力量，而以创新发展作为第一动力的现代发展理念则为改革“深水区”的攻坚克难加码助力。新时代背景下，为更好地发挥财政在国家治理中的基础和重要支柱作用，现代政治文明建设和现代发展理念的落实不容忽视。

（一）推进现代政治文明建设

党的十八届三中全会对全面深化改革重大问题做出重要决定后，党的十八届四中全会对全面推进依法治国做出了战略部署。“全面依法治国”体现的“政治文明”也是锁定的现代化取向，现代政治文明的制度建设，要从根本大法开始，依宪执政，依宪行政，还要落到方方面面的法律上。比如现在推进的PPP，企业最担心的是政策更改。一个项目生命周期可能几十年，会经历十届左右的地方政府任期，若要降低对企业的这种潜在威胁，就必须有让企业吃下定心丸的法治条件。所以，除了宪法、预算法、合同法、项目的招投标法等法律的协调配套之外，还必须对PPP有专门立法，这是一个必然的发展方向。

在现代政治文明的推进过程中，中国当前应在公共财政、民生财政、财政现代化等概念之下，做好制度建设工作，推进全面依法治国。从如今的税收法定一件一件做起，全民考虑如何以一个“走向共和”的机制，来调节其间的利益关系以“冲破利益固化的藩篱”，更好地推进政治文明建设，为现代财政制度建设和国家治理

现代化提供支撑和不竭动力。

（二）落实现代发展理念

党的十八届五中全会提出的“现代发展理念”，以创新发展作为第一动力，带出协调发展、绿色发展、开放发展，最后落到人本主义立场的共享发展。我对于改革开放 40 周年曾提炼出 3 个关键词：一是解放思想；二是以人为本；三是创新发展。党的十八届五中全会确立创新发展作为第一动力，其后在指导主线上表述为供给侧结构性改革，实质上是对改革开放的承前启后，继往开来。在改革“深水区”攻坚克难，以制度供给促进整个供给体系质量和效益的提高，关键是结构优化。我之所以对于改革开放 40 周年提炼出以上 3 个关键词，是因为，解放思想，才能真正贯彻改革开放大政方针；以人为本，才能深刻理解现代化诉求的内涵和根本目的——中国的现代化不是狭隘的民族主义，而是在造福于全中国人民的同时，通过建设“人类命运共同体”对全人类、对全世界做贡献，“以人为本”根本的逻辑，就是中国要努力实现和平发展；只有以创新发展作为第一动力，才可能攻坚克难，使中国梦梦想成真。

中国的创新仍有很多阻力和困惑，但千难万难，再硬的骨头也要啃，《决定》中要求的基本改革任务要继续推进。按照党的十九大的要求，可知财税方面的三大改革任务，理顺财政体制是第一位，紧接着的是预算改革和税制改革问题的解决。还应特别注意，关于市场决定性作用和政府更好发挥作用，其中有“守正出奇”的诉求。“守正”是指在共性认识上，必须认识、顺应乃至敬畏市场的基本规律。但同时，不能认为了解市场经济的共性，再运用一些基本的、一般的可得经验，中国就可以实现现代化了，还必须在特定的约束条件下，力求在承担风险的情况下，争取出奇制胜。既然要出奇制胜，就需有一定的双轨制运作。例如大众关心的金融领域，我认为，除了商业性金融，还必须有政策性金融的匹配协调，必须在战略层面考虑如何使整个金融体系既有锦上添花的功能，又有雪中送炭的功能。以财政为后盾的“政策性资金、市场化运作、专业化管理、杠杆式放大”的政策性融资机制的打造势在必行，与之机理相同的 PPP 的创新也是势在必行。守正出奇这条道路可能比较狭窄，但是一定要把这条路走通，中国才可能在追赶中真正实现现代化愿景，才能完成以追赶走过超常规发展的过程，跨越“中等收入陷阱”，实现中华民族伟大复兴。财政在这一历史进程中的作用，不仅是支持事业发展，还必须注意在财政的资金运用方面要结合改革“花钱买机制”，尤其在创业创新活动方面，不能只“输血”，还要培养“造血”机制。做好这些改革发展的大文章，中国才能冲过历史的“三峡”，走好复兴之路。

积极财政政策应更好发挥结构优化功能

原发表媒体:《证券时报》 2018 年 11 月 17 日

当前中央要求财政政策更加积极有其必要性。我国 GDP 增速从 2010 年的两位数高速增长状态一路向下寻求软着陆和引领新常态，本来已基本上形成了“L 型”转换。2015 年下半年到现在，中国宏观经济运行一直在 6.7%~6.9%这个很窄的区间波动。原本在探底完成以后乘势企稳，凝聚一个市场上比较有共识的向好预期是很有希望的，但是今年中美贸易摩擦升级带来了明显的不确定性。

既然经济已遭遇了不确定性和新的下行压力，就必须按照宏观调控的“相机抉择”要领做出政策调整。政策调整的方向目前已经看得很清楚。今年以来，货币政策已经几次出手，既有面向“三农”的宽松，又有面向中小微的宽松，最近还有面向企业的宽松，所以实际上我认为目前的货币政策已经带有稳健之中较全面宽松的特征。

中央已经明确，积极的财政政策要更加积极。我认为积极财政政策的“更加积极”可以从几个层面进行认识。

首先，何为“积极财政政策”？1998 年我们首次提出“积极财政政策”这一概念。从中文的词意来说，这个表达比较含蓄。实际上，亚洲经济危机发生以后，我们需要有适度的政策刺激与扩张。同时，除了扩张性以外，财政政策还有它自己不可替代的结构优化功能，要把它的功能更着力地发挥好，这样合在一起，才是财政政策的积极与更加积极。

其次，财政政策要配合货币政策来实施总量扩张，那么扩张度加码的操作空间，一定会涉及提高赤字率。从流程上来说，财政部门是必须走预算程序来提高赤字率、加大发债规模的。今年还看不到这方面迹象，所以只能说不排除明年和后续年度有必要的话，赤字率会有所提高，负债规模继续扩大。

年内不做赤字率的适当调整可以理解，贸易摩擦对年度 GDP 的影响一般认为不会超过 0.3 个点，上半年增速已经是 6.8%了，下半年如果按照年度 0.3 个点计，或许下降 0.15 个点，如果再翻倍，也就是全年下降 0.6 个点的话，下半年将是下降 0.3 个点，我们仍然能够达到年初所说的年度经济运行是 6.5%左右的引导性目标。但是如果真有必要，我觉得明年至少可以把赤字率先提高到 3%。

3%是一个心理关口，即当年欧盟成员国签署“马约”时确定的整数关口，但一般而言，财政赤字率提高到 3%也不会有什么大的风险。从欧盟的经验来看，国际金融危机发生之后，欧盟成员国也没有守住 3%的预警线，这样的实践证明，适当超出一些也不会有特别大的问题，但一定要审慎考虑。

再者，提高赤字率不是积极财政的全部。前面提到，财政政策积极的定义里非常重要的是优化结构。我认为优化结构应该纳入当前中国所讨论的财政政策“更加积极”，而且要特别加以强调。这个视角正是紧密结合中央反复强调的构建现代化经济体系的主线是供给侧结构性改革。促进结构的优化、实施宏观政策中的区别对待，主要是财政政策的功能。财政政策、货币政策协调中间会出现一些中国特色的事情，但回到基本认识，货币政策的操作总体上只能解决总量问题（而当下更多解决适当“松”的问题），怎么处理好结构优化的问题，则须侧重财政政策。积极财政政策更加积极，一定要在结构优化的方面，充分利用我们现在财政政策的内在功能，有所作为。

除了提高赤字率，从总量扩张和结构优化的角度来看，财政政策更加积极可以从以下几个方面体现。

第一，掌握好各个年度的举债规模。

举债规模跟赤字率提高正相关，如果适当提高赤字率，假定在未来几年还本的压力比较均匀，那么就应该更多地考虑每个年度适当多举借一些公债。现在按照官方数据，公共部门债务占 GDP 的比重不到 40%，这可以说是一个安全区内相对保守的状态。有必要的话，我们可以在未来年度适当地提高到 40%、45% 甚至 50%。2017 年 GDP 超过 80 万亿元，如果提高 1 个点是多少？1 个点就是 8000 亿元以上的举债规模。如果提高 5 个点，就是 4 万亿元以上的年度举债增加规模，而且每年 GDP 基数还会抬高，所以举债空间是有的。

但是也要警惕大家担心的问题：官方数据并不包括人们议论纷纷的地方隐性债。地方隐性债到底是多少？目前没有权威数字。《预算法》修订之后，经过 3 轮的置换，十几万亿元的地方债存量基本消化掉了，转成中国特色之下由政府牵头安排、银行金融机构也接受的中期债券。现在大家担心的是随着融资平台的操作、产业引导基金的进入，以及 PPP 概念之下地方政府的参与而产生更多新的负债，到底将产生多大的压力？现在真的没有一个很清晰的判断。但我不认为会像有人所说的“整个局面已经不可收拾”。

BBC 报道武汉“满城挖”的新闻事件可以作为理解负债率的典型案例。BBC 去武汉做采访，最终出来的报道说武汉负债率高得一塌糊涂，似乎马上要垮。好在面对这样的报道政府有理性的判断，武汉在后来的整个发展过程没有受到多大的干扰。现在，武汉及周边区域已乘势待腾飞，一片大好形势。我认为，某一阶段适当增加负债不可怕，但如果骤然刹车，最坏的结果是形成一大堆半拉子工程，百姓已忍受了噪音、忍受了交通不便、忍受了扬尘，本来应该得到的、再往下会越来越好的结果，却出不来了。武汉的案例告诉我们：冲过瓶颈期，压力释放出来以后，风险一定是逐渐下降的。类似武汉这样的发展过程，我觉得不要把它说得似乎是大祸临头，一定要理性分析。具体的地方隐性债还有待加强调查研究，一方面要注重防范风险；另外一方面也不要在这过程中有意渲染一些极端化的、过度悲观的说法。

第二，是结构性减税。

我国目前有 18 种正税。企业所得税方面，已经确定中小企业减半征收的政策到 2020 年以前不变，这个 12.5%的税率比美国总统特朗普减税的力度还大。小微企业纳税的起征点也已经抬得相当高。如果还有一个可以考虑的操作点，那就是企业的研发投入。2018 年 9 月 21 日，财政部、国家税务总局、科技部联合发布通知，明确提高企业研究开发费用税前加计扣除比例。根据通知，企业开展研发活动中实际发生的研发费用，未形成无形资产计入当期损益的，在按规定据实扣除的基础上，在 2018 年 1 月 1 日—2020 年 12 月 31 日期间，再按照实际发生额的 75%在税前加计扣除；形成无形资产的，在上述期间按照无形资产成本的175%在税前摊销。这一项优惠，能否再提高其幅度，也可以讨论。

此外，还需要看到，中国企业的真实负担大量是税外的。按我们研究者的说法：社保“五险一金”按国际比较而言明显偏高，许多行政性收费的规范性也是明显不足的。企业整体负担的变动和弹性空间，明显比国际水平要大。因此，降低企业负担，一定要把税外的各种负担都放入视野，看全景图，以配套改革来减负。

第三，积极财政政策还应该包括支出结构的优化。

这里面有一系列的扩大内需方面应该有所作为的、更积极的举措。近些年来，围绕公共财政体系建设，已出台了很多改革措施，特别是通过支出结构优化、落实预算管理的完整性、加强基本公共支出管理、开展支出绩效评价等，直接或间接约束了政府行为，促进了政府职能转变，对政府起到了一定监督和约束作用。但同时，对政府支出规模、支出责任的改革，即事权合理化改革的进展还有待进一步推进。

1994 年分税制改革以来，从中央到地方，谈体制必然强调要推进事权、财权、财力的对应，但目前事权的界定仍然需要进一步明晰，与之相关的则是政府支出规模连年扩大，相应的制度制约不到位。行政成本的居高不下，与大部制、扁平化等攻坚克难的配套改革事项远不到位，有十分重要的关联，今年中央已有新一轮大部制改革的重要部署，要贯彻落实到位。

切实提高财政支出管理水平，还应体现在“少花钱，多办事”上。这就要求制度创新、管理创新、技术创新互动的全面改革，需分别从这 3 方面着手，并加强相互之间的改革互动。教育改革、科技创新也事关发挥科技第一生产力的重大作用。同时，财政应该以积极增加有效供给来引领扩大国内需求、释放潜力，比如利用 PPP 模式支持公共工程、基础设施、产业新城建设运营、产业园区的开发。还要以保障和改善民生为工作重点，进一步优化公共财政支出结构，切实地“把好钢用在刀刃上”，重点强化民生领域财政投入和社会建设，为人们提供一个日益完整、合理、精细的社会保障制度，让百姓有信心，减少消费方面的“预防性”储蓄。

现阶段中央与地方事权划分改革研究

原发表媒体:《财经问题研究》 2016 年第 10 期

作者: 贾康、 苏京春

我国于 1994 年确立分级分税财政体制，初步理顺了政府与市场、政府与企业的关系，建立了中央政府与省级政府之间相对规范的分税机制，并跟进了自上而下的政府间转移支付机制，可以说，启动了财权划分改革，其后陆续的改革实际上也更多沿着财权划分的线索推进，而在事权明晰化方面却一直缺乏实质性进展。

从现有文献来看，我国学界自 20 世纪 80 年代起已经开始有较为系统的对事权的探讨，至 90 年代尤其是分税制确立后，对事权的关注视角更为广泛，且这种探讨一直持续至今。党的十八届三中全会明确提出“必须完善立法、明确事权、改革税制、稳定税负、透明预算、提高效率，建立现代财政制度，发挥中央和地方两个积极性”的要求，强调“建立事权和支出责任相适应的制度”，这可以说是继 1994 年确立分级分税财政体制、相继落实财权改革后首次正式将事权改革提上日程。在对中央事权（中央委托地方事权）、中央和地方共同事权，以及地方事权等做出具体规定的基础上，党的十八届三中全会文件还特别强调“保持现有中央和地方财力格局总体稳定”，这也就意味着在本轮理清中央和地方事权划分的同时，对央地财力分配现状不予过多变动。党的十八届四中全会在此基础上进一步提出“推进各级政府事权规范化、法律化，完善不同层级政府特别是中央和地方政府事权法律制度”的要求，为事权改革明确了规范化、法律化的方向。党的十八届五中全会则进一步强调了中央事权，明确“适度加强中央事权和支出责任”。基于此，显然有必要在现阶段攻坚克难、配套改革的开展中，对中央与地方事权划分改革进行再探讨。

一、对事权的再认识：要素和范畴

广义的事权即对应“全面国家治理”的政府职能范围，实际上并不仅仅包括中央与地方事权划分这样一个层面，若从事权要素进行观察，基于事权主体的划分，除央地划分外，还应包括涉及大部制改革的横向划分，而这些实际上都联通至国家治理层面，其内在逻辑是全视角、精细化水平上科学合理的事权划分，必然指向顶层设计而并无局部化处理的捷径可循。在此基础上，对事权范畴的认识，一方面包括明确事权的起点；另一方面明确事权的终点。对事权范畴的理解可进一步与党的十八届三中全会已明确的中央和地方事权划分标准进行对接认识。

（一）事权要素及联通至国家治理的认识

我们通常所说的事权，所指就是国家公共权力，是一个广义的概念。贾康认为，即使将对事权的探讨落到财政领域内，也并不缩小事权作为国家公共权力的范畴，若依“以政控财，以财行政”分配体系这一财政本质的认定，事权实应属于“政”的层面。“政”即“政治”和“政府”，至此，钱穆将政治以“人事”和“制度”二分的智慧解析，为我们认识事权要素提供了十分有意义的启发：以制度与人事作为政治的两个要素，便可进一步形成两者不可分视、制度间相互配套而非孤立、制度必有渊源也必有流变等更深层的认识，也可以从历史视角窥得中国历来的“人治”色彩。由此来看，事权作为一种“权力”，也必是由要素构成的，从权力的对象、权力运转所依托的制度和权力行使相关的人员3个方面来考虑，那么至少应包括3个要素，即客体、主体和制度。事权的履行离不开财政，事权的对象、事权运转所依托的制度与事权行使相关的人员都是需要财力保障的范畴。例如：义务教育（不含基础设施建设）作为一项事权，它是一种国家公共权力，这种权力针对的对象是符合义务教育规定范围的青少年，这一权力运转所依托的制度包括管理教师的制度、管理学生的制度以及相关的行政制度，与这一权力执行相关的人员则包括政府工作人员、学校工作人员等，而以上3个方面都是需要财力保障的范畴。

基于事权的构成要素，不难发现，事权必然、必须联通至国家治理体系，如图4-1所示。从主体来看，事权划分不仅存在纵向划分问题即中央与地方事权划分，而且存在横向划分问题即与大部制分工相关的事权划分；从客体来看，事权的范畴应建立在理顺政府与市场、企业、社会等多方关系，事权的水平则随着经济社会发展不断提升，必然联通基本公共服务均等化等公共职能的行使；从制度来看，事权的决策、执行、监督、反馈以及动态优化等一系列过程，联通至整个公共管理体系；从主体、客体到制度，3个要素及各自的联通又必须在法治化的大框架下有机运行，整合形成事权与国家治理的联通体系。这一体系必然指向顶层设计而并无做局部化处理的捷径可循，其是否能够达成体系性的科学、合理状态，会直接表现在经济社会发展的方方面面。“财政是国家治理的基础和重要支柱”这一判断的正确性，从以上分析中也可得到印证。

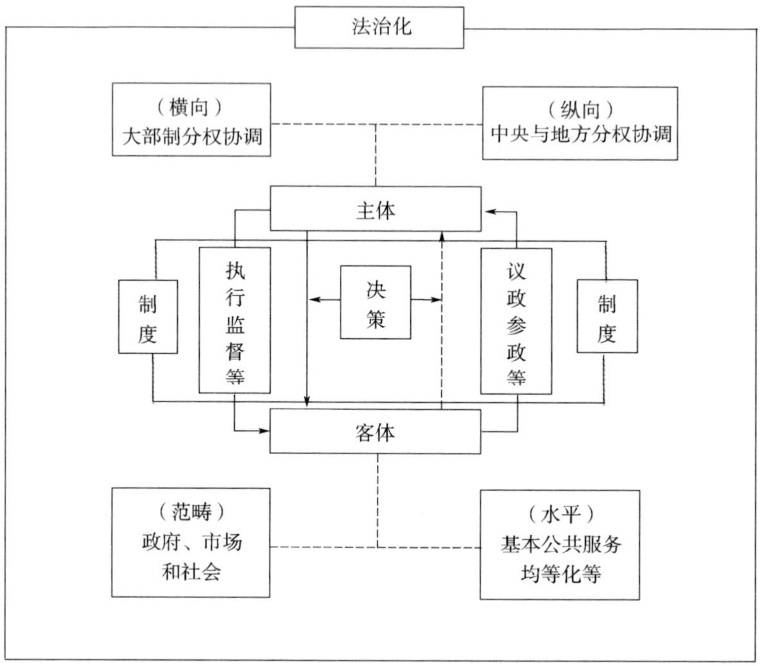

图 4-1 事权必然、必须联通国家治理体系

（二）事权范畴应明确起点和终点

我国现阶段事权改革的核心要求是合理划分事权，而这一工作首先需要建立在对事权范畴正确界定的基础上。楼继伟所强调的“现代国家治理要求科学界定国家公共权力边界”正是“实现国家公共权力的合理配置和规范运行”的前提和基础。事权范畴界定在实践层面的落实，往往是十分棘手的，划分中常常出现的“上下一边粗”“你中有我，我中有你”，以及无限延伸等问题，实际上源自事权范畴不明。我们认为，对事权范畴的认识，一方面包括基于政府职能而界定的边界，即明确事权的起点；另一方面还包括基于要素进行合理细化后的款、项、目，即明确事权的终点，从起点到

终点，从根（渊源）、干（主脉），到枝（分枝）、叶（末端），才可称是一个完整可考的事权范畴或体系。我国事权范畴的界定至少需要设计两张表：第一张表是分门别类的事权表；第二张表是每一项事权的细化表。表内分项、分类应尽量做到范畴互质，内洽周延，如此，我们才能说有把握看到我国事权边界的全貌。当然，这一实现过程是非常艰难的，但这是事权改革最基本的起步。

不论起点还是终点，在实践中都是难点。

第一，国家公共权力具体究竟包括哪些事权？对政府与市场、政府与企业、政府与社会等多方关系的科学处理是回应这一问题的必要条件，却不是充分条件。这几对关系处理好了，国家公共权力所囊括的事权范畴界定不至于“缺位”或“越位”，但里面一项一项的事权，还需要条分缕析地分门别类，这些都是事权管理的基础。然而，我国是全球范围内极少见的大国，幅员辽阔、人口众多，决定了公共事务中待管事项的纷繁复杂，对事权分门别类的梳理，绝非一般中小经济体可以同日而语。加之我国又是全球范围内经济发展特别迅速的大体量经济体，伴随着不断提升的工业化、城镇化和信息化进程，置身于技术变革突飞猛进的时代，事权范畴的边界随时代变迁和经济社会转轨一直在发生变化，带有政府经费相对规模扩展的趋势，这种扩展既包括瓦格纳定律所说的比重增长，却又不限于此，因为除了经费规模方面的增长，事权的种类也在发生变化。例如：在发展初期，生态环境治理尚不是一项重要事权，但随着粗放发展带来的污染在生态环境中的积累，生态环境治理便转变为一项重要的事权，且其囊括的内容还在不断扩充，由大气、水流到土壤、气候与生物多样性等。

第二，每一类事权究竟包括哪些细分？对于某一类具体事权，还需要弄清楚到底可以进一步分解为哪几种权力，接着才有研究每一种权力由哪一个主体来落实更为合适的条件。例如：对国土资源管理这一事权而言，至少包括所有权、占有权、经营权和使用权等不同权力形式构成的“权力束”，每种权力行使的主体可能又有不同。对某一项事权所包含的权力种类的认识，也是财政职能有效发挥的基础。以资源税为例，其征收是针对所有权、经营权还是使用权产生的收益？其征收由哪一个主体（国税或地税）完成更为合理？其收入由哪一个主体（中央或地方）来使用更为科学？这些相关问题，实际上都建立在对某一项具体事权及其与其他事务连带关系进行细化认识的基础上。这其中，对某一类具体事权所囊括权力种类的认定是第一个难点，不易区分，而认定后确定权力行使主体是第二个难点，必定会受到利益集团和现有利益分配格局的影响。

二、 我国事权划分的现状

1992 年邓小平“南方谈话”以来，随着社会主义市场经济体制建设如火如荼地进行，我国事权划分格局也逐步演变，但至今仍存在诸多问题：我国现行法律对事权的规定大都呈现“粗线条”的特点，且存在特别值得注意的“冲突点”；在中央与地方事权划分方面，存在不清晰、不合理、不完善 3 类“乱象”；在划分原则方面，我国已经历 3 阶段演变，每一阶段都颇具针对性地指向当期最为突出的问题，但因在很大程度上受到事权改革滞后的制约，所以几个关键关系尚未形成一种较合意的机制。

（一）相关法规的“粗线条”特征

党的十八届四中全会关于“完善不同层级政府特别是中央和地方的国家政府事权法律制度”的进一步要求，具有深刻的内涵。《中华人民共和国宪法》（以下简称《宪法》）第二条首先明确规定了我国权力归属的主体，即“中华人民共和国的一切权力属于人民”，基于这一归属的行使权力的制度是人民代表大会制度，在实践中的表现形式就是“全国人民代表大会和地方各级人民代表大会”，第三条中提及的国家行政机关、审判机关、检察机关作为由人民代表大会产生的机构，实际上可视为权力实际执行的主体。从《宪法》规定的权力归属逻辑来看，依托归属主体分为全国和地方两大层次，可再次体会中央与地方事权划分的必要性和重要性。

然而，若对现行法律中已有的与事权相关的规定进行梳理，则不难发现这些规定多是“粗线条”的。在方向上，依托事权的执行主体，《宪法》规定：“中央和地方机构职权的划分，遵循在中央的统一领导下，充分发挥地方的主动性、积极性的原则。”其中首先强调了中央的统一领导，其次强调发挥地方的主动性和积极性，内含中央与地方事权划分应以中央为主导之意，但却并未对如何体现统一领导、地方主动性和积极性如何发挥做出具体规定。

继续细化梳理则可进一步发现，在特定场景下，若推行中央与地方事权划分的改革，则现行法规之间会表现出种种不内洽之处，政府事权的法律化也难免陷入尴尬。《宪法》第八十九条对国务院行使的职权进行了明确规定：“（一）根据宪法和法律，规定行政措施，制定行政法规，发布决定和命令；……（四）统一领导全国地方各级国家行政机关的工作，规定中央和省、自治区、直辖市的国家行政机关的职权的具体划分。”而按照《中华人民共和国立法法》第七十三条的规定：“除本法第八条规定的事项外，其他事项国家尚未制定法律或者行政法规的，省、自治区、直辖市和设区的市、自治州根据本地方的具体情况和实际需要，可以先制定地方性法规。在国家制定的法律或者行政法规生效后，地方性法规同法律或者行政法规相抵触的规定无效，制定机关应当及时予以修改或者废止。”按照《宪法》第一百条规定：“省、直辖市的人民代表大会和它们的常务委员会，在不同宪法、法律行政法规相抵触的前提下，可以制定地方性法规，报全国人民代表大会常务委员会备案。”这一地方性法规是作为行政法规的下位法而存在的，因此，以法律化来保障事权划分稳定性和连续性这一点，可能由于行政法规和地方性法规在特定场景的不对接、不内洽而难以达成。

（二）事权划分3类“乱象”

从中央与地方事权划分的现状来看，主要存在以下3个方面的问题。

首先，法定主体不清晰，履职主体不明确。从中央与地方政府职能关系来看，地方政府在很大程度上是中央政府的延伸，“上下一般粗”特征非常明显，地方政府职能部门的设置基本与中央政府一一对应。除外交事务及大部分国防事务等突出的中央事权外，其他事务基本都是从上级到下级“多头管理”“九龙治水”，易扯皮推诿，权责不分明，导致效率低下。

其次，法定主体不合理，中央事权明显不足。从2015年数据来看，全国一般公共预算支出为175768亿元，而中央本级一般公共预算支出仅为25549亿元，只占全国数额的14.5%，与世界范围内大多数国家相比处于一个非常低的水平。在中央和地方事权划分的视角下，国家安全、边防边境（包括公路、界河、海洋等）、跨地区生态环境治理、跨区域司法管理、食品药品安全等本应当作为中央事权的事务，在现行框架下的表现是中央“缺位”或“不到位”，地方在没有足够动力或具有扭曲式过高积极性的情况下一边承担事务工作、一边承担部分经费，很容易造成这些事务管理秩序紊乱，许多相关政策效力低下。

最后，制度供给不完善，潜规则往往起到极大作用。在尚未建立健全法律体制机制的情况下，现行中央与地方事权格局中“上有政策，下有对策”的现象比比皆是。究其原因：一方面是主动因素，由于制度供给缺失而导致地方政府可钻“变通”的空子，甚至不惜越权制定一些有利于本地的“土政策”；另一方面则是被动因素，由于地方过多承担了中央的事权，地方在财力制约下势必选择降低标准执行，甚至对于某些只有指令而无配套资金的事权，地方政府选择不履行或敷衍了事，问责机制出于认定责任困难等因素，也很难切实发挥作用。

（三）事权划分的原则演变

在我国，事权划分原则已经历 3 个阶段的演变：第一阶段是强调事权与财权相适应[一]；第二阶段是强调财力与事权相匹配[二]；第三阶段是强调事权与支出责任相适应[三]。这一演变过程与我国 1994 年分税制改革确立以来面临的阶段性问题有关，正如楼继伟在《推进各级政府事权规范化法律化》一文中所言，1994 年分税制改革时的事权界定基本上是对现状的白描，事权改革可以说一直没有真正得到启动，财权虽然在分税制改革之初得以划分，但是在分税制财税体制运行一段时期之后，财力的纵向分配已呈现明显缺口，针对基层财政困难的突出问题，事权划分的原则由第一阶段过渡至第二阶段。随着我国均衡性转移支付工作的持续推进，久悬未决的基

[一] 参见《国务院关于实行分税制财政管理体制的决定》（国发〔1993〕85 号文）。

[二] 参见中国共产党第十六届中央委员会第六次全体会议通过的《中共中央关于构建社会主义和谐社会若干重大问题的决定》。

[三] 参见中国共产党第十八届三中全会通过的《中共中央关于全面深化改革若干重大问题的决定》。

层财政困难等问题使事权与支出责任之间的矛盾凸显，事权划分的原则从第二阶段步入第三阶段。从事权与财权相适应到财权与事权相匹配，我国实际上在中央税、地方税和中央与地方共享税划分的基础上又加上转移支付，在试图逐步理顺中央和地方的财权划分，而从财权与事权相匹配到事权与支出责任相适应，我国实际上在逐步推进财权和转移支付在整体制度安排视角的合理化，所以当前走到已无法回避的事权划分的攻坚阶段。实际上，中央与地方事权的划分仅停留于理顺两两关系的思路，显然很难达成最终合意结果，就事权划分原则已经历的三阶段演变来看，每一个阶段都颇具针对性地指向当期最为突出的问题，但因在很大程度上受到事权改革滞后的制约，所以几个关键关系尚未形成一种较合意的机制。

三、 财政联邦制事权划分的内在逻辑对我国的借鉴

在财政联邦制框架中，事权划分是一项极为重要的内容。世界上较为典型的财政联邦制国家，其中央与地方事权划分的实践为我们提供了许多可借鉴的经验，但这些经验与我国的实践在对接过程中是非常困难的：一是我国并不是联邦制国家，联邦制事权划分的许多根本原则与我国现行制度是完全无法对接的；二是不同类型的联邦制国家，其所采用的划分事权的具体标准也不同，可称得上因国而异。鉴于此，本文试图在典型的财政联邦制国家的实践基础上，总结几条在一定程度上带有共性特征的经验性规律，以期为我国进一步理顺中央与地方事权划分提供一些可供借鉴的经验。

（一）事权划分中通常有法定主体和履职主体两种认定

在典型的财政联邦制国家，事权在联邦政府、州（省）政府和地方政府之间的划分通常是非常明确的。当然，无论事权和财权，在实践中大都表现出至多在三级政府之间的划分，这一点也是一项

重要的值得借鉴的经验。学界早已对此有过许多探讨，在很大程度上达成了共识，并在我国财权划分实践中推动了“省直管县”和“乡财乡用县管”的改革举措，因而事权的大框架实际上也应与财权相似，即应当考虑在三级政府之间进行划分，从经验上来讲，这更加有助于推动有效设计路径与方案的形成。然而，三级政府之间划分事权这一经验，对于中央和地方事权划分来说仅构成必要条件，而非充分条件。从国外经验来看，典型的财政联邦制国家在联邦、州（省）和地方的事权划分中通常还须将主体层面区分为法定主体和履职主体，每一项事权都有明确的法定主体和履职主体，权责十分明确。结合典型国家的实践，通过法定主体和履职主体两种认定，至少可在纵向事权划分中产生以下优化效果：

一是有利于缩小共同事权中模棱两可的地带。以加拿大为例，其移民这一项事权是作为联邦和省的共同事权存在的，法定主体是联邦和省，但履职主体则明确为联邦。加拿大地方服务这一项事权是作为省级事权存在的，法定主体是省，但履职主体则明确为地方。从法定主体来看，加拿大似乎仅在联邦和省两级政府之间划分事权，而进一步从履职主体来看，不难发现其事权是在三级政府之间的明确划分。

二是有利于在纵向事权划分的基础上进一步明确支出责任。以澳大利亚为例，其教育这一项事权的法定主体是州和地方政府，而履职主体则是州政府，且明确规定了州政府履职过程中，联邦政府对全国性目标进行财政支持。澳大利亚在医疗这一项事权的处理上与教育采取了相同模式。

三是有利于州（省）以下事权的进一步划分。同样以澳大利亚为例，对于公共秩序和安全这一项事权，明确规定了法定主体是州和地方政府，履职主体则是州政府，而对于住房和公共设施这一项事权，明确规定了法定主体是州和地方政府，履职主体仍然是州和地方政府。

（二）支出责任往往由事权的履职主体来承担

从典型国家财政联邦制的实践中观察，其事权与支出责任的匹配体现在由事权的履职主体来承担相应的支出责任，这一点，可说是将已经明确划分的事权进一步在实践层面落实的关键。事权法定主体的确认往往是认定其权力的归属，而权力的执行却没有明确，在归属划分中，共同事权的划分边界往往是模糊的，履职主体的认定能够明确至事权的执行层面，而这一主体也是承担支出责任的主体。以加拿大为例，其教育这一事权在法定主体层面是归属于省的，但从支出责任来看，省政府支出占比仅为 52.6%，而地方政府支出占比则占 42.1%，看似事权法定主体与支出责任并不匹配。实际上，教育这一事权的履职主体认定为省和地方，基于此观察，事权与支出责任的关系可看出是归之于高度匹配的。再观察澳大利亚的教育，其法定主体为州和地区政府，但其支出责任方面的表现则是联邦政府支出占比 30%，而州和地区政府支出占比为 70%，看似并不匹配，而从履职主体来看，澳大利亚规定教育的履职主体为州政府，但联邦政府要对全国性目标进行财政支持，与其现行的支出责任又是归之于高度匹配的。

当然，由于事权与支出责任的项、款、目等技术性细节在形式上并非完全重合，所以并非每一项事权都可如上述例子那样可以特别清晰地观察到，与支出责任相匹配的往往是事权的履职主体，但我们研究后认为，从诸多可以观察的例子追溯其逻辑意图，应当做出如此的框架性认识。

（三）财权的细化：决定权、征管权、使用权

纵向事权划分的落实，一方面要靠财力来保障；另一方面财权的划分也在很大程度上影响着履职主体落实事权的积极性。从国外典型的财政联邦制国家的实践来看，其财权并非只是粗线条地分为税权、收费权等，而是进一步将财权进行细化，如划分为决定权、征管权、使用权等权力种类，对于同一种税收收入的财权，其决定权、征管权和使用权有可能隶属于各不相同的政府层级，以此来结合不同税种的特性进行与事权划分相顺应的财权的精细化管理。以加拿大为例，其所得税收入的税基决定权隶属于联邦政府，税率决定权隶属于省政府，征管权隶属于联邦政府，而使用权即收入的划分则是在联邦政府和省政府之间以接近65%和35%的比例进行共享。再以瑞士为例，其增值税收入的税基决定权隶属于联邦政府，税率决定权也隶属于联邦政府，而征管权隶属于行政区和地方政府，其使用权全部归联邦政府，即联邦政府100%专享增值税收入。

（四）转移支付制度弥补纵向财政缺口和促进、保障横向均等

在联邦、州（省）和地方政府事权明确划分的基础上，循事权与支出责任相匹配的原则，由事权履职主体来行使支出责任，在财力细化量化的基础上结合事权划分合理划分财权，对于仍然存在的纵向财力缺口，采用转移支付制度进行弥补。可以说，转移支付收入与税收收入、收费收入等共同构成履职主体执行事权的财力保障。转移支付的初衷和作用就是弥补纵向财力缺口，且现行财政联邦制国家一般都有两级转移支付，联邦政府对省政府的转移支付和省政府对地方政府的转移支付（也不排除联邦直接对地方的转移支付），在精准计算纵向财力缺口的基础上，以此制度来保障财力与事权的匹配。

总结来看，财政联邦制国家在事权划分方面所遵循的原则并非两两关系的理顺，而是带有顶层设计意味的通盘体制机制，追求在联邦、州（省）和地方政府事权明确划分的前提下，事权与支出责任、财权、财力的整体匹配。从实践逻辑上来看，事权主体通常有法定主体和履职主体的划分，履职主体承担事权的支出责任，以此达成事权与支出责任的匹配，最终以财权划分和转移支付制度共同构成的财力水平与支出责任达成匹配，从而完成事权的履行。本文认为，这种体制机制的设计和其内在逻辑的运转，对我国事权划分的实践而言是颇具框架性、前提性借鉴意义的。

四、 关于我国事权划分的对策建议

基于以上分析，本文对我国现阶段中央与地方事权划分提出如下初步意见建议。

（一）事权划分应切实落实规范化、法律化

现阶段推进中央和地方事权划分的改革应当切实落实规范化、法律化，而法律化更是事权划分在较长时期形成稳定局面的关键。就我国相关法律对事权规定的现状来看，事权划分中的立法工作显然任务重大。

首先，应当直面我国现行相关法律中存在的不内洽问题。在“一切法律、行政法规和地方性法规都不得同宪法相抵触”的规定下，应解决行政法规与地方性法规同时规定事权时面临的尴尬问题，理顺其他相关法律法规内容。

其次，应考虑在上位法中明确中央和地方的专有事权、共同事权、委托事权等形态。对相关原则做出明确规定，并特别注重解决合理扩大中央事权的问题，适度加强中央事权和支出责任，将该收的事权收上来，如国防、外交、经济案件的司法管辖权，关系全国

统一市场规则和管理全局性公共品（如大江大河全流域管理）等，都应当明确其作为中央事权定位。而涉及部分社会保障、跨区域重大项目建设维护等的事权，应作为中央和地方共同事权，并特别注重逐步理顺共同事权中不同层级政府之间的事权分工合作关系。带有无外援特征的区域性（辖区、社区）公共事务与服务则应作为地方事权。

（二）理顺事权、财权与财力、支出责任的关系

借鉴财政联邦制国家的实践经验，我国应当从两两关系的理顺推进到各种关系的整体理顺。总体上，应积极考虑实现中央、省、市县三级框架中，按“一级政府（政权）、一级事权、一级财权、一级税基（费基）、一级产权、一级举债权（用债权）、一级预算，再加上中央、省两级自上而下的转移支付”整体制度安排，达到各级、各地政府“财权与事权相顺应，财力与事权相匹配，事权落实于操作层面的支出责任之上”的境界。在中央与地方事权划分的过程中，我国也可积极考虑明确法定主体和履职主体，以履职主体的形式来确定相关事权最终执行的环节到底落在哪一级政府，那么就由该层级政府承担事权支出责任，以此达成事权与支出责任的匹配。在此基础上，是以财权划分和转移支付制度共同构成的财力水平与支出责任达成匹配，从而完成事权的履行。在我国，财权主要包括了税收、行政性收费、国有资产收入、举债收入等。

（三）优化和细化中央与地方的事权划分方案

依照对中央与地方关系的哲理，在理顺政府与市场、政府与企业、政府与社会等多方关系的基础上，明确事权的大分类即事权的起点，并继续细分事权一直对应到支出责任的项、款、目等，即事权的终点，总体形成事权的范畴。在事权范畴的基础上，明确事权

的法定主体和履职主体，再进一步明确认定中央、省、市县的事权范围和一览表（明细表）。基于我国现阶段中央与地方事权划分中存在的问题，借鉴国际经验和财权划分的探索，结合党的十八届三中全会决定的明确要求，应当首先将事权明确地划分为中央事权、地方事权和中央与地方共享事权。其中，还包括较为特殊的委托事权，从归属上来讲，它应当是属于高端（中央、省）事权，而高端如进行具体执行比之地方更加无效率，所以以委托形式交由地方执行更能体现效率原则。从中央和地方事权与支出责任相匹配的原则出发，中央事权应当由中央政府履行支出责任，地方事权应当由地方政府履行支出责任，中央和地方共享事权则应当明确划分履职主体和履职细则，由相应层级的政府来履行支出责任，中央委托给地方的事权应当由中央政府来以足够财力保障地方相应履行支出责任。

对于具体的事权划分，应当注意：将涉及主权、统一市场、跨区域协调等方面的事权收归中央；根据所提供公共品是否外溢性来决定是否应将事权上提，具有明显外溢性的公共品提供的事权应当提上高端，由更高一级别的政府来提供；根据信息对称程度的必要性来判断事权的划分，要求基层、低端信息对称程度高的事权应当首选纳入低端事权范围。

事权最终的划分结果，一定应当是形成带有顶层设计性质的通盘划分的表格，其应当依次包括：事权的类、项、款、目，及其所对应的法定主体和履职主体，对接至现行财政体制中财政支出的具体项目以及所需财力，进而在此基础上进行最终的财力保障测算，配套安排转移支付。

（四）进一步理顺财权划分

在推进中央与地方事权改革的同时，亟需按配套改革逻辑继续理顺财权划分，一方面在考虑财力约束和财力分配的前提下深化税费改革和地方税体系建设，进行财权的划分；另一方面应当考虑在激励相容的原则下健全以财权划分制约事权履行的机制。如上所述，我国的财权主要由税收、行政性收费和国有资产收益、举借公债等构成，应当在全面减少、清理不合理行政性收费的基础上，依照每个税种、费种、债种的属性进一步理顺财权改革。我国税收的决定权基本在中央层面，税收收入分享的比例在很大程度上直接影响地方的积极性，所以整体设计上一方面要防止税收划分抑制这种积极性的正确发挥；另一方面也要防止这种积极性非正确的扭曲式的发挥。

怎样认识和看待更加积极的“宽财政”

原发表媒体:《财经》 2019 年第 6 期

认识和展望积极财政政策（其带有某种人们已注意到的“宽财政”特征），需先从宏观经济大势说起。当下中国宏观经济遇到了不确定性的冲击，主要来自外部贸易摩擦升级的不确定性与内部“矛盾凸显”的交织，造成了中国经济的下行压力。

2019 年，或许未来更长一段时间，这种不确定性困扰的下行过程中，我们努力的基本方向，就是需要在不确定性中间把握确定性的一面，在进一步解放思想的引导下推进改革、扩大开放，支持多种经济成分的全面发展，推进共赢的混合所有制释放经济的潜力和活力。

中国的发展还有相当可观的空间和纵深——我们的工业化、城镇化等，还有可观的高速增长期。当前在扩大内需这个概念上，有了更为现实的需要。与扩大内需对应的，首先应该强调有效投资。中国工业化伴随着城镇化所要求的有效投资，从中心区域到农村区域俯拾皆是。这正是我们的回旋余地、潜力空间。中国巨大的市场潜力给我们把握确定性，提供了客观的基础。在扩大内需的投资和消费两方面，要形成有机的联动。

按照这样一个宏观经济大势，当下财政政策要“更加积极”是必然选择。

一、 把握宽财政的三大要领

关于这一积极财政政策服务全局的认识框架要分两个层面：第一个层面，全面理解财政政策服务全局的“积极”含义，这包括3个维度。在“宽财政”的表征之下，财政政策怎样掌握总量方面的调控优化；财政政策的不可替代性，又是在于它有别于货币政策而应该在优化结构方面，更多地从宏观层面发挥应有的特定功能和作用；中国要完成经济社会转轨，财政还必须动用公共资源去推进深水区的改革。不仅要把钱花出去，支持方方面面的经济活动，同时，还得“花钱买机制”，无论是支持经济增长也好，区域发展也好，民生改进也好，这个钱怎么花的机制必须一并考虑，把调控、服务都寓于改革之中。这3个维度缺一不可，都应该纳入财政政策更加积极的含义之内。

第二个层面，宽财政应该掌握好四大基本要领。

首先，在总量调控方面，赤字率有必要进一步提高。2018年官方统计口径的赤字率是2. 6%，当然这是在安全区之内的一种状态。2019年度通盘考虑以后，已明确提高到2. 8%。并未如社会所普遍预期的提到整数3这个关口。这个3%的意义，带有一定的心理特征，是当年签订“马约”（欧洲马斯特里赫特条约）的时候，欧盟成员国关于“财政纪律”所约定的一个整数关口，把3%作为一个控制线或者叫预警线。在后来的实践中，世界金融危机来了，压力之下不仅希腊、葡萄牙等这些相对小的经济体守不住这条线，就是“带头大哥”德国、法国也曾经在一段时间里失守这个3%的控制线。但它毕竟有一个防范风险方面的积极意义。

赤字率3%也不是绝对不可逾越，如果明后年、大后年有必要的话，适当提高一点也不是不可想象。但 2019 年总理的政府工作报告中专门说明：按今年 2.8%“适当提高赤字率，综合考虑了财政收支、专项债券发行等因素，也考虑为应对今后可能出现的风险留出政策空间”，体现了积极而又瞻前顾后的权衡。

随着赤字率提高，按照中国现在弥补赤字的机制，应有之义就是要适当扩大举债规模。举借公债中国已经有了规范的框架，除国债之外还有地方债。中央层面按照国债名义所举借的债务和地方层面按照地方的一般债务和专项债合在一起的举债，它们和 GDP 之比的公共部门负债率，约在 40%偏下一些，从现在的官方指标来看，明显是在安全区之内。当然，很多人关注的是地方的隐性负债应做什么样的判断——确实还没有权威数据，但是更关键的是要分析地方隐性负债在现在这个阶段上它的发生机制。我不认为现在中国的地方隐性负债会形成多么大的系统性风险，但是我们必须有防患未然、优化机制这方面的战略考虑。

弥补赤字现在用得到的举债规模，是隐性负债之外的阳光化的国债和地方债，发行机制按照预算法都有章可循。赤字率和举债规模，适当往上抬，都有总量扩张的特征，即是要配合货币政策适当给经济注入流动性和扩张性的刺激因素。

第二，应该强调减税并高水平地贯彻落实，这也具有总量扩张的特征，符合经济学已经形成的政策方面的基本经验，是供给侧结构性改革里的一种政策手段。减税的同时，还要注意结合中国的税制改革，适应怎么走向现代社会、形成现代税制这样的客观要求。中国是间接税为主。间接税中最有影响的是营改增之后作为第一大税的增值税，需要把增值税的标准税率再往下降，它的 3 档税率要收缩成两档税率，这都是近年要考虑的事情。

2019 年增值税标准由 16%降为 13%，制造业等行业在交通运输业、建筑业等行业现行 10%税率降为 9%的方案，已在刚刚闭幕的全国“两会”上公布。另外，企业所得税标准税率 25%是不是可以适当降低？面对“十四五”是不是要延续对中小企业这样的所得税的优惠？这都应有所考虑。小微企业简易征收办法，也属于更加优惠的减税，这些是在中国已经开始做和将继续做的事情。企业所得税标准税率适当降低的同时，也要考虑鼓励企业研发创新。相关所得税税基的加计扣除，有没有可能从现在的 175%再往上提，比如提到 200%。这些是中国从正税的角度来说最主要的可做的减税事项。

间接税和企业所得税往下调整，并不是税制改革的全部，中国还必须在减税的同时，考虑怎么贯彻中央所说的逐渐提高直接税比重。这必须纳入一个系统工程通盘掌握。

第三，优化支出结构。在压缩一般性支出（2019 年要求达 5%以上）、“三公”经费（2019 年要求再压缩 3%左右）的同时，其他方面的重点支持事项上适当扩张支出，是以赤字率提高带出来的支出安排上的可能性，跟着就得把这些落实到尽可能高水平的定制化解决方案上。前些年已经意识到，有一些过于形式主义的或欠妥当的做法必须调整。比如说过去被人们所推崇的支出盘子里的某些部分要做特定的挂钩处理，结果后来发现整个财政支出盘子的 48%（差不多一半）已经僵化，跟一些指标捆死了，党的十八届三中全会明确提出以后原则上不再做这种挂钩，这都是支出结构优化里必须掌握好的要领。当然，这也可能要触动一些“利益固化的藩篱”。

二、 收入再分配机制优化不可或缺

财政收入再分配机制关系到结构优化问题。财政对于弱势群体的支持要用钱，财政的减税，实为结构性减税，后面跟着的是对税制结构的优化要求。这个收入再分配对接到前面所说的直接税问题，其制度建设就是要在筹集财政收入的同时，更着重于促进社会和谐，通过收入再分配的机制发挥调控和遏制收入差距扩大的作用。

全社会其实都对收入分配问题高度关注，但是收入分配里怎样啃硬骨头，形成依法的、“税收法定”条件下再分配的税收调节机制，这是中国任重道远的制度建设任务。最典型的，就是谈了多年迟迟不见加快立法的房地产税。直接税中的个人所得税，有一定的进步了，2018 年有修法的调整改进，终于迈出了“综合”的步伐，但也留下了一些遗憾，只是把 4 种劳动收入综合了，而非劳动收入没有涉及。出于种种制约条件，这次只把 4 种劳动收入做了综合，可以预料，从 2019 年年初开始，中国的一些技术专家群体税负会明显上升，而这些专家群体在创新的企业里，确实又是他们要不惜高薪稳住的人才团队，于是这些高科技企业、特别是追求创新的企业，要留住高端团队的成本会明显提高。直接税今后的改革，个人所得税需要再优化政策设计，寻求在下一轮弥补遗憾。

三、 以支持配套改革与重点改革服务全局

怎样“花钱买机制”支持配套改革和重点改革？服务经济全局的客观需要，要求财政不能就自己业务边界为限，说到边界就不再考虑别的事情了。比如中国现在讲的减轻企业负担，降低制度成本，财政一定要做好减税，同时，财政部门要跟其他部门积极磋商，正税降低的同时，税外的各种负担怎么降？看起来不是财政部门直接管辖的范围，但财政部门一定要积极推动这些事情。

比如社保“五险一金”，通过国际比较，中国的“五险一金”

明显是非常高的一种制度成本。现在有了一个把基本养老缴费统一由税务机关来管理的改进，而管理的力度空前，防止征收环节洒漏的情况之下，又不得已做出妥协，一个是不许往前追溯；另外一个，原则上说企业负担不能增加。“不能追溯”好操作，但企业负担不能提高，就非常为难了，综合看，3/4 左右的企业基本养老缴费不足，负担不能提高，那么高高低低的缴费负担上划线划在哪里为“不增加”？这是一个实际生活中要尽快解决的问题。我的认识是要乘势赶快把基本养老的全社会统筹制度确立起来——以这一个蓄水池替代原来分散的至少好几十个蓄水池，它的互济功能会一下子上台阶，互济功能上来了，缴费的标准就可以调下来，也就可以尽可能多地把原缴费不足的企业按新的缴费标准和“负担不增”的原则解脱出来。其实提高统筹层级到全社会为一个蓄水池，这是已经说了十几年的改革任务，过去碰到既得利益的阻碍，始终没能真正冲破这个瓶颈，而我们现在可以在明确由税务机关统管收缴基本养老金的前提下，按照一个新出现的“帕累托改进”，乘势解决这个问题，也就是财政减税同时，减轻企业的税外负担，首先在“五险一金”上推动其他部门一起做配套改革。

另外，几百种行政性收费，李克强总理说是“拆香火”的事儿，这个“拆香火”就意味着要结合 2018 年中央已经明确的大部制改革，再加上扁平化减少层级的改革，对于整个行政架构来个脱胎换骨式的改造。大部制扁平化合在一起，降低行政成本，而且减少局委办的设置，就是减少了很多审批权，自然而然就可以顺理成章在拆香火以后，减少它们的审批权所衍生出来的收费权，实际上还会减少由这些收费权衍生出来的不规范的不正之风和腐败行为相关联的设租实权。

PPP 创新恰恰是把前面引出的 3 个维度全都结合在一起：

第一，它是扩张性的，是把很多有效投资的空间真正变成投资项目，公共工程、基础设施、产业园区，乃至产业新城的建设和运营，而且项目一做可能做 20 多年、30 多年，甚至 50 多年，这个扩大内需不光是在当下应对外部冲击，而且可为未来的发展增长后劲儿。

第二，它的总量扩张有非常明显的结构优化的作用，因为它是选择性的，一定要选择在整个棋盘里合适的位置放棋子，又有一个好的决策机制，即阳光化的机制——当然我们还要有其他如绩效考评制度等要素配上去，让 PPP 的决策尽可能避免失误。

第三，PPP 机制创新的特色非常明显，不光是一个融资模式创新，同时也是管理模式和治理模式的创新，是把政府、企业、专业机构的相对优势合在一起，“1+1+1>3”的一个绩效提升机制；它也必然推动中国的混改，在“不争论”的情况之下把实事做起来，因为 PPP 是促进混合所有制发展最好的一个切入点。这些大工程举足轻重，在有运营期的情况下必须组建 SPV，而这个公司一定是标准的现代企业制度，即一定是股份制的，这恰恰就可以推进中国的混合所有制改革。另外，PPP 也一定会对应到中国现在立足于人类命运共同体的“一带一路”，我国本土的这些 PPP 项目经验，会支持中国人越来越多地在“一带一路”上做境外的 PPP，这些都应该纳入中国财政政策的演变来处理为一个优化的系统工程。

财税改革与地方债缓解

时间：2018 年 9 月 18 日

地点：上海

会议：长江证券 2018 策略会

在座的各位嘉宾、各位朋友，大家好！我用接来下的 50 分钟时间和各位交流一下，以自己研究者的定位谈谈怎样看待党的十九大以后的财税改革，同时也从业界关心的地方债怎样缓解的角度，谈谈我对作为创新重点的 PPP——社会资本和政府合作的理解。

党的十九大对时代发展过程我国新的历史方位进行了新判断、新表述，那就是我们走过站起来、富起来的时代后，面对实现中华民族伟大复兴愿景“强起来”历史飞跃的新时代。对应这一新时代，确立了中国特色社会主义思想，这是我们的思想指南。在目标导向之下，以现代化战略为目标，中央提出新的“两步走”：2035 年基本实现社会主义现代化，2049—2050 年建成现代化强国。目标导向之下，又有“问题导向”下关于对社会主要矛盾的新判断，其表述就是我国社会主要矛盾已转化为“人民日益增长的美好生活需要和不平衡不充分的发展之间的矛盾”。十一届六中全会对我国社会的主要矛盾的认识是“人民日益增长的物质文化需要同落后的社会生产之间的矛盾”，已体现了需求侧的综合性。而新表述的包容性，是归结为美好生活需要。物质文化需要对应的是精神文明和物质文明层面，到了美好生活这个概括，把人的全面发展和自我实现，也就是国家领导人提到的“人民要过有尊严的生活”，以及整个社会的公平、正义等，都放在人们的追求目标之内。满足人民群众美好生活需要，碰到的问题是发展不充分，但关键是这个“不充分”是由不平衡带来的。理论上讲，永远不可能100%充分，而现在最大的问题是结构的不平衡导致“不充分”。那么，也就顺理成章地要进一步强调在坚持党的基本路线、经济建设为中心的过程中，特别注重在供给侧理顺结构、优化结构，这样才能使供给体系的质量和效率得到提高，从而满足人民需要，实现高质量发展。

将这个基本认识落地在到我们的任务实现上，就是必须抓住供给侧结构性改革，在供给侧发力化解社会主要矛盾。这个任务非常明确地要求先抓“生产关系的自我革命”，也就是邓小平当年所说的改革开放大政方针，是以生产关系的自我革命解放生产力。现在，改革开放到了深水区，要攻坚克难，首先是改造制度结构。这也是习近平总书记说过多次的冲破利益固化藩篱、啃硬骨头、涉险滩问题，是怎样在碰到这么多阻碍后打开新局面的问题。其次是达到整个供给体系质量和效率的提高。供给侧结构性改革表现为构建现代化经济体系的主线。

在这么多“新”与“变”之后，中央还强调了两个“不变”——这是意味深长的，对于实际工作的指导是非常关键的：两个不变是保持基本的战略耐心和战略定力的认识原点。两个不变中，一个是我国正处于并将长期处于社会主义初级阶段，这个最大国情、最大实际没有变。只有坚持认清最大实际的实事求是态度，才能牢牢坚持党的基本路线这条党和国家的生命线、人民的幸福线。这其实是回应了党的十九大之前很多研究者的关切。那时我就注意到，有学者在中央党校主办的《理论动态》（这是一本非常有影响力的内部刊物，引发思想解放的真理标准大讨论的初稿就是发表在这一刊物上）刊发文章，说中国已经走过了社会主义初级阶段，进入社会主义中级阶段了。我当时看到这篇是不认同的。听了党的十九大报告后，感到一锤定音：我们就是处于过去所说的“初级阶段的初级阶段”，而且将长期处于这一阶段。自然而然地，大家就有底气抵御有人在党的十九大后说要“消灭私有制”的困扰——怎样认识它？这肯定是违背中央方针的。市场与业界的人士要认识到，中央说的第一个没有变，就是让我们心里面要有定力，不要被任何风吹草动、被舆论上的波动打乱推动市场经济建设、推动民营经济发展，以及坚定不移地推动混合所有制改革的决心。第二个没有变，是我们仍然是世界上最大的发展中国家这一事实没有变。只有实事求是地坚持这两个“没有变”，才能持有理智的态度，才能把握实际生活中符合马克思主义原理所说的“两个绝不会”，这才是真正坚持马克思主义原则和共产党人的党性立场。

接下来展开说说财税改革。

在党的十八届三中全会各方给予高度评价、现在仍然有重要指导意义的全面改革顶层规划文件“60 条”里，对财税改革有其认识逻辑。“60 条”给出的总体指导方针，浓缩起来就是要推进国家治理体系和治理能力的现代化，我们可称为“现代国家治理”。现代国家治理需要现代市场体系的匹配，才能“使市场在资源配置中起决定性作用”。而紧跟着后面一句是“更好发挥政府作用”。这就是中国面对的挑战性问题：并不是学习市场经济的一般经验就可以实现现代化，要“守正”，还得“出奇”，即政府怎样创新地更好发挥作用，它一定是有别于一般市场经济情况的——有共性，更有个性。共性是肯定的，但守正还要出奇，现代国家治理要有现代的治理体系，政府发挥作用的基础是财政——这就是政府为主导的分配，以政控财，以财行政的分配，是国家治理的基础和重要支柱，也是全面改革的支撑。党的十八届三中全会以后，中央政治局首先审批通过的改革方案就是财税改革方案。这个财税改革方案推出之后，还有一系列大家知道的、涉及方方面面的改革方案推出，如户籍制度改革、企业改革、金融改革、司法改革等。财税改革又一次摆在了新一轮改革突破口的位置上率先推出，其具体要求就是三大领域的改革部署：第一是预算改革；第二是税制改革；第三是中央和地方体制的关系要理顺。这三大领域的改革任务有非常明确的时间表，要求财税改革重点和基本任务要在 2016 年完成。但很遗憾，这一目标在 2016 年并未如愿。

现在已经到 2018 年下半年，这三大领域的改革任务，客观地评价，预算改革做得相对令人满意。100% 满意的事是没有的，但是从透明度开始，逐渐提高预算的规范性，并涉及 3 年滚动预算编制的努力，优化相关的转移支付、优惠政策等，还是有板有眼，一步一步地得到推进。

税制改革方面，六大税制改革任务现在也就交出一半答卷。第一项是下决心做的“营改增”（营业税改增值税）。李克强总理在十二届全国人大会议做报告时提出要求，各有关部门要在 2016 年 5 月 1 日实现全覆盖。全覆盖之后，现在需要做的是细化和完善工作。“营改增”后，市场上较大的诉求是减税。标准税率和中间档税率已有所降低，今年是各降了一个点，这也联系着今年两会上李克强总理明确说的“全年再为企业和个人减税 8000 多亿元，同时大幅降低企业非税负担 3000 多亿元”，也就是说，1 年要给企业和纳税人减负 1.1 万亿元上。而重头戏是“营改增”，因为这是工商税的大头，占全部税收的 40%出头。

第二项是做得比较到位的环境税。从今年 1 月 1 日开始按照费改税的负担平移方案，税务机关和环保部门合作，将排污费转为以环境税征收。虽说是负担平移，但征管比过去更到位。排污费原来作为一种缴费，企业会跟管理部门讨价还价，你来我往反复磨合，实际上产生了很多“洒漏”，收缴不到位。现在强制性提升了，税务机关可以直接从企业的账上扣。对于以更好的税收经济杠杆促进环境保护，这是值得肯定的进步。实际上，今后，不排除动态发展过程中要提高环境税负担，不排除法定的调节力度将会提高，因为这就是以经济手段推动企业千方百计减排降污，对全社会是正面效应，使全社会的环境保护良性推进。

第三项是资源税。这几年的进展，总体来说是“从量”变“从价”。煤炭过去从量，是一二十年前，每吨煤收税 2~3 元的资源税，各地有区别。焦煤是特殊的煤种，每吨收取资源税 8 元。那时 1 吨煤的市价为几十元，后来上涨到每吨几百元甚至飙升到 1000 元，税收因子占煤价的分量大大缩水，甚至已无关痛痒。现在“从量”变“从价”，资源税会跟着价格水涨船高。以后长期的趋势，是基础能源产品稀缺性越来越表现，于是市场价格形成机制如果是市场主导，各类产品中煤炭等的相对价格一定是看升的，即和别的物品相比越来越金贵，而税收调节可以跟着价格走。另外，资源税的覆盖面，除了金属、非金属矿，河北已先行试点征收水资源税，并在 9 个地区扩大试点。这对中国的节水、环境保护、可持续发展的意义不言而喻。这也是税制改革相对完成得较好、交代起来正面为主的进步。

税制改革剩下的 3 项税的改革任务还在推进中，大家议论纷纷，不同观点的碰撞非常明显，到今年才较为明朗一些。今年两会上所说个人所得税要修正，《个人所得税法》进一步改革，最新的进展是 10 月 1 日开始实行新的起征点，明年开始把其他规定综合的部分综合起来，并按照专项扣除区别化处理，这也是有所进步的。实话实说，我个人对这次个人所得税改革的评价是：好不容易迈出“综合”的步伐，但是这次“综合”却比较遗憾，只把劳动收入的工薪、稿费、劳务费及特许权收入（如创新、发明专利所取得的收入）4 种归在一起综合，完全没有涉及非劳动性收入。这些收入综合在一起后，施加超额累进税率，知识分子里的中高端收入人士税负一定会上升，这实际上形成了在综合的正确方向之下，又产生了对劳动收入有税收歧视的不良调节。修法中是往回“找了找”：稿费扣了 20% 以后仍然打 7 折征收。但毕竟它是归了堆的，很容易跳上更高税率的档。再过几年能再修法时我们必须往这方面找补：非劳动收入里一些不是直接投资的资产收益，应纳入归堆、综合的覆盖面，这样才更合理一些。

专项扣除怎样具体扣，大家还要等待细则。比如各位一定关心的个人刚需住房消费信贷、按揭贷款月供的利息部分可得到专项扣除，放到年度怎样掌握，一定要看具体细则。家庭成员的教育支出、大病医疗支出，还有新加入的赡养老人的支出，这些都以什么为凭据，怎样扣除，也还要等细则。

再有就是不少人有不满情绪的房地产税。作为研究者，我认为房地产税对中国是历史性的考验。中国走进现代社会必须要有现代税制，党的十八届三中全会就提出要加快房产税立法并适时推进改革。今年两会上已有立法口风，最近，人大会议又往回“找了找”：年内或后续年度（5 年）内启动立法。我对这个税的推出是持支持观点的，由此也在网络上挨了很多骂。但是我同时有另外一个观点：建立房产税调节框架不可避免，但是它要适合中国的国情，不能照搬美国的普遍征收模式。美国对房地产税是谁有房产向谁征收，一般没有什么扣除项，在政府辖区内，见到 1 平方米房产征收 1 平方米的税。纳税人的支付能力问题可以通过其他渠道解决，比如房产是继承的，你交税困难，官方态度是你可以卖掉，完税后买一个小房子；或者你收入低到可享受政府特殊渠道提供的保障房来解决你的问题，但该交的房产税是要先交清的。这在中国显然是行不通的。中国的情况是，必须讨论这个税的税务框架怎样做“第一单位”的扣除。所谓第一单位扣除，是扣除人均多少平方米（现在这是有完全可靠的不动产登记制度作为信息支持，是可以操作的），还是按照第一套房扣除（那就更简洁），或者是考虑到按第一套房扣除有可能会促发离婚潮，那就按照单亲家庭扣除第一套房、双亲家庭扣除前两套房，这样的话一般是从第三套房开始征收，社会的可接受度会明显提高。以后中国的房地产税到底从什么税制设计起步，还要等待，立法程序开始后，草案一定要公之于众，征求全社会意见和建议，在座的朋友都可以踊跃提出修改建议。这是税制改革里面，继个人所得税后，另一个关系到千家万户、一定会产生激烈观点碰撞的改革任务。

最后要提到消费税。本来它在税改中排的位置很靠前，现在有关部门却不提它了。消费税只有 11 个品目，包括汽车、汽车轮胎、烟花爆竹、珠宝首饰等奢侈品、燃油、一次性木筷等，是认为需要加以特殊调节的一些品种。原来说消费税改革要适当地在税目上有增有减，“减”是针对大众化商品，如现在一般百姓都需要的中档化妆品、洗发水等，不再放在消费税征收品目里；而对于炫耀性奢侈品比如私人游艇、私人飞机等则应该加税。还有一个考虑是改在销售环节征税，税源给地方政府。因为“营改增”后，地方政府没了主要征收税种，怎样过日子？为使地方政府能过日子，已将增值税的共享改为五五分、对半分，并设置2~3年的过渡期。但这2~3年很快就过去，如果不建立地方税体系，让地方政府拿到其他税收，那么地方政府的行为一定会扭曲。因为只要这样：在辖区内尽量建企业，不论能否盈利，只要一开工就有税收收入。这种政府职能扭曲的情况下，市场经济的发展能不受到损害吗？所以要赶快给地方形成地方税种，消费税就是其中的一个考虑。如果将消费税中很多税源尽可能推到销售环节交给地方，让地方在自己辖区的市场销售环节征收，不会刺激政府冲动地在辖区内建厂、建企业，地方就会更注重自己辖区的市场环境建设，这个导向不会有太大的偏差。

至于财税改革任务，与前面的几个税种相比，难度更高，今天不再赘述。

关于财税改革，就说这么多。接下来谈谈理顺中央和地方关系。最关键的是要形成一个从中央到地方各级政府承担怎样的事权，这些事权需要怎样的财力匹配的事权明细单，再配以支出责任一览表，使财政事权的应用具体落实到各个政府主体，使其具有可操作性。按照合理的各级政府职能定位，匹配必要的财政支出以履行职能，这个事情已说了多年。改革开放以后一直讲政府职能转换，怎样转换？从中央到乡镇，一共是5级，这5级的事权要清晰化。实践中已开始进行的大部制改革（主要是局、委、办各部门横向综合起来）以外，还有一个纵向的扁平化减少层级的改革需要——现在实际上是按 3 级考虑，终于有了进展：中央、省和市/县这 3 级，在必须履行的基本公共服务职能方面，今年给出了不仅有原则，而且有具体执行方案的文件指导。比如在具有共同事权的基本公共服务领域，中央和地方之间分担的关系处理，分为 8 类地区 6 个大类 18 项，各项按不同地区又分几个档，指导某一具体的地方辖区，定到什么档，实施什么样的操作办法。这是中央、地方各自有财政收入来源、拿到手里各自怎样出钱履行政府职能和财政事权的具体解决方案。这是一个值得肯定的进步。这个进步比预想来得要晚，但毕竟是动起来了。今后可进一步将事权协调分工范围扩大。有一些原则上中央和地方专享的事权，以后也要更细化。比如国防，公共产品的外溢性到了国防上是覆盖整个国家的，这是全社会受益的，那么这就应该是中央的事权。但过去我们的国防是把地方政府纳入里面的，各地军民联防、军民友好城市、军民共建活动、对于军队在职人员和军属的慰问，以及军队反过来支持地方建设、民兵训练，还有预备役，等等，你中有我，我中有你。这方面的财力分配关系过去并不规范，以后都应按照上面的道理清晰化、合理化。我们所说的中央和地方的关系，总体上应该是一级政权设有一级明确的事权，配上一级财权，然后配上各级的税收基础，形成预算，再加上中央和省两级自上而下的转移支付，以及横向的转移支付，比如对口支援和生态补偿就是横向的转移支付。这些理顺中央和地方关系的工作，进展是有的，但是没跟上时间表的要求。我们别无选择，要继续推进。

基于以上任务，看看党的十九大在表述上对于侧重点的要求。党的十九大报告里，说到财税非常简洁，是这样的几句话：

“加快建立现代财政制度，建立权责清晰、财力协调、区域均衡的中央和地方财政关系。建立全面规范透明、标准科学、约束有力的预算制度，全面实施绩效管理。深化税收制度改革、健全地方税体系。”

按照这段体现中央最高层面指导精神的话，我认为可以提炼出3点。

第一，财政体制理顺成为首要任务。当年是预算第一、税制第二、财政体制第三，现在是理顺财政体制排第一位了。

第二，预算的规范透明和绩效管理。这个问题说了多年，难度不言而喻。党的十八大讲的全口径预算，是把所有的政府财力统统覆盖在预算体系之内，分成4个相对独立又统筹协作的部分：一般公共收支预算、资本预算、社会保障预算和基金预算。地方土地批租收入已不是预算外，那么它进入预算体系的哪一部分？进的是基金预算。这4个相对独立的预算合在一起，怎样追求绩效？一定要有像模像样的指标体系，要有比较强的预测分析能力，再给出对应的解决方案，称为事前、事中、事后的通盘绩效管理，也就是中央要求的全面管理。

在绩效的考评上，如果再观察一下，可知前面已经确立了一个框架，就是3年滚动预算，从中央率先做起，预算的规划一下要做3年，每年实绩出来后，再向前滚动1年，是以3年的预测覆盖政府收入、支出的管理（财政的收入管理中还要处理其中的发债和赤字安排等相关关系）。美国政府多年前就做到了5年滚动。中国现在还说不出经济、社会的变化是一个怎样的量化预测结果，所以先做粗线条的3年规划，从中央开始做，地方跟着来。全面实施绩效管理任重道远，但是方向确定了：在透明后面跟着绩效管理。这里要说到现在中央还在继续努力规范发展的 PPP。公共工程、基础设施乃至产业新城的建设运营等重大项目，需要得到政府经费支持，是典型的“可行性缺口补贴”，即政府之外的企业、社会资本方面，做项目的回报测算时算来算去缺那么一块，财政以可行性缺口补贴补上，于是整个项目就运转起来了。一个 PPP 项目的生命周期往往是 20 年、30 年、50 年甚至更长，全面绩效管理当然要覆盖项目的全周期，而且绝不能就可行性缺口补贴本身讲绩效，一定是和所有的社会资本——银行、金融机构的各种投融资结合在一起，才能说清这个财政补贴是怎样的绩效管理水平。显然，这是一项极具挑战性的任务。

第三，地方税收体系的建设时不我待。想要地方政府以合理的机制发挥政府职能，就必须解决好钱从哪里来的问题，后面才是用到哪里去、怎样用的问题。地方税收体系是顺理成章的制度建设。党的十九大指导精神之下，我们可以理解为：财税改革三大方面的任务，正是原来三大任务的延伸和继续。

接下来要说一下各位关心的地方债的风险防范问题。这是舆论界、市场层面关注的问题，也是政府管理部门关注和讨论的问题。大家对金融风险防范问题看得很重。经过努力，我国的《预算法》已有修订，地方债得以阳光化。以前我们就已提出，大量隐性的地方债产生，有着潜规则强制替代明规则的必然性，解决隐性地方债的风险问题，需要按照疏堵结合、有堵有疏、堵不如疏的大禹治水古老智慧，掌握“开前门、堵后门、修围墙、治存量”的要领。这和管理部门说“开明渠，堵暗沟”一个意思，阳光化后，在规范的渠道纳入预算，以防范可能带来的风险因素。

《预算法》对于地方债怎样借、怎样用、怎样还已有清晰规范。

每个年度，中央政府和地方政府商量好后，有一个年度内地方债发行的总规模。把总规模和各地对应，切块下到各地，成为各地掌握的部分，在各个省级行政区的预算程序里体现出来：这个年度，全国地方债落到我们省级行政区是多大的量。这个钱怎样借？一般按照地方债和专项债两种方式，在市场上举借，以债券形式为主。举借后怎样用则按照规则来，专项债券有确定的具体工程项目，一般地方债则可以统筹安排，调节使用，但是强调不能用于“人吃马喂”，必须用于基础设施。怎样还呢？那就是还本付息，在预算里安排。专项债必须考虑项目本身产生的现金流，一般的地方债，就在整个收入盘子里安排还本付息。有了法律规定，就卡住了两头：一头是地方债的规模有总控制，风险从规模视角来说控制在这个盘子里；另一头是原来发生大量隐性地方负债的融资平台，不允许再发一分钱的地方负债，这些平台必须市场化转制。怎样转制？没有清晰规定，各地都在探索。一般的理解，就是可以不一下取消（愿意快刀斩乱麻关停并转是另一回事），很多地方政府还可利用这一平台承担辖区的公共设施建设。有些地方则探讨市场化转制，是能否实行股份制改造，向混合所有制方向发展，等等。

卡住这两头后，从当时的指导精神就可以看出，鼓励的创新重点，是政府和社会资本合作，也就是国际上所说的公私合作伙伴机制。当时的文件非常明确地说，如果把原来形成存量的融资平台的工程项目转为规范的 PPP 项目，项目形成的负债规模可不再纳入地方政府负债规模的合计，也就是鼓励大家把存量项目转为 PPP。当然，能够转的不多，剩下的阳光公债可以支持的项目还有大量融资需求，那么就鼓励以规范的 PPP 体现为增量，去适应地方债不能直接覆盖的工程建设投融资需求。本来这个框架是很清楚的，但是最近一段时间，在贯彻中央金融工作会议和党的十九大要求的防范金融风险的任务之下，方方面面都在讲地方政府层面的负债风险值得重视。所以我也特别关注了大家所说的地方政府层面的负债主要是指什么。现在有些地方融资平台在有些场合下还在变相地举债，这个情况可能不多，不是很普遍。另一个担心是对前面很有积极性的地方产业基金——通常是财政出资设立的母基金，母基金依靠一定机制设立一些非政府主体出资的子基金，然后贯彻国家的产业政策和辖区的发展战略，以子基金的决策团队对应项目，母基金给他们一些优惠和帮助，使他们在这方面的风险度降低。在这样的创新模式中，有些人担心加进了过多的地方负债因素。

此外，最主要的担心是我们今天要讨论的 PPP。关于 PPP，从正面推动来看，大家有印象，这是 2014 年后发改委和财政部创新工作的重中之重。2013 年年底，李克强总理和综合部门的领导一起去欧洲访问时，所接触到的欧洲一线领导人众口一词说在中国的创新过程中要抓 PPP，领导层很快达成了共识，要求发改委、财政部 2014 年以此为重中之重。有了这个明确的任务后，李克强总理之后还有几十次督办，要求业务部门对各项推进都有记录。推进过程中，大发展的基本局面形成，两大部门的项目库在网络上可以查到，现在形成的对应项目总规模是十几万亿元，落地了几万亿元。有了这样的发展局面，最近一段时间，特别是更早的前几个月，给人的印象是，地方政府层面的 PPP 似乎有明显的不规范问题，要加强管理、强调规范化。很多地方都说似乎要对 PPP 叫停，我觉得不可能叫停。这是中国不得不抓的创新重点，它符合事物波浪式发展的规律，有了一轮大发展后，要往下落一落，这一波高点过去落一落求稳、讲规范，然后使持续健康发展形成新一波局面。我觉得现在就是这样的一个出现高峰、有所回调、讲究规范化的过程。如果我们理性认识发展过程里的规范性追求，就要说一下对 PPP 所关心的具体风险点，我听到有明股实债、财政保底等。

对这些风险点一一讨论前，还是想强调一下：我仍然认为前一轮讨论地方隐性债的堵不如疏这个大禹治水的古老智慧，很值得重视。搞市场经济，中央政府和地方政府都应该有对接有偿投融资市场机制的手段，国债以外还应该有地方公债。已经有一定程度规范化、阳光化的地方债和 PPP 在进一步发展过程中也可能会产生不规范、不阳光化的一些新问题，当然就要有堵有疏。疏是建制度，求得规范化发展；堵则是指不规范的东西要堵住，要区别对待。但总体来说，更积极的是堵不如疏，凡是能够由疏解决的，就不要强调一味地堵，这是新一轮地方债风险防范过程中，仍然值得贯彻的一个大禹治水的古老智慧。这样一来，可调动一切潜力和积极因素，以求在实际的地方债风控过程中最大限度地扩大其正面效应和防范偏差。

既然是防范偏差，就要看看现在对于偏差的担心是什么。对现在凡是有运营期的 PPP，都要设一个 SPV。这个 SPV 作为一个项目运营主体，有清晰的现代企业制度，以加入股权为基本规则形成一个股份制的运营主体企业。这种 PPP 的股权有明股实债问题，这是一个批评。首先是指在某些情况下，政府方面为了吸引企业参与、促使企业下决心，给出了回购条款：你先进入项目，隔多少年我把你的股权买回来。当然，这个回购条款一般是不写进 PPP 协议的，但可以以补充协议或其他方式存在。这种做法肯定是违反 PPP 规则的。PPP 应该是风险共担，不能由政府单方面承担所有风险。如果不能共同承担风险，就会产生经济学上所说的道德风险，使企业方面无所顾忌，没有尽心尽责的内在激励。这里要堵的，是不能在 PPP 协议里出现回购条款，无论条款以怎样的方式存在。这个“堵”需要加快编制 PPP 条例，以红头文件或法律形式向更高级别提升，做出具体的规定。但同时也要认识到，PPP 项目通常情况下会延续到 20 年、30 年乃至 50 年的时间段，企业方面确实会有这样的顾虑：对于延续期内的不确定性，在签约之际很难预计，所以往往很难对股权一持到底。对此，从“疏”的视角来看，已经有一种股权交易机制，也就是早已成立的一些地方金融资产交易中心和交易所，在 PPP 大发展期间，上海和天津又正式挂牌了金融资产交易所。上海金融资产交易所的挂牌仪式我参加了的，当时致辞的领导说，与交易所业务特别对应的就是 PPP 发展期间必然带来的类固定收益资产交易问题，很多 PPP 股权就是属于这种资产。交易所有这样的交易通道，于是上述明股实债问题，就可以依靠制度建设给出一个非常清楚的交易平台来形成疏导通道，这就可以在很大程度上消解企业的顾虑：现在认为我可以进来持股，但什么时候情况变化了，我不想持股了，不是政府回购，是进入交易中心和交易平台解决自己的资产退出问题，是由别人接盘，接盘是市场定价。我接触的一些金融界的人士说，他们早就看中这个市场空间，如果说一般的交易是大学本科水平，他们要做的对于类固定收益资产的交易则是研究生水平，他们很有兴趣。我觉得这是现代市场体系里可以匹配的机制，这个机制可以在很大程度上消除明股实债问题，所以，除了“堵”，还有这样一个积极的“疏”的通道。

另外一个明股实债问题是持股比例低。多少比例算低？找不到严格的数量界限，管理部门可以规定 BOT（建设—经营—转让）、

ROT（重构—运营—移交）、TOT（移交—经营—移交）等不同模式下应该有的一个指导性持股比重，但不宜僵化。已列为国家级示范项目的固安新型城镇化项目，做的是连片开发，其实践成效较好，得到管理部门的肯定。当年开发此项目时，固安还默默无闻，政府没有足够财力入股，如果说持股占比低，可能已经不是低的问题，直观上看，地方政府几乎没有股权。项目是“政府主导、企业融资、市场运作”，政府和企业方面谈成了规划，并同意按照这个规划供地。整个连片开发的产业新城，企业方面在2000年以3000万元人民币请美国团队做了全套的规划设计，内容细化到广告词。规划团队打包给出可供实施的规划，政府审批同意了。随后，企业靠自己的市场运作能力招商引资，筹措资金开发建设。谁能想到10多年的时间里，固安就迅速崛起，成为明星般的增长区域，其产业集群方面是带有高科技特征的，环境保护方面是绿色、低碳的，这一称为产业新城建设运营的连片开发，把百姓特别看中的医院、学校、各种各样的公共设施、绿化带、宜居城市建设中不同类型的住宅等，全都打包在里面建设完成。市场运作的结果是，产业迅速升级，超常规发展，百姓得到实惠。固安的百姓没有想到，还获得了企业引入好医院对口支援的高水平医疗服务，学校也是这样由名校对他们帮助支持，提高当地的教育水平。有这样的好结果是大家喜闻乐见的，但当初如果硬性规定这个项目政府要持有多高比重的股权，很多事情可能就做不成了。这种超常规的发展案例给我们的启示，是管理部门可以给出指导建议，例如PPP的股权部分，可以要求一般应达到的区间，但不能说必须达到百分之多少，且定了就不能动。

往下还要说到，在广义的PPP里，BT（建设—移交）应该是一个可选项。管理部门多年说的是 BT 应该排除在 PPP 之外。BT 是政府想做而自己一时拿不出资金来做的项目，由企业垫资开发建设，然后政府以按揭方式分批次将开发建设资金支付给企业，算总账是还回去的钱给了企业一个非暴利但可接受的投资回报水平。政府做不了的事情，先让企业来干，然后把这个支出平滑处理分摊在若干年。这个机制如处理不好，就是管理部门说的“拉长板”的 BT 越做越多。对这方面的风险做防范是必要的，但不能对 BT 完全否定。我接触到的一个这方面的例子，位于四川省凉山州（首府是西昌）。凉山州的中心区域是不错的，但凉山州更广阔的地方是大量的山区，最典型的木里县，1 万多平方千米全是山区。那里十几万以少数民族为主的居民，按照中央的要求 2020 年实现全面小康，要精准扶贫到位。前几年提出精准扶贫时，凉山州马上意识到，说了多年“要想富先修路”，必须建的 5 条干道不能再拖了。建这 5 条路资金哪里来？一筹莫展。后来找到民营企业太平洋建设集团，这家企业多年来在地方市和县基层专业做 BT，经验丰富。于是双方签约以 PPP 形式加快干道项目建设，没有直接涉及 BT 概念。但那 5 条干道旁不可能有停车场、广告牌等现金流业务的匹配，就是由企业先把干道建起来，以 BT 的方式解决燃眉之急，把精准扶贫的任务完成，然后政府按承诺相对从容地以按揭方式将款还给企业，就是这样一个机制。由此可见，不能说 BT 机制是一个完全不予考虑的方式，在特定情况下是可选项，不能将其完全排除在 PPP 之外。

再说一下“保底”问题。企业参与 PPP 不是学雷锋，而是按照自己的风险偏好，认同取得覆盖很长时间段的非暴利且可接受的回报水平，认同项目的利益诉求，有预期的保底，才会签字——

PPP 是由企业自愿签字才做得成，这个“自愿签字”内含有企业预期的保底。应该明确：如要直截了当地有一个政府对企业保底，是错误的，跟明股实债一样应当“堵”，而“疏”是靠制度，努力以法治化、阳光化、专业化使企业在预期上八九不离十地有信心签这个字。保底在具体形式上应被否定，但是“预期保底”又是不可回避的问题，要想让 PPP 发展，就要解决好怎样才能具备法治化、阳光化、专业化的条件，使企业确定预期的保底，从而积极参与 PPP。这又是一个前面已说到的堵不如疏的案例。

再说一说 PPP 的资产负债表。全世界都在探索其会计准则，我认为应该明确：地方政府做 PPP，不可能和相关负债撇清干系——这些项目到底在资产负债表上怎样体现，大家可以探讨。我的观点是：这种负债在地方政府的财政上体现，至少是要承认，在 3 年时间段的滚动预算中安排支持 PPP 的政府可行性缺口补贴，可认为是预算支出，所以不算是负债，但如果项目后期还需要全生命周期的可行性缺口补贴，那就是或有负债了，一定要有这样的对应概念。如果非说地方政府做 PPP 不能产生负债，这在专业认知上无法自圆其说，实践上是把创新卡死，不符合专业水平的要求。因此，我们还是应积极研讨 PPP 资产负债表的财务会计准则，并与国际进行交流，形成可认同的 PPP 资产负债表规则体系。

最后是财政承受能力论证问题。一般来讲，公共收支里以 10% 为天花板，不能突破。具体到地方政府项目的讨论过程中，开始的几个项目一定不能碰 10%，但后面的项目碰到它时，可以请专业团队协助政府和企业讨论能否做平滑处理，更多地靠后续年度去分摊可行性缺口补贴，这往往有一定弹性空间。另外，从基本逻辑上讲，对于预算体系中地方基金预算的“活钱”，通过预算程序是可以用于支持 PPP 的。对这些问题，可遵循实事求是原则一起讨论，争取在有利于积极创新和防范风险的前提下，适应现实需求，把党的十九大以后的投融资机制创新和 PPP 的健康发展做得更好。

我的这些看法汇报到此，请大家批评指正！

都市圈发展建设的财税体制和政策

时间：2019 年 3 月 22 日

地点：北京

会议：中国城市百人论坛 2019 春季论坛

谢谢潘院长，感谢邀请！注意到刚才周司长说的指导意见（328 号文件），在网络上搜了一下，可以见到文件全文，一共 27 条，内容很充实，现实意义也是非常鲜明的。

会议给我指定的发言重点，是要结合都市圈的财税体制和政策来说。我试着把自己的认识框架向各位汇报一下。

先说一下我理解的财政体制改革方面的思路和原则。在服务于全局、形成现代国家治理的基础和重要支柱这方面，中国改革开放过程中的财政制度创新最开始是分灶吃饭，后来搞分税制，再到现在进一步贯彻中央批准的配套改革方案这样一个大的脉络。在 1994 年税制改革确立分税制这个框架后，我们认为基本形成了财政体制从行政性分权到经济性分权的转变，这个体制变革的基本制度成果必须坚持。但实际生活中，我们也看到，有很多问题困扰着我们，比如基层财政困难、地方隐性债，以及土地财政的短期行为等，这些已被诟病多年。

这些弊病和问题的由来，是 1994 年的分税制体制框架，还是分税制改革深化受阻？这是认识上的大前提，也是实际上是存在明显不同意见的地方。我作为研究者，一直坚持 1994 年税制改革的里程碑意义。它在中国服务全局的财政体制的最基本的内在三大关系的处理上，理顺了和市场经济对接的关系。所谓三大关系，是财政体制必须一并处理好政府与市场主体（就是企业）、中央与地方，以及国家与公民的关系，这三大关系交织在财政体制里。

分税制框架将所有企业不论规模大小、不问行政级别、不看隶属关系、不讲经济性质，在税法面前一律平等，按法律规定该交国税交国税，该交地方税交地方税，税后可分配的部分，按照产权规范和政策环境由企业自主分配。这是一个重大的改革成绩。有了1994年的这个对政府与企业、与市场主体关系的处理，才有后来的跨区域、跨隶属关系、跨所有制藩篱的存量重组、企业兼并、股份制与混合所有制的发展，才有国有企业逐渐淡化乃至可以取消行政级别，对接到国有企业的高管可以由企业家市场来产生，等等。在深化改革方面，当然还有很多任务有待完成，但一定要注意到，分税制改革并不是首先靠正确处理中央与地方关系来服务全局，它首先是靠正确处理政府与企业、与市场主体的关系。

1994年税制改革的另一个要高度评价的方面，是乘势理顺了中央与地方的体制关系。没有了体制周期，不用再讨论诸如“五年不变”这样的“讨价还价”方案了，中央和地方层面所有相关的必要参与者不断讨论，然后优化分税制度，这个基本框架延续至今，是坚持下来了的。

公权和公民，也就是政府和纳税人的关系现在越来越凸显。中央要求的逐渐提高直接税比重，现在当务之急是个人所得税，已经有了几轮改革，而且还必须继续优化。另一个重要的直接税就是房地产税，从立法先行开始，势必把中国的税制向现代税制推进。

现在碰到的基本问题，是省级以下并没有真正进入分税制，人们所抨击的那些问题和弊病，基本都是深化改革在省级以下受阻造成。我们前些年一直在追踪各地的体制文件，将全国的省和省以下的体制文件汇集在一起，列了个一览表，结果发现没有一个省级行政区在省以下真正进入分税制状态，包括北京、上海等在内的经济发展较好地区，无一例外，更不用说经济欠发达地区。地方一般情况是搞分成制，有些困难的地方，市以下干脆就搞成包干制了。

那么以省级为代表的地方与中央之间的分税制应该坚持的基本特征是什么？就是如果主要税种不能分清是国税还是地税，必须按照“一刀切”的规范方式作为共享税。这个共享安排是排除一切讨价还价可能性的，比如第一大税增值税，过去是 75∶25 分成，现在是对半分，北京、上海如此，新疆、青海、西藏也如此，没有弹性空间，这是保持分税制最基本的一条底线。各地的区别是那些需要做差异化调节的。靠什么调节？要靠 1994 年以后发展起来的越来越带有客观性质的提高科学化、专业化水平的转移支付。

我估计，在都市圈的发展过程中，不同都市圈的同志都会强调自己的特色、自己的特殊需要，那么还是一个道理：体制上必须坚持 1994 年的基本制度成果，要杜绝一切会颠覆这个最基本规范的理由，无论这些理由看起来有多么实事求是、多么因地制宜，这是一条在财政体制方面的底线。

进一步深化改革一定要从都市圈开始。原来想走出一个中国特色五级框架之路的分税制，这么多年来已经证明，省级以下体制不能按照分税制落实，就是因为省级下面的 4 级如何分税，无论怎么探索都是无解的。

今后，如果能落到中央、省和市/县 3 个层级，局面马上会豁然开朗。这其实已经有了铺垫，“乡财县管”已经把乡镇这个实体层级的任何可能性抹掉了，后来又积极推进了“省直管县”，这样可把市和县放在一个平台上对省“说话搭体制”。这样一个扁平化的改革如果能够贯彻到底，以后的都市圈里，如果是直辖市，就是中央、直辖市及以下的区，为 3 级；如果市上面有省，下面的是市，争取按照 3 级框架，把我国不到 20 种的税，尽可能合理地按照分税制内在要求，做好税基的合理配置。

整个体制应该是在法治框架之下，由最高权力机关全国人民代表大会对政府体系授权，各级政府明确自己的事权：一级政权匹配一级事权和后边跟着一级财权（主要是税基配置和各级的预算——中央、省、市和区的预算）。这样的体制可保障都市圈建设中与市场经济接轨的政府理财体系基本的规范性，仍然坚持经济性分权。现在，在基层困难、土地财政、隐性负债等方面，如要追究其成因“打板子”，其实很清楚，应该打在我们过去就知道弊病非常明显的分成制、包干制上。所以，要真正把财政体制纳入实质的上下贯通的分税分级轨道，当然需要再加上转移支付，那么人们感觉有明显不良作用的那些弊病，是可以克服的。

这是我关于体制方面一个简要的认识框架。如果在这个框架里做个小结的话，就是都市圈显然有各自的特色，但是必须坚持跟市场经济内洽的分税分级财政体制有共性，这个基本制度成果必须通过深化改革得到巩固，进而要在克服省级以下分税制不落实这个弊病的基础之上，让都市圈区域战略得到更好的贯彻，促进各个都市圈蓬勃发展。

关于政策，我想强调几条：第一，在财政运用财力和政策设计去支持都市圈的发展方面，共性的要领仍然是无论什么样的都市圈，政府一定要通过自己的财政分配，有效地支持高标准、法治化营商环境的建设。应该巩固这种高标准、法治化营商环境的具体的方案，也就是我们已明确表态的：我们讲的公平竞争，就是国际上所说的竞争中性、所有制中性。这个层面之下，就是把市场经济里的市场决定论充分体现在都市圈建设里，让市场主体有充分的弹性创新空间。

第二，也就是我们在新供给经济学里特别强调的：有效市场后面还必须加上有为和有限的政府。对于都市圈，特别值得强调的是政府的“有为和有限”。首先要抓住的、排在第一位的事情，除了前面所说的保持社会公平正义、公平竞争外，还有政府必须牵头做好“规划先行，多规合一”这样的顶层规划，这是市场主体、基层单位以“试错法”解决不了的问题。

第三，基本公共服务要对应以市民化为核心的弥合二元经济过程的城乡一体化发展，要覆盖以后整个现代化过程。当然，在转移支付方面，怎样进一步在各个都市圈里合理优化，是接下来要解决的大问题。

第四，还要抓住政策性融资体系的建设，每个都市圈都必须把它放在支持区域发展战略的非常重要的位置上。

谢谢！

关于中国直接税改革这块“硬骨头”的探讨

时间：2019 年 2 月 15 日

地点：北京

会议：中税盟百人律师税务律师论坛暨税务律师培训启动大会

谢谢刚才于院长的开场白，还要特别谢谢朱青教授。今天我抓紧时间跟各位汇报一下与税收有关的一个特定角度的认识，即直接税“啃硬骨头”的制度建设怎样在税收法定、立法先行的原则之下来做些认识探讨。

首先，我先勾画一下我对于中国全面改革新时期财税配套改革这方面大脉络的认识。党的十八届三中全会通过了《中共中央关于全面深化改革若干重大问题的决定》（业界称“60 条”），这是带有顶层规划性质的指导文件。到党的十八届四中全会，指导思想是把以经济改革为重点切入的配套改革进一步扩展到实际上要有政治体制改革配套的“全面依法治国”。从党的十八届三中全会到四中全会的大政方针里，我认为这几个关键词是联结在一起的：“60 条”的指导精神中最核心的，是要实现国家治理体系和治理能力的现代化，可简称“现代国家治理”，将中国完成现代化的进程中整个制度安排和机制优化从原来的“管理”升级到“治理”的概念，一字之差，内涵有重大的区别。“管理”显然是各级公权在手的机构（就是政府体系）自上而下的一种掌控，而“治理”强调的是有可持续的、规范的多元主体互动的机制，使政府、非政府、各个方面的社会主体，把管理和自管理，组织和自组织，调控和自调控，融合在一起以后，调动一切潜力和活力来解放生产力，促进社会的进步与发展。这个治理必须现代化。

这样的一个在国际上来说对接“善治”这个前沿概念的“治理”，必须对应资源配置机制的现代化，那就是“60 条”里反复出现的“现代市场体系”这个要求。这里非常重要的认识突破，是“市场决定论”终于确定。邓小平“南方谈话”确立了市场经济目标模式，但结合现实条件，中央的文件那时还只能说市场在资源配置中发挥“基础性作用”，而“60 条”中是“决定性作用”，且跟着一句“政府要更好发挥作用”。政府怎样更好发挥作用？现在有很多探讨，比如我们推进的新供给经济学的理论框架，其认识浓缩以下就是：有效市场加上有为和有限的政府，在中国的现代化过程中，要把这种政府和非政府的共同作用，处理为“守正而出奇”，我们才能实现可持续的超常规发展，缩小与发达经济体的距离。改革开放 40 年以来，我们的现代化之路越走越宽，未来必须继续超常规发展，才可能如愿实现中华民族伟大复兴这个中国梦。现代市场体系和政府更好发挥作用后面，跟着的就是“政府更好发挥作用”，必须解决好政府职能履行所必须依托的“以政控财，以财行政”的分配系统。以政控财，就是政府凭借自己的公共权力、社会管理者这种特定的政治权力（在我国法律上讲，是最高权力机关全国人民代表大会授予政府社会管理者权力），控制社会总产品中的一部分，然后去“以财行政”，因为政府履行任何一项职能，没有财力作为后盾都是不可实现的。这就要聚焦到我们今天讨论的“税收”这个概念上。以政控财中最稳定、大宗的收入来源，就是按照“税收法定”这种现代国家治理意义上所说税收运行所产生的财力来源。收入机制的优化，是现代财政制度首先必须处理的钱从哪里来的问题和怎么来的问题。这个问题处理好以后，还有“钱用到哪里去”“怎么用好”的问题，这就是整个现代财政制度的收支所体现的分配。

这 3 个关键词必须对接到党的十八届四中全会的全面法治化。全面法治化已经非常明确地表述了税收法定，因为这样一个大宗、稳定的政府收入来源，需要以尽可能合理的且动态优化的法律体系，形成其合法性和执行过程中的权威性、严肃性。作为纳税人，必须依法把应缴的税收缴入公库，实现这种利益的让渡后，才能支持“以政控财，以财行政”的政府履行职能。如果没有一个高水平的、法治化的制度，那么可想而知，这样的税收制度不可能匹配现代国家治理。现在，中国处在这样一个过程中：必须通过制度建设的进步，也就是我们所称的税制改革，来推进现代化实现。

关于税制改革，中央规定了六大任务，我今天主要谈一谈其中的直接税，这是我认为在中国税制改革中难度最大的“硬骨头”。到了改革的“深水区”，中国的直接税体系怎样逐渐成形，怎样对接善治、对接现代国家治理，是历史性的考验。最典型的就是其他经济体、世界上我们可以借鉴的国际经验，反复提示我们必须推进的房地产税改革及其在中国实际推进过程中的受阻，以及起步最早、后来不断动态优化的《个人所得税法》，仍然有社会方方面面的很多的不满，有很多我们不得不面对的、需要进一步动态改进的问题。

这方面需要勾画一些基本认识。中央在“60 条”里非常明确地指出要逐渐提高直接税比重。这实际上涉及的是加税，而我们同时提出要减税，要减轻企业和纳税人的负担，因此不能回避直接税怎样提高比重的问题。直接税是税负难以转嫁、直接由纳税人承担的税收，与之相对应的是间接税，在中国实际生活中一直唱主角，比如中国现在的第一大税种增值税，就是一种典型的间接税。间接税表面上是企业承担了税负，实际上按经济学的分析，企业在竞争中都会努力把税收负担向交易的后面环节转嫁，因此在最终消费环节才形成税负的归宿，也就是落在最终消费者身上。所以，间接税是间接地找到了“最后归宿”。直接税就是在哪儿交，就是哪儿的归宿。个人所得税是很明显的直接税。你交了以后还怎么转嫁？转嫁不了。房地产税在通常情况下也是一种非常典型的直接税。如果在保有环节交税的话，这个税是无法转嫁的；如果你将房子出租出去，是可能在租金里实现转嫁的，但从国际经验来看这不可能成为房地产税运作的主流。我认为，在房地产健康发展长效机制运行的情况下，整体来说房地产税必然是种直接税，不可能变成间接税。

直接税既然是不能转嫁或者极难转嫁的直接由纳税人承担的税收，在税制设计上，就可以较好地贯彻税收调节中的“抽肥补瘦”这一重要目标，优化其再分配调节作用，这是中央文件里反复强调的。“补瘦”大家都知道：扶助弱势群体。钱从哪儿来？从整个社会的分配来说，它必须主要从“抽肥”那儿来。以“抽肥”为主，形成可用的财力，才可能持续地“补瘦”。直接税在这方面就是按照支付能力的原则，使更多有能力为国库做贡献的主体成为直接税的纳税人，其调节结果，就是遏制两极分化，优化收入的再分配。

我国在稳定宏观税负的同时提高直接税的比重，是有利于减轻实践领域形成的比较明显的“税收痛苦”的。现在百姓的纳税人意识在提升，越来越多的百姓注意到，吃的馒头里有税，过中秋节买的月饼里有税。低收入群体一旦知道了这个真相——这是间接税转移过来的，会怒不可遏，这是很自然的。低收入群体的恩格尔系数很高，其绝大部分支出是在基本生活资料上，一旦认识到自己购买的生活资料中包含税收的利益让渡，他们的“税收痛苦”会非常鲜明。一个良好的社会治理结构中，应该减轻甚至完全屏蔽低收入阶层的实际税负。这就回到我前面的命题——间接税在中国是要减少的，而直接税要相应有所提升，这样才能更好地贯彻收入再分配的要求。

相关的一些认识也需要澄清一下，时间关系点到为止。中国在税制改革过程中，从原来只有工商统一税和集体企业所得税，一度发展到 43 种税，这是 20 世纪 90 年代初期的情况。1994 年财税改革以后，归并为 28 种税。为什么能先后搞出 40 多种税呢？这里有“税收万能论”的影响。重视了税收调节杠杆以后，容易走向另一个极端，什么都想拿税收调一下。有些是迫不得已，比如烧油特别税。20 世纪 80 年代初期，我国将烧煤的锅炉大批改成烧油的锅炉，基本改造完成后，发现中国的能源结构是以煤为主，根本就不可能有足够的资源支撑这么多烧油的锅炉。所以，必须把这些锅炉改造回去。这时想到用经济手段调节，不再是下行政命令，而是谁用烧油的锅炉，就对谁征收烧油特别税，这是“打补丁”的一个税。这件事给了我们一个启示：税收可以起调节作用，但是一味地靠税收“打补丁”，对全局来说可能不是一个好的制度安排。

另外一个比较典型的“税收万能论”的例子带有理想主义色彩：20 世纪 80 年代中后期，社会上出现了一些大吃大喝的风气，于是有些人就提议推出一个筵席税，以筵席税的经济杠杆，来遏制大吃大喝之风。这个税收在 1994 年以后处理为由地方选择是否征收，结果全国只有一个省级行政区和一个地市级行政区选择了开征，后来也就偃旗息鼓，没有再往下运行了。为什么？很简单：要遏制大吃大喝，得划出一条线，规定一桌酒席多少钱以上算是大吃大喝。实施过程中，如果这条线划在 800 元，那么严格执行这个规定的酒楼老板无异于把自己潜在的客户推到了不严格执行这个规定的竞争对手那里。所以，酒楼老板们也就形成“默契”：如果超过了 800 元，就把一桌酒席的钱开成两张发票，以此避免这个税，税务部门不可能派税务人员盯在酒楼里，因此也无法查证。这种想靠税收进行调节、在实际生活中碰了壁的例子说明，“税收万能论”是错误的，不能以税收来包打天下地实现国家现代化的治理。

这个偏向得到纠正以后，有人又走向另外一个极端，认为税收的作用十分有限，在管理中不要对税收寄予多大希望。这种认识很容易滑入“税收无用论”。

还有一种认识上的偏差，曾经也有一定影响，认为税制是个“自然演变过程”，不要揠苗助长。这个观点乍一听挺有道理，但实际上存在误导。税制改革是什么？就是利用税收制度的可塑性，发挥立法机关和整个社会在制度建设中的积极因素。如果说税收制度是个自然演变过程，那就不用谈税改，让它自然演变就可以了。但全世界哪个国家的税制不是人们主动为之设立起来的制度？它怎么可能是自然演变出来的呢？一定要有非常严肃的税收法定、立法先行这种人为的主观能动性的发挥这样一个税制建设过程。

所以，以上 3 种认识上的偏差，我觉得我们要再进一步总结，防止在以后的税制改革过程中受到这些认识的负面影响，用更积极的态度引领社会情绪，更理性地讨论税制改革问题。

中国的个人所得税是在 20 世纪 80 年代初被“逼”出来的。改革开放后，外国专家到中国来工作，中国不对他们征收个人所得税，他们要依法回到本国完税。按照国际规则，纳税人在收入取得地完税后，可以通过双边税收协定在本国免税。因此，我国 20 世纪 80 年代初很快推出了个人所得税。那时的起征点为 800 元，覆盖的缴税人群很少。现在最新一轮个人所得税做了调整后，起征点提高到 5000 元，根据有关部门的数据，基本覆盖面是 6000 万人左右，虽然在全国近 14 亿人口中的占比仍然较小，但跟当年已不可同日而语。个人所得税在演变过程中，虽然还有种种不如意之处，但毕竟走出了几步比较像样的改革步伐。最近这一轮终于把“综合”体现出来了，遗憾的是它只综合了 4 种劳动收入，实际上形成了对于劳动收入的“税收歧视”，非劳动收入并未涉及，希望下一轮个人所得税的改革里能进一步解决好这个“综合”如何扩大到非劳动收入的问题。我认为，最高边际税率一定要下降，而非劳动收入一定要考虑将其积极纳入综合的概念中来，实施超额累进税率调节。

更突出的问题，也是现在我们的“硬骨头”——房地产税。这一不动产持有环节的直接税改革，目前还未正式启动。注意，这还只是启动立法，立法要经过多长时间？那更难预测，还需要等待。

房地产税的必要性我简单说一下，其正面效应绝对不只是关系到字面上的房地产市场的健康发展，更是收入分配调节机制的重要组成部分。

一方面，税负成本是依法的、规范的、可预期的，所以，有了住房持有环节的成本以后，会对整个房地产市场产生一种压舱促稳的效应，减少炒作和空置率，提高土地集约利用程度，促进房地产市场健康发展。

另一方面，房地产税又是中国地方税体系构建过程中必须考虑的一个长远制度，也是调节收入分配和财产配置过程中必须长远考虑的再分配优化机制的组成部分，是降低整个社会总体“税收痛苦”的重大改革事项，会为中国的现代化做出巨大贡献。

学理分析表明，房地产税只适合由地方政府作为税收收入主体进行征收，因此房地产税必须是地方税。地方政府在自己辖区内收取房地产税是直接面对千家万户，收了税就得跟百姓交代清楚这些税是怎么用的，百姓会也会自然而然地追问交了税之后政府用得好不好，这是一种对民主和法治机制的催化，或者说会在改革中形成对民主化和法治化进程的倒逼，它对于中国现代化进程的重要意义是不言而喻的，是怎么估计都不过高的。

关于房地产税的可行性，社会上也有一些不同看法，认为这个税的征收有硬障碍。我们研讨了多年，其实不认为那些听起来似乎很有道理的看法可以成立。比如所谓重复征收问题。这种观点无视了税和土地批租收入即地租是各行其道的。国际经验和学理分析都证明，两者不是只能取其一的关系，而是税和地租如何合理协调的关系。所有经济体都如此，中国也不例外。对于税制本身，因为是多种税、多环节、多次征的复合税制，重复征收本就不可避免，关键问题在于重复得是否合理，如何合理实现税收的叠加。至于税和地租的并行，那更是题中应有之义，只是合理匹配和协调的问题。

再比如所谓土地国有是中国房地产税的硬障碍这一观点，我们已经证明，国际上没有规定只有土地终极产权是私有才可以征收房地产税的案例。比如英国的土地有私有的，也有非私有的，但对所有土地上的建筑物一视同仁地征收称为 Council Tax（可直译为“市政税”）的地方层面掌握的房地产税。

对于有人提到的税基评估难的问题，其实这完全是个技术性问题，我们多年前就有过从 6 个城市推广到 10 个城市的税基评估模拟空转的改革试点，可能在座的朋友还有这方面的记忆，因此这个问题绝不可能成为硬障碍。有人说这个税一旦开始征收，会出现普遍的“抗税”，这当然要看我们的切入动作是不是柔性的，是不是符合中国国情的。对此，我认为可以先建立一个社会可接受的框架。比如上海和重庆两地的试点，就是柔性切入，已经有了宝贵的经验。重庆在试点中涉及存量，但是对应的是独立别墅，并给出了 180 平方米的扣除额度，也就是我说的“第一单位扣除”，这样一来，使涉及这个税负的主体总体来说可接受，没有出现所谓的“抗税”等矛盾激化情况。所以，我认为，对于房地产税，一定要讨论怎么处理好第一单位扣除，也就是免税额的问题。另外，小产权房等棘手问题也是一定要妥善解决的，早解决比晚解决更主动，这才是有助于中国走向现代化的理性态度。推进房地产税的立法和最后在对地方充分授权以后逐步实施，正好可以倒逼小产权房等问题的解决。这方面的路径我们也可以参考深圳的经验和其他地方在分类处理小产权房方面的探索给我们的启示。

最后，带有一定前瞻性地讨论一下遗产和赠予税，这也是直接税里我们可以点到为止说一下的一个税种。

以前曾经正面讨论过这个问题，现在再次提出要“研究开征遗产和赠予税”。对这个税收我的观点也比较鲜明，要走向共同富裕，“大道理”管“小道理”，这个调节机制还是要积极考虑的。但是大的前提，我认为是必须先建立官员财产的报告和公示制度，然后才能名正言顺地要求让所有社会成员向政府报告财产，并做好准备在身后接受遗产和赠予税的调节，这是一个顺理成章且必须处理好的改革顺序问题。

有人说遗产税会赶走富人，我倒不觉得这是要考虑的主要问题。富人如果“用脚投票”离开中国，他们去哪里？很多人认为比较理想的是美国、加拿大、澳大利亚等地，但要知道，在这些国家纳税人同样要严格按照规定缴税，没有任何弹性。因此，富人如果离开中国，一定不是因为税负。这些问题值得我们进一步分析探讨。

今天由于时间关系，我就简要地把自己的基本观点向各位做个汇报交流。我觉得在中国要按照税收法定的原则处理好直接税的制度建设，是我们要共同面对的一个历史性的考验。虽然大家听到这种直接税都容易产生税收厌恶，但是从全社会长远的整体利益出发，理性地讨论问题的话，还是要考虑怎样通过加快立法使这样的直接税首先在中国有一个可操作的框架，然后再耐心地逐渐动态优化。比如房地产税，立法后肯定不会全国同时开始征收，而是可能在对地方充分授权的情况下逐渐推广。北上广深和其他几十个二线城市显然应该是第一批考虑推行的，一旦完成房地产税立法，尽快用这个更合理的手段取代容易“误伤”刚需和改善性需求的行政手段。

这些看法请各位批评指正，谢谢大家！

直接税改革的四个认识误区

时间：2018年5月17日

地点：北京

会议："纪念改革开放40周年暨《经济研究》复刊40周年"高层论坛

谢谢主持人。大家好！首先要热烈祝贺《经济研究》复刊40周年。我本人1984年在《经济研究》上发表了一篇《论广义狭义价值规律》的文章，由此促成了我后来参加"莫干山会议"，并孜孜以求做了几十年的经济理论与政策研究。今天我围绕这个单元的主题，就中国改革开放新征程中我认为要经受的一个历史性考验，也是为高质量发展构建基础性制度不可回避的直接税改革问题，谈一下相关认识，这是财税方面的一个热点，也是难点问题。

直接税指的是具有税负不可转嫁、由纳税人直接承担特征的税种。在经济社会转轨的过程中，直接税在所谓公众"税收厌恶"上的特点是十分明显的——我知道在座各位朋友听到房地产税等，很多也是不高兴的。但我这些年形成的基本观点是，中国走向现代化，税制就必须走向现代化。中国需要推进在直接税方面的深刻改革，这个改革是中国实现现代化战略目标道路上横亘于前的一个历史性考验。

以直接税为主的制度框架的优势是什么？这就与高质量发展有关了。经济运行中，直接税的调控功能是逆周期的，称之为"自动稳定器"，其在社会分配方面的功能是"抽肥补瘦"的，显然是促进社会和谐的。中国改革开放40年取得这么多成就的同时，我国的税制仍以间接税为主，经济调节方面，我们是顺周期的，是在波动中“推波助澜”的；社会分配方面，再分配功能也是较弱的。现在，中国的直接税体系可以说基本还未成型：个人所得税的调节功能很弱，因为其在整个财政收入里只占6个点多一点；财产税方面，房地产税说了多年“要加快立法”，但未能如愿；遗产税和赠予税现在还停留在研究层面。如果必须按照中央的要求逐步提高直接税比重，推进房地产税、个人所得税等直接税的改革，如何攻坚克难，基本路径已经明确了，就是必须“税收法定”，要通过立法程序来解决个人所得税税法的修订、房地产税法的问题，以及研究什么时候可以考虑推进遗产税和赠予税立法。其中涉及的思路、框架、要领，还有细节，可以说未来几十年间会不断被讨论，今天由于时间关系，我只能从理论联系实际的角度，和大家一起探讨和澄清几个理论和认识的误区。至少要提到4个误区。

第一个误区是税收万能论。这种倾向在改革开放初期较容易出现。因为过去对税收的重视程度明显不足，使我们一旦开始应用税收这个经济杠杆，就能起到明显的调节作用，以至于觉得只要应用税收手段，就能决定性地解决我们想解决的问题，甚至可以解决一切经济社会问题。实践中，有20世纪80年代不得已的“烧油特别税”——这是“打补丁”的不得已。后来又有曾经想用以遏制社会上大吃大喝风气最后无疾而终的“宴席税”。好在这个倾向现在已经不是主导。

第二个误区是税收无用论。这一倾向越来越明显，包括不少管理部门人士在内，都在不少场合提到过“税收其实起不了什么作用，不要太看重税收”。比如讨论房地产税，很多人会说，我们研究了美国、日本，他们推出房地产税后，房地产市场的价格并没有回调，因此房地产税是没用的。我认为这种说法在学理上是不能成立的。税收不可能“包打天下”，它不是万能的，然而，应该建立的税收制度迟迟不建立，又是万万不能的。说到美国和日本，那我要反问：为什么这些经济体在特定的发展阶段不约而同地都要讨论和解决建立直接税制度？如果他们不建立这种制度，其房地产市场和此后的社会发展会变成什么样？我们做经济分析都知道，不能仅仅拿一个参数去跟某种结果简单地一对一形成因果关系并得出一个结论。必须注意到，房地产市场价格的影响因素很多，这些因素合在一起，共同决定着房地产市场价位的走势。至少在经济分析里可以说明，这种保有环节的税负可以对房地产市场的走势产生“压舱”促稳的作用，特别是房地产税的作用是多目标的、综合的，包括地方政府职能怎样内洽地优化转变，也包括我们特别关心的怎么遏制两极分化等。所以，对税收不能从“万能”走到另外一个极端，说它“无用”，这是错误的想法。

第三个误区是税制自然演变论。这个误区要强调一下。这是最近几年兴起的观点，听起来似乎挺有道理，意思就是不要在税制改革方面揠苗助长。但仔细思考一下，这一观点其实是否定了我们主动把握税收制度建设的可塑性而推进税制改革的必要性。可塑性是确实存在的，因为税制是必须通过人为因素使其达到较高水平的。我们面对的历史考验，就是争取在中国税收法定的过程中能够经受住时间考验，让我们的立法水平尽可能高一些。

第四个误区是政治体制改革先行论。我觉得这是最近一段时间更有影响力的观点。现在，房地产税等有了比过去清晰得多的信息，今年两会上说要启动立法后，全国人大会议说在今年或后续年度里由人大立法，很确定的是，这个“狼”真的要来了。这种情况之下，有同志强调，这种直接税改革应该在中国政治体制改革完成以后再进行；有的同志甚至说，如果没有完成政治体制改革而现在启动这种直接税改革，可能引发社会骚乱。这样的观点我觉得其实是有合理内核的，就是让我们审慎，注意防范风险，但是它在顺序上，没有看到中国渐进的改革路径依赖之下怎么借鉴国外成功经验的启示。这些经验表明，可以在不正面涉及政治体制改革的情况下，通过税制改革让社会公众广泛参与，一起促进政治文明水平的提高。“税收法定”构建的应该是一个政治程序，需要的是政治生活中规范的公共选择这个机制的生成和发展。我认为，立法过程中最关键的一条，就是要有透明的电视、广播直播的听证会，各方摆自己的意见、观点，理性地讲自己的论据，这就是政治生活的一种进步，包含我们“走向共和”的实质性追求。这些将有可能以实际生活中的进步，渐进地完成政治体制改革所要完成的任务。所以，我还是坚持认为理应促成立法过程中的广泛讨论、公众参与，在充分承认物质利益原则和不同诉求的情况下，寻求“最大公约数”，寻求合理税制现代化解决方案。谢谢！

大国减税政策分析与展望

时间：2017 年

地点：深圳

会议：资本市场论坛

一、 美国减税有大概率取得明显效果

美国总统特朗普坚定履行自己的减税承诺和意欲推出大规模基建计划，并且随着有较大概率在中期选举中获胜和凭借经济成就连任，其政策便有了延续性。借鉴里根经济学的供给侧结构性改革经验，特朗普减税的“促进繁荣”与“外溢性”已有所体现。与减税政策相配合，特朗普还可能进行大规模基础设施的升级换代。过去美国总统连任与经济运行表现有密切关系，在当前美国的经济环境下，预计特朗普大概率将赢得中期选举，如果进而取得连任，这将有助于他的政策在未来持续发挥作用。如果美国能够完成相关立法的匹配，加上以往积累的基建投资经验，美国的基础设施建设和 PPP 项目的增长速度会更加引人注目。20 世纪丹佛机场的建设其实就是一个以 PPP 模式支持基础建设的典型案例，即联邦政府和州政府只在规划、航空指挥和州际公路匹配方面发挥作用，而以社会资本为主进行机场建设和运营。美国的监狱管理也早就通过非政府主体运营来提高效率，同时也减少了纳税人的负担。由于美国很多公共基础设施已经老旧，特朗普未来加快基础设施升级换代是很切合实际并有助于经济繁荣的。

美国减税会形成双刃剑效应，如果没有把握好度，减税固然可使经济达到更高的预期水平，但同时所提高的赤字和公共债务的压力也可能过大，这也是之前里根经济学的实践过程中出现过的情况。赤字、债务在经济管理中越来越被看成是工具，赤字率走高、债务规模扩大并不一定是坏事，但是它带来的压力也不可忽视。然而，须知由于美元霸权的存在，被减税和大规模基建投资抬高的债务赤字可以分散到全球各经济体中的美元资产持有者身上，减小减税带来的现实压力，从而不会给美国整个经济系统的安全性带来太大风险。

二、 我国上半年税收增加和减税承诺并不矛盾

中国的供给侧结构性改革中，“降制度成本”以减税作为重点之一。对中国而言，“三去一降一补”中减税早就是重点，目前舆论对于减税的呼声仍然很高，如何回应公众诉求，是需要解决好的问题。如果政府没有及时披露信息，不与公众充分交流，同时得到专业人士积极参与以求更理性地把握解决方案，就有可能使政策的设计、表达与民众意愿之间存在差距。在降负问题上，国务院的表态斩钉截铁，今年 1 年要减税 8000 多亿元，减费等税外负担 3000 多亿元，减税降费合计超过 1.1 万亿元。国家已有具体的政策出台，比如在“营改增”之后，今年又把标准税率和中间档的税率各降 1 个百分点。

上半年 GDP 增速未变，但税收却快速增加，并无增税措施使然，其主要原因是 PPI（生产价格指数）上升带来现价流转税收入上升、国有企业利润提升带动企业所得税提高，以及征管严密化等因素。近期政府在舆论方面有较大压力，上半年在经济增长放缓的情况下，税收却出现了快速增长。我认为至少有以下几个角度可以

加以解释：

第一，我国 PPI 已经进入告别 54 个月负增长以后的第二个年度的上升期。PPI 在 2017 年已经正增长，今年上半年正增长的幅度大约也有 4 个百分点，因此，上半年税收收入的增加，部分原因在于 PPI 上升所带来的现价流转税收入的增加。

第二，今年上半年国有企业和部分民营企业的利润均获得明显提高，从而增加了缴纳的企业所得税，而企业因利润增加而提高的员工薪资，又增加了个人所得税，这两者也导致税收收入的大幅提高，这些因素与 GDP 没有直接关联。

第三，税收提高还与征管的加强有关。在当前电子化和大数据监测日益普及的情况下，税收的征管比过去更有效率。

结构性减税应继续推进，但应逐步完善资本收税，逐渐提高直接税比重。财政政策更加积极不应只简单地提高赤字率和负债，而应该把握好结构性减税和合理的增税，比如合理加强环境税负担平移之后的征管。目前，我国在结构性税负调整上已经取得了一定成效，比如依靠税负压力倒逼企业减少排污，以及房产税在进行重庆、上海两地试点后，未来大概率也会在完成立法后在其他一些城市推广，从而以经济手段替代行政手段来调控房价，减少行政手段带来的副作用。我国个人所得税的调整也不仅包括对中低收入人群的减税，同时还包括对高收入人群的加税。但最近这次个人所得税的“综合征收”机制与税率的结构性调整方案，在高收入人群加税方面主要是增加了对知识分子和科学家的劳动收入征收，这可能产生负面作用，而没有将以资本收入为主的厂主型高收入人群纳入，因此下一步应逐步完善资本收益征税。要清楚的是，直接税在美国解决了联邦政府和地方政府运转的主要财力来源问题，在经济发展过程中扮演着抑制两极分化、维护社会和谐的关键作用。虽然我国与美国在制度和经济发展等方面差异明显，不能照搬美国经验，但也应结合实际国情设计合适的方案，逐渐提高直接税的比重，进行结构性增税。减税政策和直接税制改革的联系密不可分，即使过程可能漫长和艰辛，也应立法先行，在立法程序中尽可能让社会各界充分表达自己的观点，通过理性、严肃地讨论形成财产税、个人所得税等的改革方案。

三、 减税之外， 还要在“全景图” 中啃硬骨头减负

我国总体的政策取向是顺势而为进行进一步减税，但全景图概念下的减负也应配合减税来宣传和进行。除了税负，企业还面临其他制度性成本，要结合攻坚克难的改革才能调减，具体包括：

第一，“五险一金”缴费比例过高且至多只达到在省级统筹。不少地方社保蓄水池的资金滚存较多，而另一些省份早已告急，如果能首先将“五险一金”中的养老保障金进行全社会统筹，提高资金互济、共济的能力，缴费标准就可以因此降低，从而减轻缴费负担。这方面“十二五”和“十三五”均有提及，中央目前也已开始推动地方之间的调剂。

第二，有审批权的单位不愿放权且行政性收费过多。当前我国的行政缴费格局较为复杂，需要依靠最高决策层下决心冲破利益藩篱，才能得到真正解决。党的十九届三中全会召开后，今年“两会”上，减少机构数、减少审批权和收费权的政治决心已经十分明确，但对于相关政策的落实，或许还会面临一些挑战。

第三，“懒政”的不作为增加。相关规定出台后，“懒政”现象增加了企业办事的时间成本。这一问题需要配套改革和攻坚克难加以解决，单纯依靠减税无法达到预期成效。

第四，企业的用地、融资、物流等成本较高。这些成本的降低需结合我国的具体国情设计合理的机制进行改革。例如我国与美国存在资源禀赋的差异，在电费制度上就不能简单地照搬美国的低电价制度，应更多借鉴欧洲国家与适度高电价、油价相匹配的碳税制度。

四、 继续推进大部制、 扁平化改革和 PPP 创新

中国的减税、减负改革，还应乘势积极配合大部制改革的推进。从与其他经济体的对比来看，我国与大部制的现代经济体系和目标之间，还有一定差距。比如韩国的规划与财政部、法国的经济产业与财政部，这两个单一部门承担的职责在我国由多个部门承担。虽然在大部制改革推行的过程中不可避免地会面临一些难题，但我国目前在这方面已经取得了一些进展，比如在种种制约条件下成功将国税、地税合并，就是迈出了实质的大部制改革的步伐。

分税制在省级以下并没有得到很好落实，建议结合扁平化改革将五级税基框架简化为三级，降低行政成本以匹配减税。全球的市场经济国家有一个共性，即三级分税制的配置。1994 年以后，我国的中央与省级所代表的地方之间，维持了分税制的基本格局，但分税制在省级以下并没有得到很好的落实。地方隐性负债、基层财政困难及土地财政的短期行为，根本原因就在于省级以下并没有落实分税制，而是维持了分成制和包干制。可以积极考虑进行财税体制管理的扁平化改革，将乡（镇）一般处理为乡财县管，不再作为实体层级，而是派驻机构。参照浙江省的经验，市和县可以放在省管平台上，从而将五级税基简化为三级，使分税制在省级以下得到落实，同时降低了行政成本，与减税达到匹配。

通过 PPP 创新能少花钱多办事，形成有效的公共服务新供给，

从而提升效率。虽然目前有人认为 PPP 或将被叫停，但近期对于 PPP 的限制增多其实是为了对 PPP 进行规范化，即要求法治化、阳光化和专业化，从而寻求其长期、可持续的健康发展。这也是在减税带来政府减收的同时，找到政府体外的财力来源，支持公共服务基础设施建设势在必行之事。

关于减税逻辑的六个层次认识

时间：2019年3月29日

地点：三亚

会议：2019博鳌亚洲论坛“减税的逻辑” 分论坛

谢谢剑阁理事长！大家好！我想了想，这个单元的主题叫“税收的逻辑”，稍微勾画了一下，我觉得至少得讲6个层次。

第一个层次，客观地看，不能没有税。为什么从很古老的时候就流传下一句谚语“只有死亡和税收无可逃避”？因为它是人类社会进入民族国家后的一个基本现实。如果没有政府，当然就没有政府收的税，但是无政府主义行得通吗？无政府主义只能是一种空想。

第二个层次，按第一层的逻辑往下讲，既然税不可避免，那么这个税怎么优化？税收理论里有一个理论上的假设，如果税收有一个合理的结构，那么是可以找到一个最优税率的。虽然实际生活中从未有人说清楚过这个最优税率到底是多少，大家只能在动态过程中去琢磨，但可以通过税收法定，由公众参与，通过立法使税制结构尽可能合理化，使每个阶段的税率尽可能向最优靠近。我在20世纪80年代读研究生时就知道，天天讲要“跳出财政看财政”，要服务全局。但是怎么服务好全局这个问题，还需要继续探讨。理论上讲，如果在可能降税的情况下尽量降税，会是什么效应？这就关系到供给侧怎样合理化的问题，关系到如何放松供给约束，释放供给潜力。一个宏观层面的财政税收政策，落到微观的千千万万市场主体上，让他们更好发挥市场主体的功能，这个逻辑是非常重要的。中国特色社会主义市场经济毕竟是市场经济，市场主体的活力能不能发挥是最关键的问题。降税，就要服务于让这些市场主体，使其潜力尽可能发挥出来。

第三个层次，减税确实要对应于“反周期”，所以，没有绝对固定的最优税率。经济高涨时，一般来说税率可以高一点，这时，企业和员工的收入也高，多收税可使经济不至于过热，政府只要能将税收的钱用好，就可以将人民的福利、公共服务做得更好。但经济低迷时一定要减税，这是一种扩张效应，是对周期的调节。这就要说到直接税。直接税有一个特点，它在典型的个人所得税方面，设计了超额累进，这就成为一个“自动稳定器”，普遍收入上升的经济景气高涨期，它自动向上跳档，增加税负后就会给经济降温；经济落潮时，收入下降了，它又自动落档，给经济升温。中国目前个人所得税在税收中的占比还较小，因此，我们要降税，降的是现在过日子最为主要的间接税，最典型的是“营改增”。以后，增值税在我国整个税收收入的占比将在40%左右，别无选择，这是重头戏，要往下降，才能释放供给侧的活力。在反周期方面，这就有更明显的现实意义。

第四个层次，“减税”同时须“降负”。中国和美国不同，美国在减税的同时不用再加一个“降负”，中国却必须“减税”“降负”一起说。为什么？中国除了18种正税，还有非常多税外负担。“五险一金”在国际比较来说，我们处于高水平之列。“五险一金”之外，还有很多行政性收费，过去达千种以上，现在降到了几百种。有企业曾经反映他们缴纳了500多种有依据的行政性收费。发改委、财政部马上派工作组去核查，核查的结果是有些小项被分列了，应该并在一起。并在一起后还有多少呢？370项出头。这些行政性收费每一项未必特别多，但是带来很多实际的综合成本。这些收费到底怎么减，是中国不能回避的问题。所以，我认为，现在中国的正税要继续降，但是正税之外的各种负担怎么降？这是一块中国改革的“硬骨头”，一定不能忽视，不能只讲“减税”两个字。

第五个层次，减税要使更多消费者获益。确实，现在企业是“降负”的直接感受者，流转税对企业来说有压力，降低了这个税负后，企业当然高兴，但是，流转税的税负（其实包括正税之外其他的负担）是跟着企业的流转额走的，这种负担是可以在市场活动中加在交易价格里向后传递的，这叫转嫁。经济学早就分析清楚，一般情况下这种转嫁大部分都要落到最后无可再转的那个环节，也就是最终消费者身上。换句话说，看起来这么多的流转税，其最后的负担归宿，是落在消费大众头上。而中国的消费大众按收来看总体来说呈“金字塔”形，除了塔尖有巨富（巨富的绝对数量不少，但和14亿人相比，仍是占比很少的“塔尖”），中间也有越来越多的中等收入人群，但还有占比更大的中低收入人群，是“金字塔”的“底座”，换句话说，是这些低、中收入消费者，在给国库不断做着主要的贡献，这是与我们以间接税为主的税制结构一致的、实际分配的真实情况。当然，首先在前端减税，企业感觉“轻装上阵”了，最后也造福于整个社会，特别是中低收入人群，减轻了他们的负担。这一点虽然他们可能感受不太明显，但随着人们纳税人意识的上升，也会逐渐感受到这个结果。

第六个层次，要重视融资成本的降低。中国企业现在特别强调的减轻负担，除了税收，其实还有其他方面，比如融资成本。企业发展过程中，遇到要过的坎，需要的不是减税后每个月少交几十元、几百元钱，企业迫切需要的，可能是得到一笔 50 万元的贷款。这笔贷款的可得性如何，融资成本如何？这就不能光讲减税、降负了。还有物流方面的成本，怎么降低，以及其他具有挑战性的降低成本的问题怎么解决。政府最主要的任务是要牵头降低制度性成本，至于企业自己努力可以降低的成本，政府不要去操心，企业在竞争中自己能降的成本它一定会努力降。所以，从减税到降负，再到配套改革要攻坚克难，在改革的“深水区”要啃“硬骨头”，很多事情可能会涉及“拆香火”的事。整个行政系统要伤筋动骨甚至脱胎换骨式的推进大部制、扁平化等改革。这些问题到底怎么解决，一定不是面上所说的简单的减税能概括的，必须将这些问题放到配套改革的概念上加以解决。

我就说这 6 层意思。

房地产税出台的时间判断及其影响

时间：2018 年 9 月 18 日

地点：博鳌

会议：中国房地产高峰论坛

谢谢主持人！尊敬的各位领导，各位嘉宾，各位专家，各位朋友，大家好！会议给我出的题目是“房地产税出台的时间判断及其影响”，我一开始觉得这个题目很简单，似乎 5 分钟就可以讲清楚，结果列了一个提纲，发现居然有 10 个要点，下面简单向各位做个汇报。

第一，先明确一下概念。严谨地说，房地产税至少要分广义、狭义两个不同的视角来下定义。广义的房地产税是对所有与房地产相关税收的统称，而我们现在约定俗成的、在《中共中央关于全面深化改革若干重大问题的决定》里所说的“加快房地产税立法”中的“房地产税”，则是狭义的房地产税，专指在住房的保有或者持有环节上每年都要征收的税种。

第二，中央对狭义概念的房地产税的指导精神。多年的研究中我注意到，中央对推进这方面改革的指导意见一直是很清楚。最权威的文件，是《中共中央关于全面深化改革若干重大问题的决定》，明确要求“加快房地产税立法并适时推进改革”。但现实生活中怎样加快一直是难题。房地产税什么时候出台？就要看什么时候能够按照“税收法定”这个非常明确的要求，启动房地产税的立法。

第三，看今年这方面的动态。今年“两会”上，有一个可以称为在中国改革过程中史无前例清晰的官方信息，大家感到有关部门已经在考虑年内启动房地产税的立法了。“两会”之后几个月，全国人大对此的说法是“在年内或后续年度内”启动房地产税立法。现在最新的说法，是在本届全国人大履职的5年内启动房地产税的立法。

房地产税的立法是怎样的流程？我国的立法程序是非常清楚的：首先以一审为标志启动立法，然后是二审或三审，一些争议非常激烈的立法事项，甚至需要经过四审审议才能通过。比如我国《预算法》的修订，经历了十多年，到四审才尘埃落定。已经考虑的一些税制改革，比如燃油税，本来要动了，又感觉时机不成熟，一直到十多年后时机基本成熟，才正式实施。所以，对于房地产税立法时间的不确定性，我们必须客观看待。什么时候启动，不好说，启动以后什么时候走完程序，就更不好预测了。

第四，假设启动了房地产税立法审议，会怎么做？一定要征求社会各方面的意见。今年的新一轮个人所得税修订，要征求社会意见，这是我们已经看到的。正式立一个法，更得征求意见。把内部讨论了多年的房地产税草案公之于世后，在广泛征求意见的过程中，一定要举行一个经过非常认真、细致、周到准备的听证会。在现代资讯条件下，一定要事先向社会公布听证会信息，并通过电视、广播进行直播。房地产税早已引起社会广泛关注和热议，举行听证会时，是大家一起听取各派的观点、论据，而不是大家在网络上看到的那些情绪化宣泄，因此，一定要让各方把自己的主张、思路、意见和建议的要点尽可能用令人信服的方式表达出来。实际上，这是中国社会很好地按照“走向共和”的取向推进现代化的一个在现实生活中的机制。这种听证会的机制如果能结合房地产税立法一审以后的立法过程，其正面效应是应该是值得肯定的。而且我认为，要实现中央所说的 2020 年前要抓紧把“税收法定”落到中国所有的正税都必须“有法”的任务，听证会应该是常规标配，至少对于百姓特别关注的重点税制改革和相关立法，都要配上听证会的方式。

那么房地产税的立法什么时候能审议通过？依过去的经验，一个正税的立法过程，要按 1 年左右来做安排，1 年内完成一审、二审、三审，已是相当不容易，如果有激烈的争议，可能需要四审；如果僵持不下，也不排除一拖多年，拖到下一个“五年计划”的情况也不能排除。

第五，假设房地产税的立法最终审议通过了，执行情况将会怎样？对于房地产税，现在已明确的原则是充分授权，分步实施。充分授权指的是中央充分授权地方政府，分步实施就是各地不用“齐步走”，由地方政府自己决定辖区内是否马上启动房地产税的征收。从这一原则来看，我个人认为，假设这样一个可执行的“房地产税法”通过，现在凡是“9・30 新政”覆盖的以行政方式实施的限购、限贷、限价等方式抑制房价上涨的城市，应该第一批执行，争取用经济手段置换和替代原来不得已实施的、“误伤”很多刚需和改善性需求的行政性手段。

第六，我们高度关注房地产税，具体应关注些什么？诸多不确定性下，百姓，当然也包括研究人员和业界人士，首先应紧盯什么时候正式启动房地产税立法的一审；其次要关注立法启动后各方意见、建议、争议的走向；最后要关注这一过程中官方关于该项立法的推进是如何表达的。通过这些信息，可预判审议的节奏，并粗略估计各个过程所需的时间，比如是比较短的一两年，还是中期的3年左右，甚至不乐观的情况下有可能超过5年或8年。

第七，还要追问一下，为什么对这个大家都关心的重要立法问题，中央要求加快，却总是不如意。显然，房地产税是一种直接税，牵动千家万户，在我们专业人士所称的公众对税收必然产生的厌恶方面，它是最明显的。房地产税涉及的不光是流量，还涉及存量，涉及大家特别看重的恒产。

首先，那些手上有几十套甚至几百套房的“房叔”“房婶”“房姐”，他们肯定不愿意有这种税，因为现在他们持有这些房产基本没有成本，可以非常从容地考虑如何处理手上这些存量房产。一旦征收房地产税，他们就会前所未有地感受到税负的压力——房主是必须完税的，且每年都要缴税。

其次，没有房产的人会怎样？一般来讲，没房的人应该高兴，对不对？实际不是这样的。我观察到，很多没有房的人，包括年轻白领和一些“夹心层”，他们都迫切期待收入上升以后购要买属于自己的房产，如果有房产后每年还要交税，也会非常反对。但有一些人却明白：如果有了房地产税，可能会更容易在市场上以相对低的价格购买到自己想买的房产——那是另外一种情况。大多数无房的人非常容易跟着有房的人一起反对征收房地产税。

再次，那些手上没有很多房产但是已经住上豪宅的人和有改善住房需求的人，他们肯定是不想承担这个税负的，这是人之常情。

第八，应该怎么办？我觉得还是要推动理性的交流讨论，进一步澄清疑点，凝聚共识。我想借此机会强调一点，我虽然力主房地产税势在必行，一些有影响力的经济学家在这方面也一直是清晰地、坚定地支持这个税种的推出，但是我们都认为，不能照搬美国的普遍征收模式。美国模式的征收成本确实很低，效果也好，但是在中国国情之下社会是难以接受的，免税部分，也就是我称为“第一单位扣除”的问题的处理非常棘手。具体的设计非常复杂：如果按人均多少平方米扣除第一套房，现有信息数据有足够支撑，但第一套房 40 平方米算第一套，400 平方米也算第一套，能否宽松一点？如果宽松到单亲家庭扣除第一套房，双亲家庭扣除前两套房，实际可能对较多的人是从第三套房开始征收，我认为这种方案的社会可接受度会明显提高。因此，对于房地产税的实施，能否先构建一个普遍接受的框架，然后由粗到细，动态优化、细化，从而顺利推进。

第九，房地产税未来的影响。理论上讲，首先，房地产税对房地产的健康发展会起到压舱促稳的作用；其次，可优化中国的收入再分配和财产的再分配机制，总体上降低社会综合税收，这个效应一定是正面的；再次，房地产税有助于配合政府职能转换，落实对于中国搞市场经济至关重要的分税制，支持构建地方税体系，理顺中央、地方财政关系，促进国家长治久安；最后，它还会倒逼中国的法治化进程。大家一起讲规矩，这就是法治化。政府的钱从哪里来，怎么来；用到哪里去，怎么用，越来越透明，越来越有公众参与，越来越接受公众监督和绩效的考评与问责，这不就是现代化吗？而且这方面的进步意义怎么估计都不会过高。

第十，我的简要结论。我认为要走向现代国家，中国必须建立现代税制。中央说得非常清晰的“逐渐提高直接税比重”，这个改革任务当然是非常具有挑战性的，但是这个方向一定是正确的，显然是我们必须坚持的。房地产税的初始方案要审慎，这有充分的道理。要注意防范风险，要注意开始建立框架时它的可行性，要处理好复杂的免税部分，即我说的“第一单位扣除”部分。

总之，这个税制改革任务既然势在必行，就应该大家一起充分交流，在立法问题上求同存异，先建框架，共同面对中国现代化之路上的历史性考验。

我这些看法请各位批评指正。谢谢大家！

中国提高烟草税的政策路线图

时间：2018 年

课题：世界卫生组织委托课题研究成果（缩写本）

中国是世界上最大的烟草生产国和消费国。目前全国有超过 3 亿的烟民，年卷烟销售量超过 4700 万箱。吸烟实际上给中国造成了巨大的健康危害和经济损失。据世界卫生组织估计，按照中国目前的烟草消费状况，如果不采取有效措施加以控制，到 2030 年，每年将有 200 万人死于与吸烟有关的疾病。

中国政府已于 2003 年批准加入了世界卫生组织《烟草控制框架公约》（以下简称《公约》）。《公约》第六条第一款指出："各缔约方承认价格和税收措施是减少各阶层人群特别是青少年烟草消费的有效和重要手段"；第二款第一项规定："对烟草制品实施税收政策并在适宜时实施价格政策，以促进旨在减少烟草消费的卫生目标"。实际生活中，这已成为各国的共识和鲜明的政策目标。

2016 年 10 月 25 日，中共中央、国务院印发《"健康中国 2030"规划纲要》（以下简称《规划纲要》）明确提出，"要全面推进控烟履约，加大控烟力度，运用价格、税收、法律等手段提高控烟成效。到 2030 年，15 岁以上人群吸烟率降低到 20%。"

长期以来，中国都对烟草制品实行重税政策，卷烟消费税的具体设计经过了数次调整，烟草制品的税负水平不断上升，目前平均每包烟中税收占零售价格的比重已经达到56%。然而，这一比重仍远低于世界卫生组织推荐的70%的卷烟税负水平。与此同时，中国在执行卷烟消费税政策时，仍面临着诸多不利因素的挑战。为实现《规划纲要》提出的控烟目标，中国有必要不断提高卷烟税负和价格，并采取全面配套政策措施，推动政策目标的实现。

一、 近年来中国烟草税收政策调整情况

中国与烟草制品相关的税种主要包括：烟叶税、增值税、消费税、城市维护建设税和教育费附加、企业所得税、进口关税等（见表4-1）。近20多年来，中国税收制度和政策一直在动态调整完善中，其中与烟草制品相关的政策变化主要有3个方面。

表4-1 中国烟草相关税制

名称	征收对象	税率或税额	计税依据
消费税	甲类卷烟（生产环节）	56%+0.003元/支	调拨价或核定价/销售量
	乙类卷烟（生产环节）	36%+0.003元/支	调拨价或核定价/销售量
	卷烟（商业批发环节）	11%+0.005元/支	销售额/销售量
	雪茄	36%	销售额
	烟丝	30%	销售额
增值税	烟草制品	16%	企业增值额
企业所得税	烟草企业	25%	企业利润
烟叶税	烟叶	20%	烟叶收购金额
进口关税	进口的烟草制品	10%～57%	进口额
城市维护建设税	烟草企业	7%	实际缴纳消费税、增值税总额
教育费附加	烟草企业	5%	实际缴纳消费税、增值税总额

资料来源：根据中国现行税制法规文件整理。

（一）消费税

消费税是对烟草制品课征的最主要税收。中国于1994年正式

开征消费税，其中对各类卷烟按出厂价统一计征 40%的消费税。从开征之日起，卷烟就是消费税最大的税源。此后，卷烟消费税经过了 4 次大的调整，税负不断提高。

从 1998 年 7 月 1 日起，调整卷烟消费税税率结构，由原来的一档税率改为三档税率：一类烟 50%；二、三类烟 40%；四、五类烟 25%。

从 2001 年 6 月 1 日起，对卷烟消费税的计税方法和税率进行调整，实行从量与从价相结合的复合计税方法，对每 5 万支卷烟计征 150 元的定额税，从价计征税率从三档调整为二档，即每条调拨价 50 元以上卷烟的税率为 45%，50 元以下的税率为 30%。

从 2009 年 5 月 1 日起，提高卷烟生产环节的从价税税率，其中调拨价 70 元/条以上的卷烟，从价税税率由 45%调整至 56%；调拨价 50~70 元/条的卷烟，从价税税率由 45%减少至 36%；调拨价 50 元/条以下的卷烟，从价税税率由 30%调整至 36%；雪茄税率由 25%调整至 36%；同时，对所有卷烟在批发环节加征一道 5%的从价税。

从 2015 年 5 月 10 日起，卷烟批发环节从价税税率由 5%提高到 11%，并按 0. 005 元/支加征从量税。

（二）增值税

增值税是对包括烟草制品在内的所有商品和劳务征收的一般消费税，税基为企业当期增值额，当前烟草制品适用税率为 16%。近年来，我国增值税经历了两次大的调整。

一是营业税改征增值税改革。从 2012 年 1 月 1 日开始，原来课征营业税的服务业分地区、分行业改为征收增值税，直至 2016 年 5 月 1 日起全面推开，由此带来的总体而言的一个客观效果，是增加了企业的进项抵扣金额，减轻了企业增值税负。

二是增值税税率下调。从 2018 年 5 月 1 日起，增值税税率下调 1 个百分点，原 17%和 11%两档税率分别下调为 16%和 10%。下调增值税税率，降低了最终产品内含的税负。

二、 党的十八大后税制改革趋势

党的十八大后，中国开启了新一轮税制改革，增值税、个人所得税、环境保护税等税种的改革已经逐步实施。在消费税方面，党的十八届三中全会已经明确提出，要“调整消费税征收范围、环节、税率，把高耗能、高污染产品及部分高档消费品纳入征收范围。”目前为止，消费税改革虽尚未正式启动，但改革方向已经基本明确。

一是调整消费税征收范围，扩大税基，建立消费税征收范围动态调整机制。

二是适度提高部分税目的税率水平，合理设计新增征税对象的税率水平，优化调整税率结构。

三是在征管能力允许、条件成熟的情况下，根据消费税征税对象的不同特点，逐步将部分商品的消费税由主要在生产环节征收，过渡到主要在零售或批发环节征收。

四是调整部分税目或征收环节消费税的收入归属。

在上述消费税改革方向中，可能涉及烟草制品的内容有：

一是适当提高烟草制品消费税率，优化调整税率结构。

二是逐步将烟草制品消费税的主要征收环节由生产环节转移到批发环节。

三是为适应中央和地方财政体制的调整，将卷烟批发环节的消费税收入由中央政府收入调整为地方政府收入。

三、 2015 年卷烟消费税政策的影响分析

2015 年中国对卷烟消费税政策进行了最新一次调整。这次政策调整也是以税控烟政策效果最为明显的一次，其原因在于，在税率上涨的同时，对卷烟批发价和零售价进行了同步上调。对烟草消费者来说，影响其烟草消费量的主要因素之一是烟草的零售价格。因此，只有烟草税负转移到烟草的终端价格上，才能真正起到减少烟草消费的效果。此次卷烟消费税政策调整的主要影响，体现在 4 个方面。

（一）卷烟税负和零售价上涨

2015 年 5 月 10 日起，卷烟批发环节从价税税率由 5%提高到 11%，并按 0.005 元/支加征从量税。与此同时，国家烟草专卖局印发通知，与消费税政策调整同步，对国产卷烟和进口卷烟的批发价格、建议零售价格进行调整。价格调整方案为：一是所有在销国产卷烟和进口卷烟批发价格均上调 6%；二是所有在销国产卷烟和进口卷烟的建议零售价格按照零售毛利率不低于 10%的原则确定；三是各省级局（公司）可在国家局确定的建议零售价格基础上，在确保零售毛利率不低于 10%的前提下，根据市场情况适当调整，自主确定本地区卷烟零售指导价格。

根据世界卫生组织烟草税模拟（TaXSiM）中国模型的测算，2015 年消费税政策调整后，卷烟实际批发价和零售价都有了较大幅度上涨，实际加权平均的批发价和零售价分别上涨了 8.92%和 10.29%，其中低价烟零售价格上调幅度最大，最便宜的五类烟零售价提高了 20%。同时，每包烟中内含的消费税额也增加了 18.59%，使得消费税占零售价格的比重从 2014 年的 52%提高到了 2015 年的 56%，见表 4-2。

表 4-2 2015 年卷烟消费税政策调整前后卷烟价税的变化

类别		一类烟（甲）	一类烟（乙）	二类烟	三类烟	四类烟	五类烟	加权平均值
批发价/（元/包）	2014 年	36.00	26.60	11.60	8.30	4.50	2.25	10.27
	2015 年	38.16	21.84	12.30	8.80	4.77	2.39	11.18
	△	2.16	1.24	0.70	0.50	0.27	0.14	0.92
△%		6.00%	6%	6.00%	6%	6.00%	6%	8.92%
零售价/（元/包）	2014 年	43.00	23.00	13.00	9.50	5.00	2.50	11.61
	2015 年	45.00	25.00	14.00	10.00	5.50	3.00	12.81
	△	2.00	2.00	1.00	0.50	0.50	0.50	1.19
△%		4.65%	8.70%	7.69%	5.26%	10.00%	20.00%	10.29%
税/（元/包）	2014 年	22.10	12.97	7.64	4.32	2.40	1.35	6.00
	2015 年	24.94	14.71	8.64	5.04	2.87	1.68	7.12
	△	2.83	1.74	1.01	0.71	0.47	0.33	1.12
△%		12.82%	13.44%	13.18%	16.54%	19.70%	24.38%	18.59%

资料来源：《财经智库》杂志。

（二）卷烟销售量和销售收入增速由正转负(2015 年和 2016 年)

在 2015 年调税顺价政策的影响下，2015 年和 2016 年卷烟销量出现了明显的下降，从 2014 年的 5099 万箱下降到了 2016 年的 4699 万箱，两年累计下降了 7.84%，如图 4-2 所示。这是自 2001 年以来中国卷烟销量首次下降，充分反映了提高卷烟消费税和价格在抑制烟草消费上的积极作用。

与卷烟销量同步，卷烟销售收入的增速也在下滑乃至出现负增长。2015 年全国卷烟销售收入增幅由上年的 8.96%下降到 4.66%，2016 年更是首次出现负增长，当年增速为−3.64%，如图 4-3 所示。

（三）烟草消费税收入和行业利税总额总体平稳

从卷烟消费税收入来看，在卷烟消费税政策调整后，大体保持

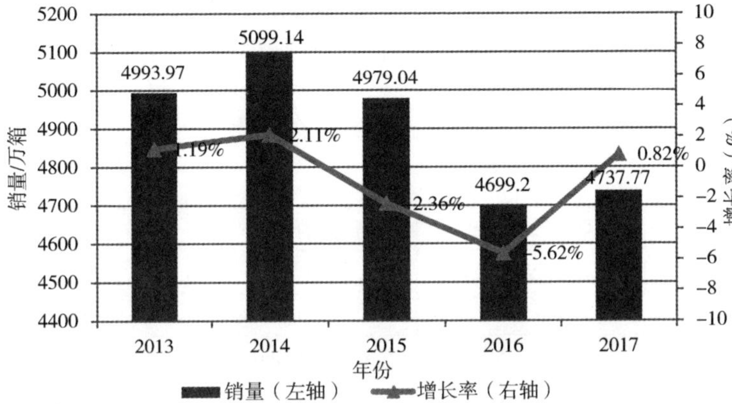

资料来源：国家烟草专卖局。

图 4-2 2013—2017 年中国卷烟销量及增长率情况

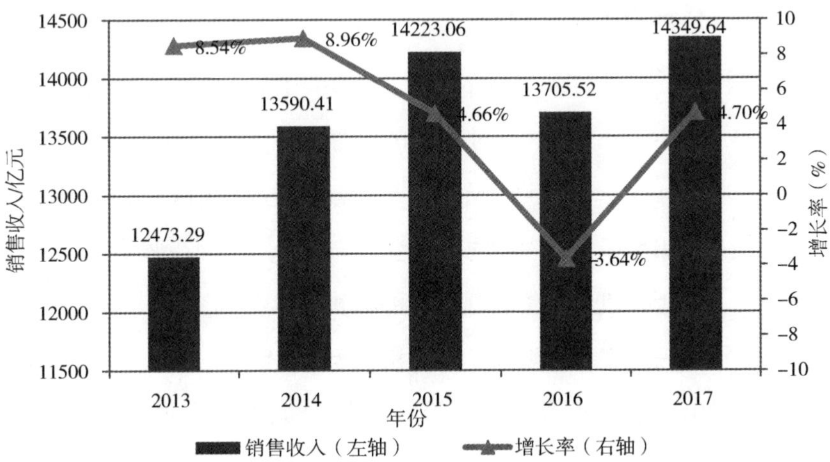

资料来源：国家烟草专卖局。

图 4-3 2013—2017 年中国卷烟销售收入及增长率情况

了平稳之中略有下滑的局势。2015 年卷烟消费税收入 5389 亿元，其中批发环节消费税收入 1057 亿元。2016 年卷烟消费税收入略有下滑至 5362 亿元，其中批发环节消费税收入大幅增加至 1410 亿元。从行业利税总额和上缴财政总额来看，2015—2017 年烟草行业利税总额和上缴财政总额连续 3 年超万亿元，见表 4-3。

表 4-3　2013—2017 年烟草行业税利及上缴财政情况

（单位：万亿元）

年度	烟草税利总额	上缴财政总额	其中：消费税收入
2013	9559.86	8161.22	
2014	10517.60	9110.30	
2015	11436.00	10950.00	5389.00
2016	10795.00	10006.00	5362.00
2017	11145.00	>10000.00	

资料来源：2013—2017 年全国烟草工作会议、《中国税务年鉴》。

四、 公共卫生影响分析

卷烟消费税和价格的提高有助于减少吸烟者人数，降低烟草消费量，从而有助于减轻烟草对国民的健康损伤程度及由此带来的公共卫生和医疗支出。这方面已有诸多研究。根据 TaXSiM 中国模型的测算，在 2015 年卷烟消费税调整后一年内，可减少吸烟人数 510 万人，未来归因于吸烟的死亡人数可减少 113 万人。

（一）进一步提高烟草税负的机遇和挑战

尽管 2015 年卷烟消费税政策调整和卷烟价格上调取得了一定的控烟效果，然而相比于中国严峻的控烟形势，当前的政策调整力度和执行力度仍然不足。要进一步提高烟草税负、更好发挥以税控烟作用，还面临着诸多体制和机制上的矛盾和挑战。但是，随着中央政府对控烟形势严峻性和政策思路的认识不断清晰，以及国民健康意识的不断提升，进一步提高烟草税负也越来越成为共识。总体来看，中国在以税控烟上，机遇与挑战并存。

（二）挑战

（1）卷烟价格中消费税税负水平低于世界卫生组织建议水平，烟草价格过低，以税控烟效果较弱。根据世界卫生组织的建议，卷烟消费税占零售价的比例至少要达到70%以上，才能更为有效地鼓励戒烟，减少吸烟人数，同时实现充足的税收收入以用于公共卫生和医疗支出。然而，当前我国卷烟价格中消费税税负水平还仅为56%，远低于世界卫生组织建议水平。卷烟消费税税负过低，关联着中国烟草价格过低。目前中国卷烟平均零售价格仅为12.81元，最便宜的五类烟零售价格仅为3元，这样过于低廉的香烟价格降低了烟民的吸烟成本，使得烟草更为易得，特别是对低收入者来说，降低了其减少吸烟或戒烟的意愿。

（2）消费税调整的政策效应不断弱化，2017年卷烟销售量再现正增长。2015年的消费税政策调整效应在短期内得到了体现，2015年和2016年连续两年卷烟销量得以下降。然而，由于价格调整只是一次性的，随着国民收入水平的不断上涨，在收入效应的带动下，提高消费税的政策效应也在不断弱化。2017年全国卷烟销量不降反升，同比增长了0.82%。全国卷烟销售收入同比增长了4.7%，收入总额再创新高。这表明2015年卷烟消费税政策调整产生的“抑增量”影响已经被烟草行业消化，难以进一步发挥作用。

（3）卷烟消费税税率结构有待进一步优化。中国现行卷烟消费税制过于复杂，既有从价税又有从量税，既在生产环节征收又在批发环节征收，而且56%和36%两档从价税税率差距较大。复杂又有差异的税率结构不仅增加了征管的难度，也给予了烟草企业利用税率结构差异进行价格和税负调整的空间，在一定程度上消除了卷烟消费税的政策效应。同时，两档从价税率也造成了低档烟的税负和价格较低，不利于抑制低收入者和未成年人的烟草消费行为。

（4）烟草专卖体制对以税控烟政策产生抵消作用。在烟草生产和销售上，中国实行严格的烟草专卖制度，即国家对烟草产业实行全产业链管理。国家烟草专卖局和中国烟草总公司合二为一，对全国烟草行业“人、财、物、产、供、销、内、外、贸”进行集中统一管理。在烟草专卖制度下，国家烟草专卖局作为行业主管部门和卷烟生产销售经营主体，对内具有强大的生产调节能力，对外具有强大的政策游说和公关能力。同时其具有双重身份，公共利益和商业利益交织在一起。在以税控烟上，由于提高消费税带来的效果是增税不增利，对烟草行业总体上不利，因此，总体上烟草专卖体制下主管部门对提税控烟是抵触的。一方面，其作为每年上缴财政利税总额超万亿元的部门，其拥有的资源足以对各级政府的决策形成强力影响。另一方面，其作为经营主体，在以经营利润为导向的目标下，又有强大的动力和能力通过对生产经营的内部调控和价格调整，最大限度地消除消费税政策调整给其带来的不利影响。典型的例证之一，是 2018 年 11 月 9 日国家烟草专卖局、中国烟草总公司召开 11 月份生产经营调度会时明确提出的“要努力完成全年销量目标任务。坚定信心和决心，确保销售 4750 万箱目标任务。”显然，这一做法完全是为追求企业利益，与控烟的要求背道而驰。

（5）烟草行业规模庞大的上缴财政收入也弱化了各级政府以税控烟的积极性。从烟草行业上缴财政收入的构成来看，其每年超万亿元的上缴财政收入中，消费税收入仅占 50%左右，此外还有增值税和企业所得税等税收、国有资本收益与专项收益上缴等。从组织收入的角度看，提高消费税税率，虽然有利于增加消费税收入，但却可能造成烟草行业企业所得税和企业利润的下降，后者会进一步影响到国有资本收益和专项收益的上缴数量。尤其对烟草生产大省来说，其财政收入严重依赖于烟草行业，与烟草相关的税收收入中地方分享部分占其本级财政收入的比例极高。对其来说，提高消费税税率只会增加中央财政收入，地方财政完全是净损失。在这一情况下，烟草生产大省政府在利益驱动下，对提高消费税的抵触心理可想而知。

（三）机遇

（1）“健康中国”成为国家战略。2015 年召开的党的十八届五中全会首次提出了推进健康中国建设，“健康中国”成为国家战略。2016 年 10 月 25 日，中共中央、国务院印发《规划纲要》，明确指出要“全面推进控烟履约，加大控烟力度，运用价格、税收、法律等手段提高控烟成效。深入开展控烟宣传教育。积极推进无烟环境建设，强化公共场所控烟监督执法。推进公共场所禁烟工作，逐步实现室内公共场所全面禁烟。领导干部要带头在公共场所禁烟，把党政机关建成无烟机关。强化戒烟服务。到 2030 年，15 岁以上人群吸烟率降低到 20%。”

“健康中国”国家战略的实施和 2030 年吸烟率控制目标的提出，以及纲要提出的要“运用价格、税收、法律等手段提高控烟成效”，为进一步提高卷烟消费税负提供了明确的宏观指引和决策依据。

（2）国务院机构调整有利于强化政府控烟职责。长期以来，中国《烟草控制框架公约》履约职责的牵头部门设在工信部，而工信部又是国家烟草专卖局的主管部门，这使得控烟和烟草行业发展两个取向上背道而驰的职责集于一体，引发利益冲突和政策目标冲突，在实践中十分不利于控烟目标的实现。2018 年国务院机构改革时，将工信部牵头的《烟草控制框架公约》履约领导小组的职能划入新组建的国家卫生健康委员会，理顺了控烟履约协调领导机制。对国家卫生健康委员会来说，其主要职责是负责全国卫生和健康工作，会更为关注烟草带来的健康危害及其带来的公共卫生额外支出。这将有利于控烟工作的大力推进。

（3）消费税立法，有望进一步提高烟草税负。随着我国税制改革的整体推进以及税收法定原则的落实，消费税法已经呼之欲出。可以预见，消费税法在制定中，将会把未来税制改革的调整方向吸收进法律条文中，这有利于增强消费税的调控功能和执行效力，特别是进一步强化对有害健康行为包括烟草消费行为的调节力度。

（4）扶贫攻坚战进入关键时期，大力推进以税控烟有助于减轻贫困。2012 年，党的十八大报告正式提出了“全面建成小康社会”的重大目标，其短板仍是贫困人口。尽管中国在减少绝对贫困方面为世界做出了重要贡献，但贫困问题仍然是全面建成小康社会最迫切需要解决的问题。2015 年 11 月 29 日，中共中央、国务院发布了《关于打赢脱贫攻坚战的决定》，明确提出到 2020 年将我国现行标准下农村贫困人口全部脱贫。这一目标的提出，体现了我国对化解贫困问题的重视，扶贫攻坚战已进入关键阶段。

减贫工作需要多个社会经济政策的协调配合，除了扩大财政支出外，消费税政策也能发挥积极作用。这是因为，我国烟草消费者中很大一部分是农村贫困人口，吸烟不仅降低了其可支配收入，减少其用于其他生活必需品的开支，而且由烟草消费引起的疾病也将进一步增加其医疗支出，造成生活状况的加剧恶化。通过提高烟草消费税负，有利于减低低收入者的烟草消费量，相应于一定程度上减少因病致病、因病返贫现象。

五、 进一步提高烟草税负的政策建议

（1）分阶段提高卷烟消费税负水平，并允许烟价联动，积极发挥价格调节的抑制烟草消费作用。当前中国烟草消费税负水平及零售价格过低，是造成以税控烟政策效果不佳的主要原因，因此，为进一步强化消费税的政策功能，更积极有效地以税控烟，实现2030年吸烟率下降到15%的政策目标，有必要实行全面控烟政策手段，其中一个很重要的措施，就是分阶段逐步提高卷烟消费税税负水平，并要求烟草市场销售企业将上调的税负充分施加到零售价格中，实现卷烟零售价格的全面上调。研究表明，为达到健康中国2030设定的目标，依靠非价格控烟手段难以达到，需要结合消费税和价格的调整，将消费税税负增加一倍，使卷烟平均价格提高50%。

（2）优化卷烟消费税税率结构，提高从量税税负。鉴于中国当前复杂的卷烟消费税税率结构不利于控烟目标的有效实现，未来在逐步提高卷烟消费税负的同时，有必要同时优化税率结构。这方面的政策调整可以分两步走：首先将现行的分档税率改为单一税率，将低档烟的适用税率提高到与高档烟一致的税率水平，避免卷烟市场销售者运用定价策略避税，也防止消费者以不同的卷烟产品进行消费替代。逐步将从价税率改为从量税额，进一步增强卷烟消费税的征收管理便利程度，也更有利于提高低档烟的税负和价格，有效降低低收入者和青少年的吸烟率。

（3）优化调整卷烟消费税的征收环节。在现行烟草专卖制度下，卷烟生产销售是一体的，在生产环节征收的消费税容易被生产者通过转移定价等方式避税。而在卷烟批发环节和零售环节征税，则能有效限制烟草制品的转移定价，使消费税税负真实传递到卷烟价格中，真正发挥调税提价对烟草消费的抑制作用。但考虑到零售

环节的征收管理成本太高，因此，可考虑将卷烟消费税的主要征收环节放在批发环节。

（4）改革烟草专卖体制，理顺价税关系。为消除烟草行业过于强大的政策影响能力和游说能力，以及在消费税政策调整中更好理顺烟草价税关系，有必要改革现行烟草专卖制度，对现行一体化的烟草管理和生产经营主体进行拆分，给予烟草企业生产经营自主权。这将有利于降低提高卷烟消费税负的政治压力，也使卷烟消费税能够真正地传导到卷烟零售价格中。

（5）逐步推动烟草税收专款专用。我国税收收入基本上都纳入预算统一使用，极少有规定专款专用，但并非绝对。如教育附加费、城市维护建设税的收入就是专款专用，再如 2009 年成品油价税费改革时，就明确规定，调整税额形成的成品油消费税收入一律专款专用。烟草消费造成的健康危害及其造成的公共卫生和健康额外支出是相对明确的。为了国民健康，可考虑将一定比例的卷烟消费税收入用于成立专项基金，专门用于控烟支出和改善贫困人群的卫生服务，或者规定今后提高的烟草税收（或其中的一部分），专款专用于与控烟相关的健康支出，以此提高控烟主管部门的积极性，强化控烟力度。

中国财税改革前瞻

时间：2019 年 1 月 12 日

地点：北京

会议：第十届中国经济前瞻论坛

谢谢余斌主任，尊敬的国研中心《中国经济时报社》的各位领导，尊敬的各位嘉宾，各位朋友，大家好！我发言的主题是围绕着财税改革谈一下自己的一些基本看法。我注意到论坛还要求前瞻，我也试着讲一些自己前瞻方面的认识。

考虑财税改革应该从中央以顶层规划指导配套改革的大政方针的精神说起。在党的十八大上，中央提出了“五位一体”的全面布局，而党的十八届三中全会的“60 条”（《中共中央关于全面深化改革若干重大问题的决定》——编者注），被各方看作关于全面配套改革的顶层规划的指导文件，这个文件非常丰富的内容里最核心的治国施政理念，提炼出来就是国家治理体系和治理能力的现代化，我们可以简称“现代国家治理”。这个“治理”之意，明显有别于过去说惯了的管理调控的“管理”，一字之差，“治理”更强调的是怎么通过制度安排和机制创新的优化，实现调动所有的潜力与活力的包容性发展，把管理和自管理、组织和自组织、调控和自调控熔为一炉，真正使中国继续在现代化的路径上保持超常规的态势而增长质量得到提高。这种现代国家治理，党的十八届三中全会指出有一个非常重要的“基础和重要支柱”就是财政，而财政必须实施现代财政制度取向的配套改革。

在党的十八届三中全会之后，中央政治局首先审批通过的配套改革方案就是财政税收的配套改革，明确地提出三大领域的改革任务，当时的排列是预算改革、税制改革，还有中央地方体制关系的改革。党的十九大对已经取得的进展和面临的问题综合考虑之后，在政治报告中有一段非常明确的表述，也是最高决策层在党的十九大站在新的历史起点上，面对新时代指导财税改革的最基本的方针和要领，这几句话是："加快建立现代财政制度，建立权责清晰、财力协调、区域均衡的中央和地方财政关系。建立全面规范透明、标准科学、约束有力的预算制度，全面实施绩效管理。深化税收制度改革，健全地方税体系。"话语不多，但是非常关键，每一句话都有丰富的内容。

我作为研究者读了党的十九大报告以后，基本认识就是依照中央的指导意见，三大改革任务的排序有所调整，理顺财政体制成为首要任务。原来的排序中，预算改革排在第一位。改革过程中，必须首先解决预算的钱从哪里来，然后才有资源按照国家分配主体的战略意图做公共资源配置，履行政府的职能。所以，预算改革之后跟着的是税制改革。而更实质性的关系到整个制度安排框架的理顺中央与地方财政关系，则排在第三位。而到了党的十九大，我们抓重点和基本的事情——啃硬骨头，首先就要解决中央和地方如何在分税制改革的基础上进一步理顺，真正化解实际生活中已经出现的矛盾制约。这个方面，中央的要求是要把体制塑造成为权责清晰、财力协调、区域均衡的处理中央地方财政关系的制度。按照研究财政和经济的视角，中央和地方的关系又必须优化匹配政府和企业即市场主体，以及公共权力主体和公民之间的分配关系。中央和地方，政府和企业，还有公权体系和公民，所有关系的理顺，集中体现于财政分配，体制上的要求是必须适应中国特色社会主义市场经济客观要求，必须适应现代国家治理的内在要求。预算改革的实际推进相对令人满意，现进一步提出，在原来就反复强调的全面、透明、规范基础之上，还要更着力全面贯彻实施以绩效管理为重点，以标准、科学为有力约束的优化预算改革。除了进一步提高预算透明度，让社会方方面面更多知道政府预算的信息所代表的政府活动的范围、方向、重点和相关政策的要领等，具体预算管理形式上必须攻坚克难，把已经建立框架的 3 年滚动预算，从中央到地方逐渐运转起来。这方面的挑战也是非常明显的：要做 3 年的滚动预算，就必须有 3 年的经济社会发展预测能力，必须有 3 年时间段里与财源和支出相关的各种变量、要素的至少不能有太严重偏差的预测结果作为依据，才能编织出在实际生活中有意义的 3 年滚动预算。而且，在公共部门的预算会计、财务规则这方面，必须引入权责发生制，而不能再固守过去的收付实现制。

预算管理改革怎样对接到全面绩效管理，我认为将是一个比较艰辛的探索过程，从时间段上来说不可能三五年，甚至 8 年、10 年就能达到很成熟的境界，但我们别无选择，必须在这方面下决心。8 年也好，10 年也好，甚至 15 年、20 年，至少在中央所说的 2035 年基本实现社会主义现代化的时点上，我们的滚动预算和全面绩效管理，应该达到一定水准的成熟度，一定要在这方面能够适应全局发展的客观需要。

跟着的就是必须在税制改革方面进一步推进重点事项，特别是要构建地方税体系。现在很多实际生活中间的矛盾与困扰，与地方层面大家这些年一直在关注的基层财政困难、隐性负债问题，以及所谓土地财政概念之下的地方政府短期行为都有关，而消除这些弊病，特别是消除导致其形成的深层矛盾，解决其病因，就一定要有从整个体系框架上来考虑的通盘的解决方案。这个解决方案，我认为可以做这样的勾画，做出一个表述就是：要把中央所说的理顺体制的源头，定位在由我们的最高权力机构也就是全国人民代表大会，以非常清晰的法规的形式，对我们的行政体系授权。中央和地方各级得到最高权力机关的授权以后，在事权概念上形成非常清晰的政府职能一览表，而事权后面对接的，必须是在预算上可操作的、可以对应预算科目而落实的支出责任。这个支出责任的明细单对应着事权的一览表，并由此规范政府行为。关键是事权明细单、支出责任一览表按几个层级来形成现在我们所追求的可操作的状态？我认为不可能延续过去的五级框架，也不应该把目标定在四级，我们应该努力形成中央、省，还有市县三层级框架。类似于我们现在国资管理体系的三层次框架。其实，乡镇这一级，在农村税收改革以后已经没有任何再做成财政实体层级的可能性；市和县这一级，按照浙江省的经验，以及原来有关管理部门推进的省直管县的改革思路，应该把它处理为一个体制上的平级，行政可以不同级但财政可以同级。这样，按照中央、省和市县三级配税基，整个体制的构建要领，是三级框架下，一级政权有一级事权，就是我前面说到的“一览表”“明细单”。一级政权一级事权后面，跟着的是一级财权，而财权最关键的就是分税制所要求的税基配置，所以跟着的是一级税基。

所以，一级政权，一级事权，一级财权，一级税基，一级预算，这是一个逻辑环环相扣的制度安排体系。后面跟着的，还应该在配套改革里再建立好三级框架下每一级的“一级产权”。我们已经有了国有资产管理体系方面的基本架构，还应该在《预算法》修订以后进一步落实好地方层级的举债权。说全了，就是一级政权，一级事权，一级财权，一级税基，一级预算，一级产权，一级举债权，然后再配上中央和省两级自上而下的转移支付，以及辅助性的称为对口支援和生态补偿的横向转移支付。追求这个境界，我认为就是我们的出路之所在。前瞻性地解决中央所说的构建现代财政制度这一目标如何实现的问题，就是要通过这种方式使各级政府财权与事权相顺应、财力与事权相匹配，达到这样服务全局的长治久安。

当然，实际生活中的困难是不言而喻的。但在预算的管理方面，在体制的理顺方面，我们现在看到的一些进展，值得特别强调。最近两年，事权的一览表和支出责任明细单已经有具体的推进。首先是在中央和地方要共同承担的一些公共服务的事权方面，按照三级框架有了一些重点领域里的操作方案。把全国分为几大类地区，每一类地区再明确一个具体的行政区，属于它里面的哪个台阶，这个台阶上地方和中央在共同承担事权的财力方面的量值怎么设定，已是全套的安排。最后，应该把这样的安排覆盖到我们所有的公共事务，覆盖到各级政府职能上面——这就是我们应该寻求的一个理想境界。

履行职能的预算财力，主要靠税收，当然还有其他非税收入，于是，税制的改革又是一个我们现在必须看到有不少“硬骨头”要啃的重点任务。全面“营改增”之后，中国的第一大税增值税，是需要进一步降低税负的，在这方面，企业和民众的诉求也非常强烈，要降税当然绕不开。中国的降税也必须在这个第一大税上下功夫。国务院所说的税率标准要往下调，已经调了一个点，17%变16%了，中间的那一档，也调了一个点下来，现在还说要三档税率变两档，当然最好是有一定力度地再调低标准税率，下面的两档从高向低靠拢使三档变两档。能不能达到这个比较理想的状态，还需要测算我们整个财政的承受能力如何，赤字率要抬高，举债要增加，但是又有它的安全区制约，这也是一个实际生活中必须掌握好的改革任务。

其他税收的改革，也是企业和社会成员都高度关注的。刚刚国务院常务会议上给出一系列针对企业所得税的减税安排，主要侧重于中小微企业，特别是小微企业。这是非常必要的。现在我们面临着外部压力和内部矛盾交织而成的不确定性环境之下，进一步抓住可做的事情，这个确定性中就包括坚定不移继续减税。但是光减税并不能覆盖我们要解决的任务全貌，企业的负担和社会成员的负担，很多是税外的，因此，减税的同时要有配套改革里的“五险一金”降低。

个税改革带来了契机，也暴露了矛盾：在社保由税务系统统一管理之后，国务院特别明确地指出实际的缴费负担不能提高，那么原来75%左右基本养老金缴纳不足的这些企业，客观地讲这时就不能硬提升它们的缴费标准，而是必须赶快把下调那些标准的缴费率，比如最主要的基本养老的缴费率往下调。这个下调的条件是什么呢？应该实现说了多年但一直没有行动的全社会基本养老的统筹机制。原来分散的好几十个蓄水池，合在一起以后，养老金的社保互济供给功能会马上提高，南方多年的滚存节余，就可以调到东北老工业基地去救燃眉之急，缴费率自然就可以下调。这种改革的关键是要冲破既得利益阻碍，赶快迈出实际步伐。应该乘势把税和非税联动的配套改革攻坚克难的事情做好。

又比如个人所得税，现在也暴露出一些新的矛盾。专项扣除大家听着都非常满意，但没想到租房户自己的扣除要暴露房主的信息，房东不干了，那怎么办？现在成了一个难题，有关部门正在抓紧调研，要拿出方案，过渡阶段肯定需要社会可接受。但从法治社会的角度来说，不可能让这种税源常年大量的流失持续下去。怎样从现在的混沌状态逐步走向一个现代国家应该有的法治化社会氛围，这是我们今后要啃下来的硬骨头。

还有其他税制的改革，也必须抓紧处理好。比如消费税，过去一直是中央税，现在要把消费税中的一些有分量的收入，推到后面的销售环节，交给地方。不这么做，地方政府过日子的问题就更加难上加难。现在第一大税增值税已经覆盖了原来在地方征收的营业税，不得不对增值税从原来的 75∶25 即 3/4 对 1/4 的分成，变成对半分。虽说有 2~3 年的过渡期，但这个过渡期已过了一半以上，再不出台地方税体系建设方面的具体措施，有可能导致地方政府行为的扭曲。一种可能是地方政府在自己的辖区内一股劲地多办企业，因为这些企业一开工，不管盈利与否，地方的税收就跟着流转额上来了。这是一种过去我们就在特别防范的弊病。将房地产税作为未来地方政府的大宗、稳定税源加以培养，更显得势在必行。这都是我们要在实际生活中以配套改革和一系列的“最小一揽子”改革方案去解决的攻坚克难的任务。

还有不少问题，时间关系不能展开说了。我认为这是在中央的指导精神之下，我们必须把三大领域的改革任务看作一个有机整体，掌握好在这方面我们无可回避的改革攻关。财政制度的现代化是服务于经济社会全局的现代化，也服务于实现全面小康后还有后劲，在改革取得“决定性成果”的支持之下，去跨越“中等收入陷阱”这个历史性考验，冲过中国现代化的历史三峡。这个历史三峡在未来十年能不能冲过去，与我们现在的财税改革及其他领域的重点改革都息息相关。

这些看法请各位批评指正。谢谢大家！

参考文献

[1] 贾康，苏京春．新供给经济学［M］．太原：山西经济出版社，2015.

[2] 贾康，苏京春．供给侧改革：新供给简明读本［M］．北京：中信出版集团，2016.

[3] 贾康．供给侧改革十讲［M］．北京：中国出版集团东方出版中心，2016.

[4] 贾康，苏京春．论供给侧改革［J］．管理世界，2016（3）：1-24.

[5] 彭鹏，贾康．从新供给视角重新梳理和解读全要素生产率［J］．财政科学，2016（8）：39-43.

[6] 贾康，等．新供给：创新发展攻坚突破［M］．北京：企业管理出版社，2017.

[7] 贾康．新供给：经济学理论的中国创新［M］．北京：中国经济出版社，2013.

[8] 贾康，苏京春，等．新供给经济学：理论创新与建言［M］．北京：中国经济出版社，2015.

[9] 贾康，冯俏彬，刘薇，等．供给侧结构性改革：理论模型与实践路径［M］．北京：企业管理出版社，2018.

[10] 贾康．财政本质与财政调控［M］．北京：经济科学出版社，1998.

[11] 贾康，龙小燕．财政理论与时俱进的创新命题：以“财政全域国家治理”理论框架来支持构建现代化财政制度［J］．地方财政研究，2015（7）：11.

[12] 贾康，白景明．县乡财政解困与财政体制创新［J］．经济研究，2002（2）：3-9.

[13] 贾康，苏京春，梁季，等．全面深化财税体制改革之路：分税制的攻坚克难［M］．北京：人民出版社，2015.

[14] 钱穆．中国历代政治得失［M］．北京：九州出版社，2012.

[15] 沙（Shah）．践行财政“联邦制”［M］．贾康，等译．北京：科学出版社，2015.

[16] 楼继伟．推进各级政府事权规范化法律化［N］．人民日报，2014-12-1.

[17] 贾康．财政的扁平化改革和政府间事权划分——改革的反思与路径探讨［J］．中共中央党校学报，2007（6）：42-46.

[18] 白景明．统筹考虑事权、支出责任和收入划分［N］．中国社会科学报，

2015-3-30.

[19] 王浦劬，张志超. 德国央地事权划分及其启示（上）[J]. 国家行政学院学报，2015（5）：41-49.

[20] 王浦劬，张志超. 德国央地事权划分及其启示（下）[J]. 国家行政学院学报，2015（6）：38-45.

[21] 杨志勇. 分税制改革中的中央和地方事权划分研究［J］. 经济社会体制比较，2015（2）：21-31.